U0039862

FOR2

FOR pleasure   FOR life

現代佛法十人——九

洪啟嵩
黃啟霖 主編

法尊

漢藏文化一肩挑

目錄

自述

附錄

出版者序——一個讀者的觀點

郝明義

一

今天在臺灣，佛教是很普及的信仰。無論顯密，各門宗派，都有信眾扶持；四大山門固然如此，其他亦然。並且，即使不是佛教徒，許多人也都願意在日常生活裡親近佛法、佛經，譬如手抄《心經》。

上個世紀末，兩岸開始來往，許多對岸來訪者讚嘆中華文化的傳承在臺灣，其中也包括了佛教文化。所以，我們很容易以為從兩千五百年前釋迦牟尼說法，到一千四百年前達摩東來，再到一九四九年之後佛教在臺灣如此興盛，是一條自然的傳承之路。

事實則不然。

佛教在中國，到唐朝發展到高峰，有多種原因。一來是當政者的支持，二來有雄厚的國力，三來有出類拔萃的修行者。三者聚合，氣象萬千。

但，佛教也在唐朝經歷了滅佛的大落。其後歷代，再難有唐朝的因緣際會，也就逐漸只知固守傳統，難有可比擬的開放與創新精神進入清朝，佛教的萎靡與俗化，日漸嚴重；到了太平天國席捲半壁江山，對佛教造成進一步嚴重破壞。所以，到了清末民初之際，佛教在翻天覆地的中國已經只能在世俗化中苟延殘喘，甚至頹廢。

民初的武俠小說，寫到廟庵、僧尼，常出現一些藏污納垢的場面，可以讓人有所體會。

五四運動前後，隨著全盤西化的呼聲高漲，佛教更淪為時代應該淘汰的腐朽象徵；寺產也成為各方或是覬覦侵奪、或是倡議充公興學的對象。在大時代的海嘯中，佛教幾近沒頂。

但也就在那風暴中，有些光影出現。

開始的時候，光影是丁點的，微弱的，分散的。

逐漸，光亮起來。

於是我們看到一些人物登場。

他們各有人生路途上的局限和困頓，但卻以不止歇的修行，一步步清澈自己對佛法的體認。

有人家世良好，大可走上官宦之途，卻淡泊名利，刻經講經，點燃照亮佛法的火種。

有人看盡繁華紅塵，走上自律苦行之路，成為他人仰之彌高的人格典範。

有人歷經窮困和親人死別的痛苦，在悲憤中註釋佛經，淬鍊出一家之言。

有人學歷僅至小學三年級，卻能成為「當代玄奘」。

有人穩固佛法的傳統和價值。

有人努力在現代語境和情境中詮釋修持佛法的意義和方法。

他們成長的背景不一，年齡有別，途徑有異，但他們燃燒推廣佛法的熱情如一。

在漆黑如墨的黑暗中，他們更新了過去數百年佛法一路萎靡不振的軌跡。

在狂風暴雨中，他們發出了震動大地的獅子吼。

是他們播下了種子，使佛法在接下來的戰亂年代得以繼續一路延伸支脈——直到一九四九年後來臺灣，也向亞洲以及世界開花散葉。

他們是現代佛法十人。

二

我是在一九八九年第一次看到有關這十個人的一套書。

當時，我剛接觸佛法，十個名字裡，只認識「弘一」和「虛雲」。其餘的楊仁山、太虛、歐陽竟無、印光、圓瑛、呂澂、法尊、慈航，都很陌生。

在那個對佛法的認識十分懵懂的階段，我打算先從認識的兩位開始，逐年讀一本書，認識這些人。

但時間過去了三十年，直到二〇一九年，我都只讀到第三本，認識到第三個人「太虛」而已。一方面是懶惰，總有藉口不讀；另一方面，也是因為光前三本書已經讓我覺得受用不盡。

開始的時候，我讀弘一大師和虛雲大師的書比較多。

讀弘一大師，是因為多少知道他的生平，因此對照著他紅塵繁華的前半生，讀他後半生清明如水的修行心得，當真是可以體會何謂雋永。經常一、兩句話，就能銘記在心。

讀虛雲大師，主要收穫在他的禪七開示。那真是深刻的武林祕笈，能把說起來很簡單、做起來很奧祕的心法講得那麼透徹，就算只能在門外徘徊，都覺得受益匪淺。

虛雲大師一生波瀾起伏，尤其文革時歷經紅衛兵的折磨，還能以一百二十歲圓寂，實在是傳奇。

而對第三位太虛大師，我的認識就沒那麼多。

儘管讀他的書，多年來卻一直只停留在書裡一小篇文章上。那篇文章叫〈佛陀學綱〉，是他在民國十七年一場演講內容所整理出來的，全部也不過十九頁，只占全書很小的比例。但這一小篇文章，多年來我反覆閱讀，總會得到新的提醒和啟示，又總會有新的疑問與要探究之處。

〈佛陀學綱〉，從文章標題就知道，作者要談的是每一個人如何通過學習而覺悟，向佛陀看齊的綱領。

人人皆有佛性，也就是人人皆可通過學習而讓自己的生命層次向佛陀看齊。但是太多人只想膜拜自己的上師，卻完全不敢想像自己也可能開發出有如佛陀的覺性。太虛大師講〈佛陀學綱〉，正是要提醒我們學佛的唯一目的，也解釋他所看到的途徑。

當然，多少世代的高僧大德都在做同樣的事情、多少經典在指引的都是同樣的事情，但是大約一百年前太虛大師講〈佛陀學綱〉，有格外特別之處。

《二〇〇一太空漫遊》（*2001: A Space Odyssey*）作者亞瑟・克拉克（Arthur C. Clark）說過：科幻小說的時空背景不能寫得太近，以免很快過時；但也不能太遠，以免無感。我覺得討論學佛的文章也有類似的課題：不能太通俗，以免只是對善男信女的心理勵志、道德勸化；也不能太高深，以免令人望之卻步。

〈佛陀學綱〉無論談的內容還是用的文字、抑或是概念或方法，都正好不近不遠。

我很滿足，也很忙碌，所以就停留在第三本書的這一篇文章上，一直沒有再看書裡的其他部分，當然也就更沒有動機想要再看其餘的書。

直到二〇二〇年秋天。

三

COVID-19疫情橫掃全球，改變了每一個人的生活。

無常，成了新的常態。

社會上各個領域都在面對工作方式、生活方式的顛覆；過去穩定可靠的資源、經驗、能力，成為泡影。

我們置身一個黑暗又混亂的時代。

我相信，當外界的一切都不足恃，甚至成為干擾來源的時候，每個人都需要喚醒自己內在的覺性。

而說到覺性，當然也莫過於佛法說明的透徹。

因此我重讀〈佛陀學綱〉。也因為疫情的影響，包括差旅減免而多出時間，這麼多年來，我第一次把太虛大師那本書的其他部分也讀了。

很震撼。

震撼於太虛在書裡其他文章敘述他個人修行之路的關鍵突破時刻、他對推廣佛法種種視野與擘畫的光芒，也震撼於我自己怎麼枉守著如此寶藏三十年卻目光如豆。

我也想到：連第三本書都如此了，那其他的七本書呢？我早該認識的其他七個人呢？

同樣是克拉克在他那本小說裡說的一句話：「他們身處豐饒之中，卻逐漸飢餓至死，」說的真是我。

接下來的時間，我一方面急著狼吞虎嚥這套書，一方面也決定趕快和原編者討論，看如何把這套早已絕版的書重新出版。

四

《現代佛法十人》是洪啟嵩和黃啟霖兩位編者在一九八七年出版的書，原始書名是「當代中國佛教大師文集」。

去年讀這個系列，瀏覽十個人的身影，他們雖然都是對佛法有堅定不移的信念，但因為各自成長背景不同、行動的途徑也不同，著真在大時代裡形成了雄偉的交響樂，也各自展現了不同的力量。

楊仁山，出身於官宦世家，科舉功名就在手邊的人，卻因為偶遇一部《大乘起信論》走上終身護持、推廣佛法的路。他沒有出家，卻以自己的人脈和資源，在國內融會譚嗣同、章太炎等一時之選的學者參與佛法討論；在國際進行佛經的交換出版，以及佛教文化的國際交流。

他的「祇洹精舍」雖然只辦了短短兩年時間，就學的人數也只有僧俗十來人而已，但其中太虛和歐陽竟無兩位，分別為清末民初的出家學僧和在家佛教學者打開了新路，對接下來佛教的發展有決定性的影響。

在最深的黑暗中，最小的光亮最燦爛。楊仁山讓我見識到什麼是星星之火的力量。

太虛大師，小楊仁山大約五十歲。

他的家庭背景和成長之路，和楊仁山完全不同。自幼父親去世，母親改嫁，和外祖母一起生活長大，後來去百貨行當學徒。

太虛在十六歲出家。但出家的源起，並不是因為對佛法的渴望，而是因為當學徒的時候看了許多章回小說，仙佛不分，想要求神通。

幸好出家後得有親近善知識的機緣，走上真正佛法修行之路，終於在有一天閱讀《大般若經》的過程中，大徹大悟。

而太虛難得的是，有了這樣的開悟，他本可以從此走上「超俗入真」之路，但他卻反向而行，「迴真向俗」，要以佛學救世，並且實踐他「中國佛教亦須經過革命」的宏願。

他接續楊仁山辦祇洹精舍的風氣，持續佛學研究；創辦武昌佛學院，帶動佛教舉辦僧學的風氣；創立「世界佛教聯合會」，首開佛僧去歐美弘法的紀錄。

太虛有許多弟子，法尊、慈航都是。印順法師也是。

太虛大師讓我看到：一個已經度過生死之河的人，重新回到水裡，力挽狂瀾的力量。

歐陽竟無，比太虛大師略為年長，大十八歲。

他也是幼年喪父，家境清寒。但他幸運的是有一位叔父引領他求學，博覽經史子集，旁及天文數學。

清廷甲午戰敗後，歐陽竟無在朋友的引介下，研讀《大乘起信論》、《楞嚴經》，步入佛學，從此決心以佛法來救治社會。

他一生孤苦，接連遭逢母、姊、子、女等親人死別之痛，因而自述「悲而後有學，憤而後有學，無可奈何而後有學，救亡圖存而後有學」。

歐陽竟無因為在祇洹精舍就學過，楊仁山去世時，把金陵刻經處的編校工作咐囑於他。後來國民革命軍攻南京，歐陽竟無在危城中艱苦守護經坊四十天，使經版一無損失。

歐陽竟無不只奔走各方募資刻印經書，也在蔡元培、梁啟超、章太炎等人協助下成立支那內學院，與太虛大師所辦的武昌佛學院齊名，對近代中國佛教有著重大的影響。

歐陽竟無最讓我嚮往的，是梁啟超聽他講唯識學的評語：「聽歐陽竟無講唯識，始知有真佛學。」

後文將提到的呂澂，是歐陽竟無的傳人。

歐陽竟無，讓我看到一個人力撐巨石，卻仍然手不釋卷的豪氣。

虛雲大師的一生都是傳奇。

早年家裡一直阻撓他出家，他逃家兩次，到十九歲終於落髮為僧，進入山裡苦行十四年。接著他遇見善知識，指點他苦行近於外道，這才走上真正依據佛法修行之路。

他參訪各地，不只行遍中國，進入西藏，還翻越喜馬拉雅山，到不丹、印度、斯里蘭卡、緬甸等地。

五十六歲那一年，虛雲要去揚州高旻寺參與打十二個禪七的職事，途中不慎落入長江，差點送命，結果傷後無法擔任職事，只能參加禪七。

但也在這次禪七中，虛雲徹悟，出家三十七年後，終於明心見性。他悟後作偈：「燙著手，打碎杯，家破人亡語難開。春到花香處處秀，山河大地是如來。」從此他的修行又是另一番境界。

太虛著眼推動的是整體僧伽制度的革新，而虛雲則是聚焦在自己親自住持的寺廟進行該有的重建和整頓，掃除當時寺廟迎合世俗的陋習，同時進行傳戒、參禪、講經，以正統佛法來培養弟子。

而虛雲最特別的是：他一人兼了禪宗五門法脈，所以是不折不扣的禪宗大師。

讀虛雲大師談參禪的文字，他簡潔有力的言語躍然紙上，完全可以體會何謂「當頭棒喝」。虛雲大師還有個傳奇，就是他到一百二十歲才圓寂。這還包括他在文革時曾經遭受紅衛兵四次毒打的經過。

虛雲大師展現的是一種在八方風雨中，衣帶不沾漬污的功力。

弘一大師生於一八八〇年。他的生平，大家耳熟能詳。

他前半生的風花雪月，造成他出家後對自己修行的要求也異於一般。他出家之後，「不收徒眾，不作住持，不登高座」，並且總是芒鞋破衲，飲食、起居上也是極其刻苦。中文「嚴以律己」，用在弘一身上是最好的例子。

出家人本來毋須用「風骨」來形容，但是看豐子愷等人和弘一大師的來往，看他孑然獨行的身影，總不能不想到這兩個字。

偏偏這位看來行事最不近人情的弘一大師，我相信應該也是現代佛法十人裡最為人熟知的一位。因為他廣結善緣，為人書寫偈語、對聯。

弘一在出家後，本來準備拋棄一切文藝舊業，但接受了書寫佛語來為求字人種下淨因的建議，重新提筆，也因而有了自己弘法的無上利器。

今天中文世界裡的人，無論是否學佛，總難免接觸、看過弘一大師留下或者與佛法直接相關，或者間接有關的偈語、對聯。

我自己每隔幾年就會看到他寫的一句話要，背誦一陣。像最近，就是他的「一生求佛智，精進無異念」。太虛大師對弘一大師的讚嘆是：「以教印心，以律嚴身，內外清淨，菩提之因。」

弘一大師有律宗第十一代世祖之美譽。

我看他的身影，像是單衣走在冷冽的風雪中，手中卻提了一個始終要給人引路的燈籠。

弘一大師獨來獨往，卻說有一個佩服的人，甚至親自寫信給他，說「願廁弟子之列」。

這人就是**印光大師**。

印光生於一八六一年，早年也有兩次逃家出家的紀錄；但和弘一不同的是，印光有淨土宗第十三代祖師之稱。

和弘一相同的是，印光也不喜攀緣結交，不求名聞利養，始終韜光養晦，並且一生沒為人剃度出家，也沒有名定的弟子傳人。

印光大師相信念佛往生淨土法門，是「一法圓賅萬行，普攝群機」，所以一生專志念佛法門，開示常說的話就是「但將一個死字，貼到額頭上，掛到眉毛上」。

但這麼一個但求與世遠離，把修行純粹到極點的人，卻並不是與世隔絕。

一九二三年，江蘇省提出要以寺廟興學的政策，當時六十多歲的印光大師就為了保教護寺，不遺餘力地奔走呼籲，扭轉危機。

並且，他一生省吃儉用，信眾給他的奉養，全都用來賑濟飢民，或印製佛書流通。

印光大師八十歲圓寂之時，實證「念佛見佛，決定生西」。

印光大師顯示的是精誠所至，開山鑿石的力量。

圓瑛大師生於一八七八年，略長於太虛。

圓瑛和太虛曾經惺惺相惜，義結金蘭。兩人雖然都有志於對當時的佛教進行改革，可後來步伐不同。太虛主張銳進改革，而圓瑛則主張緩和革新。

不過這絕不是說圓瑛的行動比較少。

民國建立後，兩次所謂「廟產興學」的風波，都因為圓瑛在其中扮演關鍵性角色而度過危機。

一九二〇年代，圓瑛就到東南亞各國弘法，還曾來過臺灣。

一九三〇年代，對日抗戰期間，圓瑛擔任中國佛教會災區救護團團長，組織僧侶救護隊，輾轉於各地工作，也再赴東南亞各國募款以助抗日，回上海後還一度被日本憲兵隊逮捕。

圓瑛大師博覽群經，禪淨雙修，沒有門戶之見，自稱「初學禪宗，後則兼修淨土，深知禪淨同功」，尤其對《楞嚴經》的修證與講解有獨到之處，有近代僧眾講《楞嚴經》第一人之稱。

圓瑛大師顯示的是穩定前行，無所動搖的力量。

呂澂生於一八九六年，是歐陽竟無的弟子。

一九一一年，當歐陽竟無擔任金陵刻經處編校出版工作時，當時就讀南京民國大學經濟系的呂澂常去購買佛書，因而結緣。後來呂澂退學之後，一度去歐陽竟無開設的研究部研讀佛法，再去日本短暫研讀美學後，回國擔任教職。

一九一八年，呂澂受歐陽竟無之邀，協助創辦支那內學院，從此遠離世俗，專心於佛學研究與教學。到支那內學院正式創立，歐陽竟無擔任校長，呂澂擔任學務主任，與當時太虛大師所創辦的武昌佛學院，形成為兩大佛教教育中心。

歐陽竟無對楊仁山執弟子之禮，呂澂又是歐陽竟無的弟子，三代薪火相傳，不只是佳話，也是時代明炬。

呂澂從此一直陪伴歐陽竟無，除了度過北伐軍占領內學院的危機，抗戰時期還把內學院藏書與資料遷移到四川。歐陽竟無去世後，呂澂繼任院長。直到中共取得政權後，一九五二年內學院才走入歷史。

呂澂智慧過人。他自修精通英、日、法、梵、藏、巴利語，研究佛學的視野寬廣，當時無人能及。也因此，呂澂的譯著和著作俱豐；不但能寫作入門書籍，也能有深入研究的專門論述，解決許多佛教遺留的歷史問題。

因為呂澂字「秋子」，歐陽竟無也稱他為「鶖子」。「鶖子」是釋迦牟尼佛十大弟子中智慧第一的舍利弗的華文譯名。

呂澂讓人看到燦爛奪目的火炬之美，與力量。

法尊法師生於一九〇二年。

法尊留給後人的也是驚異與讚嘆。

他本來只有小學三年級的學歷，出家後成為太虛大師創辦的武昌佛學院第一期學僧，之後他不畏艱險去西藏留學十二年，讓自己的藏文造詣登峰造極，經論也通達顯密，因而有「當代玄奘」之譽。

法尊法師對漢藏文化交流的貢獻，不是單向的。他不只是從藏文翻譯了重要譯作如《菩提道次第廣論》、《密宗道次第廣論》、《宗喀巴大師傳》等書，尤其值得一提的是他花了四年時間，把兩百卷的《大毘婆沙論》從漢文譯為藏文。

雖然他原訂要再譯為藏文的一百卷《大智度論》並沒有進行，但光是把《大毘婆沙論》從漢文譯為藏文已經是不滅的事蹟。

法尊法師讓人看到像是一個人在巨大的冰山前，融冰為水的力量。

慈航法師生於一八九五年，也是太虛大師的門下。

他家境貧寒，父母早逝，跟人學習縫紉，因為常去寺院縫僧衣，羨慕出家人，因此起了出家的念頭。

但因為他沒讀過什麼書，所以出家十多年，還沒法讀懂佛經。後來，他發憤苦讀唐大圓編撰之《唯識講義》，自修多年終於精通唯識。

之後，慈航法師跟隨太虛大師至各處弘法，從中國而南洋各地。尤其一九三九年之行，太虛大師返國後，慈航法師繼續在南洋弘法十多年，所到之處，皆倡議創辦佛學院、佛學會。

一九四七年太虛大師圓寂後，慈航法師用「以佛心為己心，以師志為己志」來表達他對太虛大師「人間佛教」的追隨及實踐。

到一九四八年，慈航則決定來臺灣開辦佛學院，是當時來臺灣傳法的先行者。在那個年代，這條路當然有風險。因為從大陸來投靠慈航法師的學僧多起來，他一度被舉報匪諜而被捕。

慈航法師出獄後繼續在臺北日夜開講不同的佛經，感動多方發心捐助成立彌勒內院，禮請慈航法師主持，而終於使他和大陸來臺學僧都得到安頓。

慈航法師講學內容包括《楞嚴經》、《法華經》、《華嚴經》、《成唯識論》及《大乘起信論》等諸經論，使得彌勒內院成為一時最具影響力的佛學教育中心。

一九五四年，慈航法師於關房中安詳圓寂。他示寂前要求以坐缸安葬，五年後開缸。而五年後大眾遵囑開缸，見其全身完好，成就肉身菩薩。

慈航法師讓人見識到水滴成流，匯流出海的力量。

五

感謝洪啟嵩和黃啟霖兩位佛弟子在當年就有識見與能力，收納、編輯了這十個佛教關鍵人物的文集。

三十年來我以讀者身分受益，今天很榮幸有機會以出版者身分為大家介紹《現代佛法十人》。

希望大家也都能找到屬於自己的啟發。

《現代佛法十人》編者新序

洪啟嵩

一切故事，開始於兩千五百年前，佛陀在菩提樹下的悟道。

佛法是什麼？佛法即是緣起法，這是佛陀在菩提樹下，所悟的真諦實相，淨觀法界如幻現空，行於世間而無所執著，即是中道。

佛法是法界實相，非三世諸佛所有，佛法超越一切又入於一切。正因為佛法的空性、無執，使其在傳播的過程中，柔軟地和不同時空因緣結合，呈現出豐富多元的覺性風貌。

佛陀對一切文字平等對待，鼓勵以方言傳法，歡喜大家使用各自的語言情境習法。如《五分律》中說：「聽隨國音讀誦，但不得違失佛意。」

因此，讓諸方文字的特性，成為覺的力量，以「文字般若」導引「觀照般若」而成就「實相般若」，才是佛陀的原意。對於佛陀而言，能開悟眾生的就是佛陀的語言。在漢傳佛教浩瀚廣博的經藏法要中，我們看到這個精神的具體實踐。

而其中所謂成為「文字般若」的語言，必須具有三種特性：一、準確性，能傳持佛法依準其意而不失。二、鏡透性：能鏡透佛法體性，將其實相內義清明鏡透。三、覺動性：精準其語，鏡透於義，並能成為驅動眾生自覺自悟的力量。

漢傳佛教中，對這樣的「文字般若」特性，一直保持著良好傳承。這可以從三個面向來談：

一、漢傳佛教擁有最悠遠長久而無中斷的傳承。

相對於中國佛教，印度佛教的傳承是最原始的，但可惜在一二〇三年傳承中斷了。而斯里蘭卡從阿育王子摩哂陀於西元前二四七年，將佛法傳入之後，雖然也有很長的歷史，但可惜於十六世紀受到葡萄牙、荷蘭等殖民而中斷過。而漢傳佛教是長遠不斷並且對於教法能清楚明記。

二、漢傳佛教擁有世界佛教教法的總集，有著最完整的般若文本。

如大乘佛教中，龍樹菩薩最重要修法傳承的《大智度論》百卷及部派佛教中說一切有部最完整重要的論本《大毘婆沙論》兩百卷，梵本皆已佚失，只剩下漢文傳本。而漢傳佛教擁有各部派與大乘佛教的最完整文本。

三、漢傳佛教擁有佛法開悟創新的活泉。

唐代對佛法的會悟闡新，可視為漢傳佛教開悟創新活泉的代表。如六祖慧能所開啟的南宗傳承，直到當代世界依然傳持不斷，前期如有世界禪者之稱的鈴木大拙，及近期的越南一行禪師，皆出於南宗臨濟禪門，在世界上有其強大的影響。而在《現代佛法十人》系列的大師們，更讓世人明見，在清末民初全球動盪的大時代，為了紹承佛法，守護眾生慧命，摩頂放踵、為法忘軀的大師身影。

*

佛教自宋、元、明、清以來，成長已成停滯，甚至每況愈下；尤其明、清以降，只知固守傳統，失去了佛法的開創精神，日益衰微。到了咸豐初年到同治年間更受到太平天國的致命打擊，幾至滅亡。因為太平天國諸王雖不精純於基督教的純正信仰，卻能在「消滅異端」上發起絕然的聖戰。太平天國攻克六百餘座城市，勢力遍及十八省，這些以中國東南一帶為主的地區，原是清朝佛教的精華區域，結果卻在奄奄一息中又受到了致命的打擊。

如此來到清末的大變局，佛教相當於遭逢大時代的海嘯，不只無法適應，更幾至崩解。

就外部而言，在時代環境求新求變的要求下，佛教淪為老舊的象徵；而匹夫無罪懷璧其罪，歷代累積而來的龐大寺產，也成為社會覬覦、侵奪的對象。因此自清末以來廢教之議屢見呼籲；而「廟產興學」，也在清末、民初成為政府與民間名流所流行的口號。此時的寺院不僅傳教無力，甚至連生存都成了問題。

就內部而言，佛教秉持著歷來的殘習，失去了佛法的內在精神與緣起妙義的殊勝動能，只知抱殘守缺，但以儀式為師。明、清以來，佛教的頹敗、陳腐與俗化，以及對時勢潮流與大眾需求的蒙昧，此時更達到極點。然而，也就在這種波瀾壯闊、風雲萬端的時代裡，漢傳佛教出現了一些偉大的英雄人物。他們認知到佛教必須另開新局，力挽狂瀾。

偉大的宗教心靈是社會的最後良心，也是生命意義的最終指歸。

因此在一九八七年，我和黃啟霖第一次編纂這套書的時候，首先是因為站在那個時刻反省佛教和當代文明的互動時，回首上世紀初那些人物曾經走過的路程，對他們示現的氣魄與承擔，深有所感。

所以我們選擇了十位對當代佛教影響深遠的大師文集，編輯出版，呈現出他們在風雨飄搖的時代，波瀾壯闊的風範；也因而可以讓後世的佛教徒認知他們做過的努力，進而呼應他們的召喚，為佛法傳播的歷史進程盡一份心力，幫助一切生命圓滿覺悟。

這就是我們編纂《現代佛法十人》這套書的根本動機。

*

在本系列中，我們選取了楊仁山、太虛、歐陽竟無、虛雲、弘一、印光、圓瑛、呂澂、法尊、慈航等十位大師，作為指標人物。

這十位大師各有其重要的貢獻及代表性。

一、楊仁山：被譽為「現代中國佛教之父」，開創了當代佛教研究新紀元的劃時代大師。

二、太虛：提倡人生佛教，發揚菩薩精神，開創佛教思想新境界，允為當代最偉大的佛教大師。

三、歐陽竟無：窮真究極，悲心澈髓，弘揚闡述玄奘系唯識學，復興佛教文化不世出的大師。

四、虛雲：修持功深，肩挑中國佛教四眾安危，不畏生死，具足祖師德範，民國以來最偉大的禪門大師。

五、弘一：天才橫溢，出格奇才，終而安於平淡，興復律宗，民國以來最偉大的律宗大師。

六、印光：孤高梗介，萬眾信仰，常將死字掛心頭，淨土宗的一代祖師。

七、圓瑛：宗教兼通，保寺護教，勞苦功高傳統佛教的一代領袖。

八、呂澂：承繼歐陽唯識，自修精通英、日、法、梵、藏語，民國以來佛學學力無出其右的大師。

九、法尊：溝通漢藏文化，開創中國佛教研究新眼界的一代佛學大師。

十、慈航：以師（太虛）志為己志，修持立學，開創臺灣佛教新紀元的大師。

十人中以楊仁山為首，是因為在傳承上，民國以來的佛教界，有兩大系最受到海內外的重視，也發生最大的影響。

其一是以太虛為中心的出家學僧，法尊、慈航都是太虛的弟子。
其二是以歐陽竟無為中心的在家佛教學者，呂澂是歐陽竟無的弟子。
而太虛與歐陽竟無皆同從學於楊仁山的金陵祇洹精舍，也可說同出一系。所以對近代中國佛教深有研究的美國學者唯慈（Holmes Welch），稱楊仁山為「現代中國佛教之父」。
而虛雲、弘一、印光與太虛同稱民初四大師；圓瑛長於太虛，並曾相與結為兄弟，雖然其後見解各異，圓瑛仍為傳統佛教的一代領袖。
這樣就可以理解這十位大師在漢傳佛教歷史上的重要地位。
如果再延伸來到臺灣的法脈，他們的影響力就更清楚了：
聖嚴法師系出東初禪師，而東初是太虛的弟子。
星雲法師曾就讀於焦山佛學院，當時學院的院長是東初禪師。
證嚴法師系出印順長老，而印順是太虛的弟子，並受戒於圓瑛法師。
惟覺法師系出靈源長老，而靈源是虛雲大師的弟子。

*

一九八七年編輯這套書的構想，到今天我們依舊感受鮮明。
臺灣佛教承受民初這些大師的因緣，有了極大的發展，在世化的推廣上，也十分蓬勃。但是當前人類和地球都面臨嚴酷的生存課題，太空世紀也即將開啟新的挑戰，所以我們深信唯有佛法能為這些課題和挑戰開啟新的覺性之路，也深信今天的佛教徒要在內義與實證上都開創出更新的格局。

也正因為漢傳佛教特有的歷史傳承，站到這個新的時代關鍵點上，所以在此刻回顧這十位大師的精神和走過的路，格外有意義。

我們一方面向這些大師所做的傳承致敬，也祈求透過閱讀他們的文字與心得，能讓自己從佛法中悟入更高遠的修證，能在人類、地球、未來最關鍵的時刻裡，找到可以指引新路的光明，也是新的覺性文明！

在此特別感謝郝明義先生，在其倡議下，重新出版這套《現代佛法十人》文集，承繼與呼應新時代的佛法精神。新版的《現代佛法十人》，加入大師們的生平簡傳，並在每篇文章、書信都註明原始出處，並統一重新設計、排版、標點。

《現代佛法十人》的出版，除了向十位大師致敬，也希望這套書能成為現代人覺性修行之路的新起點。

漢藏文化一肩挑──法尊法師

溝通漢藏文化，開創中國佛教研究新眼界的一代佛學大師

法尊法師（一九〇二至一九八一年）為當代高僧，集佛學家、翻譯家於一身。他不懼險難的西行入藏求法，被譽為「當代玄奘」。

出家聞法的啟蒙

法尊法師俗姓溫，一九〇二年出生於河北深州縣，幼年僅讀到小學三年，即因家貧而改當鞋匠學徒，但是因為長期患病所以並未學成。一九二〇年春末，前往五臺山玉皇廟落髮出家，法名妙貴，字法尊。

是年秋天，大勇法師一行人路經玉皇廟，受請講《八大人覺經》、《佛遺教經》等，深深吸引了年少的法尊法師，更觸動他反思出家人的本分是什麼？除了念佛求往生西方和出離生死之外，在現世的人間還能做出什麼樣的貢獻？法尊法師曾自述：「當聽過勇法師講些過去高僧的故事，我便知道出家人不但是念佛往生和出離生死，就在生死之中，也還有翻譯經論、住持

正法等很多應當做的事情。」在大勇法師的啟發之下，埋下了法尊法師日後立定翻譯經典的志向。

在五臺山聽經學習之後，法尊法師即隨從大勇法師到北京禮謁太虛大師，並於一九二二年轉往剛成立的武昌佛學院學習，成為武昌佛學院第一期學僧。在此學習期間，對大小乘及顯密二法得到了輪廓的認識，也建立了漢傳佛法的紮實基礎。

赴藏留學，發下譯經宏願

一九二四年，法尊法師從武昌佛學院畢業後，回到北京進入大勇法師創辦的佛教藏文學院學習，一九二五年夏，並參加大勇法師之「留藏學法團」，開啟了赴藏九年的學法之行。雖然有人告誡西藏難行，然而法師早有為法捨身的決心，其心志堅如磐石，不可動搖。

在取道嘉定入藏途中，他在烏尤寺閱讀義淨的《南海寄歸傳》時，感慨嘆言：「這些佛典經論，皆是我先覺犧牲了無量生命財產和心血身汗，更受過無量的痛苦憂急、悲哀熱淚才換來的代價。換句話說，我覺得這些經書上一字一畫便是一滴血和一滴淚的混合品，那是我們先覺輩發大悲心和大無畏心，立大誓願和不顧一切的犧牲所請來和譯出來的。」於是法尊法師發起大弘願：「對於西藏的佛教典籍，凡是內地所沒有的，我都發願學習，翻譯出來補充。」

一九二九年，大勇法師甘孜札迦寺示寂，法尊法師乃紹承其志，率團抵達拉薩。法師留學西藏前後共十二年，努力讓自己的藏文造詣達到至深，經論則通達顯密。

法尊法師先後在打箭爐、跑馬山、甘孜、昌都、拉薩等地，依止大勇法師、慈願法師、笥迦大師、格陀諸古安東大師、達樸大師、格登墀巴等學習西藏各種經論。法師在〈著者入藏的經過〉一文中說：「在康藏留學這幾年中間，要算我這一生中，最饒興趣、最為滿意的一幅圖畫了！」

主持漢藏教理學院，作育英才

一九三四年，法尊法師奉太虛大師之命回到內地，主持漢藏教理院，並任代理院長之職。一年後，法師為迎請安東大師而二次入藏。

在其所著的《現代西藏》一書中，記載了其中驚險艱辛的過程：為了避免英國人阻礙，他取道印度入藏，凡到關驛便隱居祕室，夜行偷遁；可說是驚險萬分。又逢冰雪連連，長期在雪地中步行的結果，使得法尊法師腳痛萬分，已到了舉步艱難的地步。此時，他提起正念自勵：「往昔中被貪、瞋、癡所使，為追求五欲所吃的痛苦必大於這種痛苦的百倍；為了迎師宏法起見，這點苦是值得吃的……我應該在此痛苦上，代替有情受盡一切痛苦，唯願沒有一個有情再受痛苦。」就這樣，勉強支撐到了拉薩。

可惜當他抵達時，安東大師已經圓寂，法師悲痛至極，留在拉薩依止降則法王又學習了諸多藏文經論。在西藏留學十二年期間，法師同時專心致力於藏文經典之翻譯，對於漢藏文化之溝通、西藏佛教資料之內流，有著鉅大的貢獻。

中國藏學權威學者王堯曾指出，「漢藏教理院是中國藏學史上重要的一頁。」太虛大師設立「世界佛學苑」正是為了實現人間佛教理想的一個具體步驟，而漢藏教理院」正是世界佛學苑理念中重要的一環。該院有系統的實施藏文教學，並在「雙柏精舍」成立編譯處，由法尊法師主譯，專修科學生助譯，成功地結合了教學、翻譯與研究，這都與法尊法師的推動有著密切關係。

一九三七至一九四五年的抗日時期，是漢藏教理院的極盛階段，全國各地的青年學僧都聚集在此。如擅長《俱舍論》的法舫法師、長於般若空觀的印順法師等，在家眾陳健民上師、虞愚居士等，都在此授課；更有西藏著名的學者喜饒嘉措、東本格西等到該院講學，由法尊法師口譯。漢藏教理院在法尊法師長達十五年的領導下，平穩地發展，成為當時最具規模、師資最齊全的佛學院，培育出許多優秀的藏文人才。

千古偉業《大毘婆沙論》的藏譯工程

法尊法師對於漢藏文化的會通，並不是單向的，除了藏文經論的漢譯，同時也進行漢文經論的藏譯。這就如同玄奘法師一般，他不僅將梵文佛典譯成中文，也將中文典籍譯成梵文。相傳他曾在唐太宗的要求下，將中文的《老子》譯為梵文。玄奘翻譯《老子》，是否確有其事或全文譯完，雖未有定論，但可以看出玄奘大師對梵漢文化的雙向會通。只可惜現在尚未發現有玄奘所譯的梵文《老子》。

太虛大師在一九四五年九月推舉法尊法師為漢藏教理學院院長之後，迎請喇嘛東本格西至四川，討論譯漢文佛經為藏文。當時東本主張譯《大毘婆沙論》兩百卷為藏文，而太虛大師主張譯《大智度論》一百卷為藏文。

太虛大師選擇《大智度論》藏譯，可說是眼光超絕。龍樹菩薩是中觀之祖，但並非僅是中觀學派之人，可說是大乘諸宗之祖。龍樹教法以《中論》及《大智度論》為馬車的雙輪，在性空的論理與實踐中，得到圓滿。但後來以東本為客，又是譯主，因此決定先譯《大毘婆沙論》，再譯《大智度論》。此二論皆十分重要，梵本已失，唯存中文譯本，可見其珍貴之一斑。

在法尊法師主持下，從一九四五年始譯，至一九四九年夏，完成了《大毘婆沙論》中譯藏的浩大工程，將譯稿運往康定，交格桑悅保管。後來雖然法尊大師沒有能夠再完成《大智度論》的藏譯，但光是完成《大毘婆沙論》的藏譯，已經是千古的偉業！而此譯稿在動盪的大時代中流離失散之後，經過各方大德的奔走，竟能夠重新一點一滴地聚合，失而復得，實在是不可思議，殊勝至極！

一九五六年，中國佛學院成立後，法尊法師出任副院長，講授《比丘學處》、《入中論頌》及《俱舍論》。據其弟子淨慧法師所敘，其授課方式特別，並不用講義，引經論時，可直接誦出，同時指出該段經文所在的頁碼；口才、記憶以及義理分析堪稱一流，令人望塵莫及。這應該與其受到藏傳佛教系統訓練有密切的關聯。

廣度眾生，齊成佛道

法尊法師晚年居止於北京廣濟寺，由於早年赴藏求法的嚴峻環境，及畢生孜孜矻矻於譯經事業，身心過度耗用，晚年健康狀況快速惡化，除了患有心臟病、高血壓及高度近視，加上腳傷嚴重，不良於行，甚至要手扶著牆壁，才能緩慢移動。即便此身已如風中殘燭，他仍燃燒綻放最後的光明，譯成了因明學的兩大鉅著《集量論》和《釋量論》。

一九八〇年十二月十四日，法尊法師與各方師友相聚，座中有問及法師身後歸宿，是彌陀淨土，抑或彌勒內院？法師殷勤答曰：「我哪裡都不去，生生世世來人間，廣度眾生，齊成佛道！」下午兩點餘，侍者赫然發現法師癱瘓在書桌下，手中猶緊握著筆。一生譯經不綴的法尊法師，至死前的最後一刻，仍在譯經，令人動容。

法尊法師故鄉河北法尊寺住持演明老和尚，曾囑我為寺門題對聯，當時我以魏碑書法題下法尊寺對聯，將法尊法師一生的偉業與悲願融攝其中：

深州玄奘千古譯業融通聖教
法尊三藏廣度眾生齊成佛道

法尊法師的譯著十分龐大，其中，宗喀巴大師所著的《菩提道次第廣論》與《密宗道次第廣論》之漢譯，可說是最重要的佛法與文化大事。但法尊法師所譯之原書，並無新式標點。而從一九八六年開始，我除了譬畫藏經的新式標點、註解與電腦化；也將大量的藏傳佛法教典規畫出版。包括將《菩提道次第廣論》、《密宗道次第廣論》進行全新標點，分別於一九八七年及一九八八年正式出版。而我也在出版後，用一年的時間，講授了《密宗道次第廣論》其中一部分，希望使更多人能深入這兩部論的深妙義海，並獲得修證助益。而更深心慶喜的是，繼此之後，新式標點的《菩提道次第廣論》之推動，如雨後春筍般，處處成緣。我想法尊法師應該甚為歡喜吧！

除了《菩提道次第廣論》與《密宗道次第廣論》之外，法尊法師重要譯作和著述有：《西藏佛教史》、《現觀莊嚴論》、《辨法性論》、《入中論》、《集量論》、《釋量論略解》、《宗喀巴大師傳》、《阿底峽尊者傳》、《現代西藏》等書，其學術地位，普受日本、西洋等佛教學者之重視。

在本書中，除介紹法尊法師的生平之外，收集其學佛、入藏自述，還有重要論述文章，以及與友人來往書信，使讀者可以從中體會其修持與承擔。

西藏佛教

西藏前弘期佛教

西藏前弘期佛教，是指西藏佛教發展的前一個階段，約從西元六四〇年開始到八四〇年為止共二百餘年。就在這個時期，佛教開始傳入西藏，並建立寺廟、塑繪佛像、度人出家、建立僧伽制度、傳譯經典、講習弘布，據西藏人所著的史籍，把這時期稱為「西藏前弘期佛教」。

前弘期政教概要

前弘期間掌握政權的藏王，各書記載有所不同。《布敦佛教史》，記有九人：「松贊崗薄（原名墀得松贊）、芒松芒贊、貢松貢贊、都松芒薄結、墀得祖敦、墀松得贊、牟尼贊薄、墀得贊、墀惹巴僅」。這和滾卻倫主的《佛教史》和《青史》所記王名相同，唯貢松在前，芒松在後罷了。《青史》引慶喜金剛所記的則為「松贊、芒松、都松、墀得祖敦、墀松得贊、牟尼贊薄、舉采贊薄、墀得松贊、墀惹巴僅」，也是九人。「藏王紀」則為「松贊、貢日貢贊（亦作貢松貢贊）、芒松芒贊、都松芒薄結、墀得祖教、墀松得贊、牟尼贊薄、牟底贊薄、墀得松贊、敦墀、惹巴僅」，共十一人。

在時間上，諸書記載的出入也很大。據布敦、倫主兩書所記，松贊王生於六一七年丁丑，墀惹巴僅被害於八四一年辛酉，共有二百二十八年。《青史》記，松贊王生於五六九年己丑，墀惹巴僅被害於八三六年丙辰，共有二百六十八年。《西藏曆書引言》所記，松贊王生於六二九年己丑（貞觀三年的己丑），朗達瑪滅法於九〇一年辛酉（害惹巴僅後即滅法），共有二百七十三年。「藏王紀」中所記，松贊王生於六一七年丁丑，惹巴僅被害於九六一年之辛酉，共有三百四十五年。以上諸書所記，約有一百二十年的出入。但依《唐書》所記考之，《青史》所記較為合理。例如松崗薄王（སྲོང་བཙན་སྒམ་པོ舊作弄贊甘普，音訛）的生年，布敦、倫主、福幢（造「藏王紀」者）皆記為丁丑（六一七），皆記壽八十二歲，其卒年為戊戌（六九八年，福幢說是庚戌誤）；但《唐書》記永徽元年，弄贊卒（《唐書》記松贊王，名「棄宗弄贊」，亦名棄蘇農，亦號弗夜氏。有時簡稱「弄贊」）。若由永徽元年（六五〇年），逆推八十二年，則為陳宣帝太建元年己丑（五六九年），是與《青史》所記生年相合。再一個例子，如「曆書引言」記松贊王生於貞觀三年己丑。果如所記，則貞觀十五年文成公主出嫁時，藏王只有十三歲，但《唐書》記的是貞觀八年，藏王遣使求婚，帝不許；如「曆書引言」所記為實，則那時藏王還只有六歲，如何會遣使求婚？如何會連戰八年？這顯然是錯誤的。總之，西藏古書的紀年，只附記地支，如鼠年、牛年等，松贊王生於丑牛年，諸書相同，但究竟是丁丑或己丑，又是第幾個己丑（依《青史》推算為五六九年的己丑，「曆書引言」推算為六二九年的己丑）？難衷一是。依據《唐書》所記，文成公主於貞觀十五年（六四一年）出嫁藏王，於永隆元年（六八〇年）卒；松贊王於永徽元年卒（六五〇年）；當無大的錯誤。最近根敦郡培（僧法增）所編的西藏政治史冊中，關於松贊王生年，採取布敦所記六一七年之說；其卒年，則取《青史》所記（亦即《唐書》所記）六五〇年之說，得三十四歲；即王於六一七年生，六二九年即位，六四一年娶文成公主，六五〇年卒。但《唐書》說：「永徽元年弄贊卒……弄贊子早死，其孫繼位，復號贊普，時年幼，國事皆委祿東贊。」若松贊只活三十四歲，其子又早死，而其孫繼位，似亦不可能。

再談下一位墀松得贊（ཁྲི་སྲོང་ལྡེ་བཙན舊作乞雙提贊，音訛）生年。布敦為七一八年戊午，倫主和「曆書引言」為七三〇年庚午，《青史》為七四二年壬午，福幢為七九〇年庚午；其間有七十三年的出入。但諸書皆記為午馬年生，又共許為金城公主之子。考《唐書》記金城公主於睿宗景雲元年（七一〇年）出嫁（西藏記為睿宗三年，當係到藏之年），玄宗開元二十九年（七四一年）死。墀松既是金城之子，則當生於金城未死前之午年。故布敦戊午、倫主等之庚午，較為合理；而《青史》之壬午、福幢之庚午，皆在金城去世之後，皆有乖誤。

墀惹巴僅（ཁྲི་རལ་པ་ཅན舊作徠巴瞻，音訛）的年代，布敦、倫主，記為八〇六年丙戌生，八四一年辛酉被害。《青史》未記其生年，僅記甲午（八一四年）即位，丙辰（八三六年）被害；滅法在辛酉年。「曆書引言」未記墀惹巴僅之事，但記朗達瑪滅法為九〇一年之辛酉；福幢則記為九二六年丙戌生，九六一年辛酉被害。布敦與福幢所記，相差有一百二十餘年。考

《唐書》的漢藏和盟碑，為長慶元年（八二一年；西藏史書為長慶三年）事；立拉薩盟碑者為墀惹巴僅，可知墀惹巴僅應生於長慶前，被害於長慶後。故布敦、倫主、《青史》等所說較為合理；「曆書引言」錯六十年，福幢「藏王紀」錯一百二十年。

西藏史書對於這一段時間的記年，雖多有參差，但依《唐書》所記的文成公主進藏與卒年，金城公主進藏與卒年，並長慶和盟碑事，已可楷定西藏佛為前弘期，為貞觀初年至唐會昌元年，共有二百餘年。

本期佛教弘揚的情形

西藏佛教前弘期，二百餘年歷九位藏王，其中最主要的，有三個時期：

一、松贊崗薄時期（初興佛教）

松贊崗薄以前的藏王，所統屬的區域狹小，到松贊王擴張疆土，成為當時我國西南一強國。《新唐書》說：「其地東與松茂嶲接，南極婆羅門，西取四鎮，北抵突厥，幅員萬餘里，漢魏諸戎所無也。」

傳說松贊以前，西藏無文字，人事往還但憑語言或信物。松贊既征服諸部落，建立規模，為與鄰國往還，治理民眾及頒布法令等，迫切地感覺到文字的需要。便派遣了屯彌三博札（ཐོན་མི་སམྦྷོ་ཊ།舊作端美三菩提，音訛）往印度學習文字。屯彌先從南印度梨僅（ལི་བྱིན།）婆羅門，學習各種字書；又從天明獅子（ལྷ་རིག་པ་སེང་གེ།）學習聲明等論；乃仿梵文略事刪補，造藏文四韻、三十字母，並制定前音、後音、添頭、繫足等結構法（見「藏王紀」三十、三一頁，《青史》二十頁及《西藏王臣史》二四頁、《倫主佛教史》十七頁）。並著八部論，解釋藏文的用法（布敦史及《西藏王臣史》）。

西藏原有一種名苯教（བོན།苯，在古語中即是法字義）的神教，專作祈禳等法。到松贊王時，造成藏文後，才開始翻譯佛經，提倡佛教。

同樣，西藏原沒有一定的法律制度，對人民的善惡行為沒有一定賞罰的標準。松贊王時，乃依照佛經所說的十善戒，制定為人民應當遵守的法律，即毆者處罰，殺人者抵償，盜竊加八倍的罰款，姦淫者刖肢體而流放，欺妄者割舌（「藏王紀」三三頁）。又制定十六種原則性的社會倫理法軌：一敬信三寶、二修行正法、三孝敬父母、四恭敬有德、五敬重尊貴耆長、六對親友有信義、七對國人作利益、八心性正直、九仰瞻賢哲、十善用資財、十一以德報恩、十二秤斗無欺、十三不相嫉妒、十四勿用婦言、十五婉和善語、十六心量寬宏（《西藏王臣史》十六頁，「藏王紀」所說略異）。

松贊王的時候，又教民鑿池疏溝、墾荒耕田、習學文字、改惡修善，促使藏民的生活漸趨於文明。

松贊王遣人往錫蘭請來蛇心栴檀的十一面觀音像，又往印度和尼泊爾交界處請來訶利栴檀的觀音像（此像現尚供奉在布達拉宮），供奉供養。

松贊王初娶尼泊爾公主，攜有不動佛像、彌勒菩薩像、度母像等（不動佛像現供在惹摩伽寺、彌勒像等現供在大招寺）；後娶唐朝文成公主，攜有釋迦佛像（傳為佛在世時所鑄造，現供在大招寺正殿中）。

松贊王又使尼泊爾塑像匠人，依照松贊王的身量，雕塑一尊觀音像（現今供在大招寺北廂殿中）。

又為供奉諸聖像，尼泊爾公主建築大招寺（傳說見大招寺處，原係一海眼，是拉薩的中心點），文成公主建惹摩伽寺；松贊王建伽剎等十二寺於拉薩四周供人民禮拜；各寺供奉的聖像甚多，如釋迦、彌勒、觀音、度母、顰蹙佛母、光明佛母、妙音天女、馬頭金剛、甘露明王等。此外，又建築了許多的專供修定的道場，傳說因修定而得定發通的人也很多（《青史》二十頁）。

那時翻譯經典的譯師，有印度人孤薩惹（ཀུ་ས་ར）論師、嚮迦惹（ཤཾ་ཀ་ར）婆羅門，有尼泊爾人尸羅曼殊（ཤཱི་ལ་མཉྫུ）論師，有漢人大天壽（མ་ཧཱ་དེ་བ་ཚེ）和尚；也有西藏人屯彌三博札、達摩廓霞（དྷརྨ་ཀོ་ཤ）、拉金剛祥（ལྷ་ལུང་རྡོ་རྗེ་དཔལ）等（《倫主佛教史》一一七頁）。

這時翻譯出的經典有：《寶雲經》、《觀音六字明》、《閻曼德迦法》、《摩訶哥羅法》、《吉祥天女法》（《青史》二十頁）。又有：《集寶頂經》、《寶篋經》、《觀音經續二十一種》，《百拜經》、《白蓮華經》、《月燈經》；並有說這時曾譯出過《十萬頌般若經》（「藏王紀」三一、七二頁）。

總之，西藏開始弘揚佛教，建築寺廟，創造文字，翻譯經典，制定法律，教育民眾，都從松贊王時開始，由於他的領導和臣民們的努力，使西藏的文明大大地推進了一步。因之西藏史書都稱頌松贊王是觀音菩薩，是特為饒益西藏民族而示現為國王身的。

二、墀松得贊時期（建樹佛教）

繼松贊王之後的有芒松芒贊（མང་སྲོང་མང་བཙན།亦作མང་སློན་མང་བཙན།芒壠芒贊，即松贊王之孫）和都松芒薄結兩代，他們只是繼承松贊王遺旨奉事佛教，對於佛教事業，沒有新的建樹，並迭經戰禍，將釋迦佛像封閉在大招寺祕室中，松贊王所建的布達拉宮亦毀於兵火。墀得祖敦即位後，初原為其子絳剎拉聞（འཇང་ཚ་ལྷ་དབོན།）請婚於唐朝，可是金城公主到藏時，他的兒子已死，墀得祖敦納為己妻，生墀松得贊，後來大弘佛教。由於金城公主的入藏，造成了漢藏的和平局面。金城公主把文成公主帶到西藏所供奉的釋迦佛像從闇室中請出，供在大招寺正殿。將尼泊爾公主請來的不動佛像移到惹摩伽寺供奉。墀得想步武乃祖弘揚佛教事業，曾派使臣往底斯山邀請佛密和佛靜二大論師，未得圓滿結果；他又遣使到唐朝及西域（新疆），請來了弘法大德及經典，並建拉薩喀札（ལྷ་ས་མཁར་བྲག）等寺以安置之。

這時譯經的譯師，有賑迦牟拉廓霞（ཕྱན་ཀ་ལེ་ཀོ་ཤ།）、娘若那鳩摩羅（གཉགས་ཛྙཱ་ན་ཀུ་མཱ་ར།）

而從漢文譯出了《百業經》、《金光明經》及曆數、醫學等書籍（《布敦佛教史》二十五頁）。到這時為止，還只有漢僧和西域（新疆）僧。西藏人民雖已信仰佛教，尚未有出家為僧者。

墀得祖敦的臣屬中，信佛的固然很多，但也有不信仰佛教的，其中有掌握重權左右一切朝政的，如舅氏仲巴結（མ་ཞང་ཁྲོམ་པ་སྐྱེས）及達惹陸貢（ངན་ལམ་སྟག་སྒྲ་ཀློང་）等，但懾於墀得的權威，沒有明目張膽的反對罷了。

墀得去世後，仲巴結等便借口過去幾代藏王的短壽，和國家的兵連禍結，都歸罪在弘揚佛法上。並把釋迦佛像說成為引禍的根源，將釋迦佛像埋在地下，後又改移至芒宇；進而改大招寺為屠宰場，毀墀得所建的喀迦寺和真桑寺；驅逐那些修行佛法的信眾，把各國的僧人也都遣回其原籍。這時墀松得贊王年幼，只好聽憑權臣的擺佈；在初期尚未長成的佛教，就遇到了這樣的一場挫折。

西藏民間，原盛行苯教。松贊王雖曾制定法令，教人民敬信三寶，學習佛經，並禁止那時苯教徒陰改佛經為苯經的行動。可是部分臣下及民間仍有信奉苯教，反對佛教的。經過芒松芒贊、都松芒薄結、墀得祖敦三代，似都未加禁止，其權臣中反對佛教的似即為苯教信徒。

在墀得王時，曾派臣下桑希（སང་ཤི）等到內地學佛法。等到桑希們學成要回西藏時，墀得已死，反對佛教勢力抬頭，桑希得到一位聖者的指示，授以《金剛經》、《十地經》（有作《十善經》）、《稻桿經》等三部經，囑以等待時機，並迎請印度薩賀國的馨達惹只達（ཞི་བ་

ཀྱིད།）到西藏弘法等預言。桑希等攜有漢文經書千餘卷，到藏時正遇著法難，只得將經書隱藏在欽朴（མཆིམས་ཕུ།）的石窟後而回到拉薩。

後來墀松得贊王年漸長，閱前代諸王史籍，知道先代曾致力於弘揚佛教，建立制度，於是引起對佛教的信仰，與一部分臣屬討論復興佛法的事宜。桑希認為時機已至，遂將隱藏在欽朴的漢文佛經取出，進呈藏王，略述大義。藏王聽了很歡喜，遂教桑希同漢人梅摩果（མེ་མ་གོ）、迦濕彌羅阿難陀共同翻譯。這事為舅氏仲巴結所反對，並怪桑希多事，貶桑希於芒宇。史書並記下：諸信仰佛法者，為保護桑希故，把他送往芒宇以避難。

另有一個大臣名薩囊（གསལ་སྣང།），信仰佛教，藏王派他為芒宇守。他在那裡建立兩座佛寺。薩囊去過印度朝禮大菩提寺、那爛陀寺等聖蹟，他在尼泊爾遇見靜命（ཞི་བ་འཚོ།，有譯為寂護的）論師，邀請靜命赴藏弘法而得到許可。於是薩囊先返拉薩見藏王，陳述靜命論師的智德，勸藏王請他來藏弘法。藏王遂詔諸信仰佛法的大臣，如漾孃桑（ཉང་ཉ་བཟང།）、廓墀桑（འགོས་ཁྲི་བཟང།）等密議，結果是：除去舅氏仲巴結、達惹陸貢等反對佛教的權臣，頒布諭，令一切臣民皆須奉行正法（佛教）。把釋迦佛像從芒宇請回拉薩，仍供在大招寺正殿，派人到尼泊爾迎接靜命論師。對於民間有信苯教反對佛教者，命阿難陀等和苯教徒展開辯論，戰勝了苯教徒。對苯教的處理是：除部分有關禳災法外，將苯教書籍廢毀，禁止流傳。

靜命論師到藏後，在龍粗（ཞོད་ཚེ་བཟམ།）宮中，安居四月，為藏王和他的重要大臣講說十善業、十八界、十二因緣等法門。時雷擊瑪波日（དམར་པོ་རི།）、洪漂龐塘（འཕང་ཐང།）宮，這些地區瘟疫流行，不信佛教的借口說是弘揚佛教之過，引起了民間喧擾。藏王詢問靜命論師；靜命說是西藏山神等所為，須請蓮花生大師來方能降伏，他自己暫回尼泊爾。藏王又遣薩囊等往迎蓮花生大師。傳說蓮花生大師到前藏時，沿途降伏了許多鬼神；沒有多久又接靜命論師回藏。

藏王和臣民們共議決定建桑耶寺，由蓮花生大師加持地基，根據靜命論師仿照印度飛行寺規模圖樣來建築。寺的構圖規模是：中分須彌、十二洲、日月二輪，外有垣牆圍繞；四角建四舍利塔，四門立四碑。藏王三妃，各添建一殿。從壬寅年奠基，至丙午年建成（王臣傳等如上說，布敦則說是丁卯年奠基，己卯年建成），並請靜命論師、蓮花生大師等開光，君民舉行廣大慶祝法會。

丁未年，迎請印度說《一切有部》的十二位持律比丘到藏，以靜命論師為親教師，開始度西藏人出家受戒。第一次受戒的有七人，為寶護、智王護、寶王護、善逝護、遍照護、龍王護、天王護（七人之名多諸異說）被稱為七覺士。稍後，復有官民子弟三百餘人，出家受戒；並從中選拔優秀的學習梵文，目的是為造就翻譯經典的人才。又在耶巴（ཡེར་པ།）、欽朴等處，設立專修道場，得成就的很多。

在這個時期翻譯經典的：印度人有靜命、無垢友、佛密、靜藏、清淨獅子等諸大論師；西藏人除初出家的七人外，有法明、虛空、寶軍、無分別、釋迦光等諸大譯師，協同從事廣譯三藏教典。在這同一時期中，又請密宗大德法稱論師，傳授瑜伽部金剛界大曼荼羅等灌頂；請迦濕彌羅國的勝友、施戒等大德，傳授戒法；並請漢僧傳授參禪修定。在這個時期，可以說對於整個佛教盡量吸收，不論大小、顯密、禪教、講修，兼收並容，盛極一時。

這時所翻譯出的典籍，依據辰年在登迦（ལྡན་དཀར）宮所編的目錄（《布敦佛教史》說這目錄是墀松王時所編）中所記載的，密教方面除無上瑜伽部，顯教方面除「阿含經」類及一部分《中觀》、《因明論》外，其餘的顯密經論，大體粗略。但考現在舊派（རྙིང་མ་པ）所弘揚的一部分「無上瑜伽部」的經論，也是由無垢友等所傳來；或因當時對於無上部教法，只是祕密傳授，故未編入目錄之內。

這時所傳的戒律，是《根本說一切有部》。為防止部派的紛爭，藏王曾命令制定，不許翻譯他派的律典。這時大盛教典中的唯識宗，已相當完備。因弘法的主要人物，多是中觀宗的大德，如靜命、蓮華戒就是「中觀順瑜伽行派」（世俗不許有離心外境，勝義中許一切法皆無自性）的創始人；蓮花生、無垢友、佛密等也都是中觀宗人，加上墀松得贊末年在息滅頓漸之爭端後，曾明令宣布：只許學靜命所傳龍樹的中觀見與修十法和六度行，不准學頓門的見行。因之，唯識宗以及其他宗義，缺乏了活動的餘地。

總之，西藏佛教在墀松王時，始有西藏人出家受戒，建立僧伽制度，廣譯經論、講學修行。佛教的規模這時才算建立起來。後來阿底峽尊者讚頌這個時期說：爾時佛法興盛，雖印度似亦未有。

三、墀惹巴僅時期（發揚佛教）

墀松逝世後，牟尼贊薄（༄མུ་ནེ་བཙན་པོ།）與牟底贊薄（༄མུ་ཏི་བཙན་པོ།）先後繼位，紹承父業，弘揚佛法。尤其是在牟底贊薄時，他建立金剛界寺，請無垢友等論師、遍照護等譯師，將父兄兩代未譯完的經論，盡量翻譯（據倫主的《佛教史》記此時無垢友、蓮華戒論師和龍王護、寶勝等譯師尚住世弘法），因之，三藏教典得以大備。

歷墀松、牟尼、牟底諸王時期，他們一面雖盡力弘揚佛法，一面亦常以武力威脅鄰國引起戰爭，尤其歷與漢族唐朝，一個時期對立，時而和好，時而戰爭。到了墀惹巴僅時，由諸佛教大德從中調停，在唐穆宗長慶元年，漢藏和好，建立和盟碑，才平息了戰爭。

墀惹巴僅藏王，深信三寶，護持十善制。因見前代譯師所譯出的經典中，有許多西藏不通行的名詞；加之從漢地、西藏（新疆）、薩貨（印度）等處所譯來的名詞也多不一致；覺到在學習上極為困難。於是特請當時的印度大德，如勝友、天王菩提、戒王菩提、施戒、菩提友等，和西藏的寶護、法性戒、智軍、勝護、妙吉祥鎧、寶王護諸譯師，依據大小乘教義及聲明諸論，重新整理譯典，務令道理無所乖違、名詞統一，便利於修學；並將大小乘教各種名詞詳加審定，彙成專冊，對從事譯經者使有所遵循；並指出倘必須立新名詞的，也須將該名詞的訓詁及定名的理由，詳細註明，呈報譯經院、講經院，轉呈藏王批准後，才得編入目錄以便通行。關於密部典籍，尤其「無上瑜伽部」，未經藏王批准，不許隨意翻譯。制定關於所譯三藏教典，每部在禮敬文上要加以區別，即凡屬律藏者，為「敬禮一切智」；凡屬經藏者，為「敬禮一切諸佛菩薩」；凡屬論藏者，為「敬禮曼殊室利童子」。這樣，以便讀者一睹敬禮文，即知為某藏所攝。對於戒律，仍是只准弘《一切有部》，不准弘譯餘部，以免爭端。

這個時期對於翻譯方法，也制了一定的規則。若遇有梵名（即印度的名詞）不可訓釋的，則應以聲為主，直譯其音（如人名、地名、草木名等）；至於有義可譯的，則應以譯義為主，依義立名。若依梵文次序而譯，文義相適合的，照原文次序而譯；若必須改動次序，方能了解其義理的，在頌文中可把四句或六句，合為一段，隨文便利，而改動其次序。在散文中，以便利易解為準則，隨在一段何處，即可改動。若梵文一語可譯多名者（如訶利，可譯獅子、劫奪等），則統觀全書中前後諸名，隨宜而譯。若梵文一語，能詮多義（如瞿字含多義），僅翻一名而不能全收的，則存原音。若藏文有類似之名能通多義的，亦可翻之。若一名詞，通於國、人、花、物等者（如鄔陀延，人名、村名等），則可增一國、人等字，以示區別，庶免濫誤。若一名只表一義，不與餘義相混淆者，則不可增加字。又關於數字的，例如在梵文「十二百半比丘」，應譯為「千二百五十比丘」，這要看文句雖異而義理無差者，應依藏語之便來譯。又如形容詞、連續詞，照文譯出義可通用者，即當直譯（如跋日譯遍，三譯正、鄔波譯近等）。若一法的異名，不在一處者，則可隨通用者譯之。若諸異名，聚在一處者，則各依含義個別翻譯。又對佛菩薩聲聞等所屬的名詞，應加恭敬詞，對餘人的，則譯通常的名詞（如佛眼名僅〔སྤྱན〕，常眼名彌〔མིག〕等）。

由於墀惹巴僅藏王深信佛法，每一僧人，規定七戶庶民贍養，使僧人能安心行道，不事旁務。每逢齋僧法會的時候，王把自己的頭巾敷地請僧眾在上走過，然後頂戴。並把大小朝政，也都請決於高僧；行政制度都以經律說為準則；下至國家通用的度量衡等，也都依照印度的而改制。前代所建的寺院，都善加修葺；並新建札喜格培寺，以恭敬三寶，奉行十善，教育人民；對侮慢三寶者，刑罰特重，即凡垢詈僧人者割舌，惡心指僧人者截指，怒視僧人者剜眼，這對於三寶表達出非常恭敬，但以刑法強迫臣民的政策，不免要引起一部分的妒忌和反感；後來朗達瑪的滅法，不能說不是這政策的結果之一。

這個時期所弘的佛教

從松贊王時創制文字、翻譯佛經，至墀惹巴僅王時整理譯典，廣事講修；這階段藏史稱之為西藏佛教前弘時期。在這約二百年間，所弘揚的佛教，可就一、教典文獻，二、見修行證兩方面總結一下。

譯出的教典文獻，包括了大小、性相、顯密，大體都已完備。今依登迦目錄（德格版論藏𠘧字函），略列如下：

一、關於大乘經典的分六類：

（一）般若經類，有《般若十萬頌》等大小十六種。

（二）大方廣類，《佛方廣經》等大小七種。

（三）《大寶積經》，四十八品。

（四）各種大乘經、《賢劫經》等大小一百六十七種。
（五）大經類，《大集經》等九種。
（六）從漢文轉譯者，《大般涅槃經》等大小二十四種。
二、小乘經，《正法念住經》等大小三十九種，又有《集法句經》等，屬於論著的七種。
三、密咒續，《不空索經》等，並有四部註疏，共十八種。其中只有事部行部，缺瑜伽部和「無上瑜伽部」。
四、各種陀羅尼一百零一種。
五、名號，佛及八大菩薩百八名經等九種。
六、讚頌，不可思議讚等十八種。
七、願文，〈迴向願王〉等十二種。
八、吉祥頌，〈大吉祥頌〉等七種。
九、律藏，《根本說一切有部》十七事，毗奈耶等，並諸註釋，大小三十一種。
十、大乘經的註釋，《般若十萬頌大疏》等五十二種。內有《般若經》、《深密經》、《三摩地王經》、《寶積經》、《十地經》等的註釋。又有從漢文譯的，《解深密經大疏》等八種。
十一、中觀宗論，《中論》等三十三種。
十二、禪修類，《修次第論》等八種。

十三、唯識宗論，《瑜伽本地分》等四十一種。
十四、各種大乘論，《集菩薩學處論》等三十一種。
十五、小乘論，《俱舍論》等九種。
十六、因明類，《觀業界論》等二十五種。
十七、藏王等撰述，《聖教正量論》等七種。
十八、已譯而未校正者，《般若四千頌》、《念住經》二種。
十九、未譯完全者，中觀精研論及釋等九種。

統觀此目錄所載，從一類至八類，屬於經藏；第九類屬於律藏，第十以後屬於論藏。又第三第四兩類，屬於密教，餘者皆屬顯教。小乘經律論，大小乘共學。所餘經論，概屬大乘。唯識宗的經論，已相當完備；中觀宗的經論，除月稱之論疏外，多已具足。此目錄中所載密部典籍雖只有事行兩部，但在墀松王時，特請印度密宗大德法稱大師傳授了瑜伽部灌頂。又有無垢友、施戒、遍照護、吉祥積等，已翻譯《集密意經》、《幻變密藏》、《黑茹迦格薄》等「無上瑜伽部」密法多種。故在密教方面，也可說是粗備了。

另一方面，這一時期表達在見修行證的是：從印度請來的譯經大德，多係中觀宗的，在見解上是中觀正見，即說一切諸法皆無自性的見解。諸法既無自性，則諸法存在而有的理由，必屬於依賴條件而生滅的緣起。就是說有一定的條件，諸法方得生起，若條件不具備，即不能生。以這樣來說明，來觀察宇宙萬有，世出世間一切因果，乃至證解脫、成菩提，重點都是依賴一定的條件——緣起而有的。這就是緣起性空的中觀見。深信這是構成世出世間的因果道理，從而所修的行，也就是合於這道理的而嚴持淨戒，依戒修定，由定發慧的三增上學。依著中觀正見和戒定慧三學所引起的身語行為，也就是正語業命的十法行及六度等正行。由此見修行證所得的果高下，是根據發小乘心者證四沙門果，發大乘心者，經過三阿僧祇劫，圓滿福德智慧二種資糧，證得無上正等正覺。這是就顯教說的。在密教方面，如佛密論師所傳的事部、行部，法稱論師所傳的瑜伽部密法，也都是依著中觀正見，在發大菩提心的基礎上，傳授灌頂，嚴守各部的三昧耶戒。進修有相瑜伽的增上定學，和無相瑜伽的增上慧學，由此而得世出世間的各種悉地。如無垢友論師所傳的「無上瑜伽部」密法，現在所流行的舊派佛教，判佛法為九乘：一聲聞乘、二獨覺乘、三菩薩乘。說這三乘教法屬於顯教，名共三乘，是化身佛所說。四事部、五行部、六瑜伽部，說這三部名密教外三乘，是報身佛所說。七大瑜伽部、八阿耨瑜伽部、九阿底瑜伽部，說這三部名無上內三乘，是法身佛所說。此派說自己所傳的即是後三乘的密法；其中尤偏重於阿底瑜伽，即現在流行的《大圓滿教授》，力主一切眾生現前離垢的明空覺了，即大圓滿。意謂生死涅槃一切法，皆本具於此明空覺了之中；由了知此心性本來無生無滅，具足一切功用，安住在這種見解上，遠離一切善惡分別，漸次消滅一切無明錯覺。最後證得永離一切戲論的究竟法界；即是修此教授所證得的果德。

參考書目

・布敦佛教史（拉薩版）
・土官佛教各宗派源流（德格版）
・童祥青史（拉薩版本）
・福幢藏王紀（德格版）
・倫主佛教史（德格版）
・西藏曆書引言（拉薩版）
・新舊唐書中的吐蕃傳
・藏文經藏目錄（拉薩版）
・藏文論藏目錄（德格版）
・登迦目錄（德格版論藏 字函）
・西藏王臣史（五世達賴著，拉薩版）
・拉薩大招寺目錄（拉薩版）
・西藏佛教原論（呂澂著，商務印書館版）
・西藏民族政教史（法尊編，漢藏教理院版）

《現代佛學》一九五七年六月

西藏後弘期佛教

西藏佛教自朗達瑪（གླང་དར་མ།）王辛酉（唐武宗會昌元年，西元八四一年）滅法後，衛藏等地都沒有出家的僧眾，經百餘年，才有盧梅等往西康學佛法，回到西藏建僧伽，弘揚佛教，直到現在，約一千年來的西藏佛教從未中斷。史學家把這一期的佛教——對前弘期而言，名為「西藏後弘期佛教」。

「後弘期」開始的年代

朗達瑪滅法後，什麼時候佛教才由西康復傳到西藏？諸書記載互有不同。據《布敦佛教史》（一三六頁上）說：「衛藏佛教毀滅經七十年，後有盧梅等十人重建佛教。十人到西藏時，有一個七十六歲的老婦說她六歲時曾見過僧人。」就依這個傳說，布敦說西藏佛教中斷了七十年。並稱「有說已經一百零八年」（似即指內巴班枳達〔ནེལ་པ་པཎྜི་ཏ།〕所說）。

《青史》（ཀ二七頁下至二八頁上）引內巴班枳達名稱願戒說：「從辛酉後經百零八年沒

有佛教，至百零九年己酉才又有佛教。」又說：「辛酉滅法後百零九年是指盧梅等在西藏初建拉摩惹結寺（《青史》ཀ二八頁上作ལ་མོར་རྒྱེལ，又ཁ་六頁上作ར་རྒྱེལ，「布敦史」作ལ་མོ་ཆ་གཡིབ་）的一年，不是指佛教最初復傳到西藏的一年。」並引盧梅的弟子跋希上座（བ་ཤིའི་གནས་བརྟན་）的文說：「大善知識盧梅慧戒（ཀླུ་མེས་ཤེས་རབ་ཚུལ་ཁྲིམས་）同松巴智慧（སུམ་པ་ཡེ་ཤེས་བློ་གྲོས་），先想在隴穴金比隴（སྐྱིད་ཤོད་འབྱིམ་པའི་ལུང་）建寺，沒有成功，後于辛酉年才建拉摩惹結寺。」這證明盧梅等由康返藏是在建拉摩惹結寺之前的。它還引種敦巴說：「辛酉滅法後七十八年戊寅佛法復興，戊寅後六十五年壬午阿底峽尊者到西藏。」並認此說為正確。阿底峽尊者到藏是西元一〇四二年，逆推六十五年，故說相距七十八年（九〇一年滅法之說不合理，已如〈西藏前弘期佛教〉中說）。又《青史》記賈拉康的歷史時說：「犛囊金剛自在……丙子年（九七六年）生，三歲時戊寅（九七八年），律教由西康傳到西藏。……三十七歲壬子（一〇一二年）建賈魯雷寺（རྒྱལ་ལུག་ལྷས་ཀྱི་གཙུག་ལག་ཁང་）。」犛囊金剛建賈寺後，直到明成化十二年丙申（一四七六年）共四六五年，代代相承，記載詳明，最為可信（見《青史》一一頁下至一三頁下）。故後弘期的開始，可定為宋太宗太平興國三年（九七八年）戊寅，距唐武宗會昌元年辛酉（八四一年）朗達瑪滅法，為一三七年。盧梅等回藏建立僧伽時，正俄達墀巴（མངའ་བདག་ཁྲི་པ་）在位。從朗瑪達之子母堅到俄達墀巴，共歷七王，經一三七年。由於這時期政治很混亂，對朗瑪達滅法到盧梅的復興佛教年代，諸史頗多異說。比較上以八四一年到九七八年的說法為可靠。

本期佛教弘傳的情形

一、從西康復興佛教重建僧伽

當朗達瑪滅法時，有藏饒薩（གཙང་རབ་གསལ་）、鑰格（གཡོ་དགེ་འབྱུང་）、瑪釋迦牟尼（དམར་ཤཱཀྱ་མུ་ནི་）三人，滿載律藏典籍，經俄日（མངའ་རིས་）繞新疆，逃往西康瑪（སྨད་ཁམས་）潛修。又有迦勝光稱（ཀ་འོད་མཆོག་གྲགས་པ་）、絨敦獅子幢（རོང་སྟོན་སེང་གེ་རྒྱལ་མཚན་）、拉吉祥金剛（ལྷ་ལུང་དཔལ་གྱི་རྡོ་རྗེ་）等，亦各攜所有經典，先後逃往西康（「藏王紀」九八頁上及一〇〇頁上）。當時西康地區尚有佛教徒，如喇勤所親近的濃妙吉祥（སོན་འཇམ་དཔལ་）、寶金剛（རིན་ཆེན་རྡོ་རྗེ་）、吉勝頂（བཀྲ་ཤིས་རྒྱལ་བའི་སྤྱི་བོར་）、囊具喜菩提（སྣམ་དགའ་རྒྱན་བྱང་ཆུབ་）等（《青史》一頁）。

藏饒薩在西康，穆蘇薩巴（མུ་ཟུ་གསལ་འབར་）從之出家，以鑰格為阿闍黎，受沙彌戒，法名格瓦饒薩（དགེ་བ་རབ་གསལ་）。因他的智慧廣大，尊稱為貢巴饒薩，後期佛教復興之功最著，故又稱喇勤（བླ་ཆེན་大師之意）。喇勤將滿受比丘戒的年齡，邀請西康塘（「布敦史」一三二頁作ཤང་ཤང་，「倫主史」作ཤང་ཤང་）、吉祥金剛等，足受戒僧數。吉祥金剛自言曾殺藏王，不能入僧數，代於西寧附近邀漢僧二人（「布敦史」作ཀེ་བང་格旺ཕྱི་བཙན་基本，「倫主史」作ཀེ་བང་果旺ཕྱུང་བབ金巴）參加。仍以藏饒薩為親教師，於五眾僧團受比丘戒。「倫主史」（一二七頁上）稱，即依此僧團，復有西康人仲智幢（གྲུམ་ཡེ་ཤེས་རྒྱལ་མཚན་）、弩菩提幢（བཙུབ་བྱང་ཆུབ་རྒྱལ་མཚན）等多人，出家受戒，學習戒律和對法。「藏王紀」（一〇〇頁上）也載：繼喇勤之後，西康有跋金剛自在（བལ་རྡོ་རྗེ་དབང་ཕྱུག）、仲智幢、覺熱慧菩提（ཀྱོ་ར་ཤེས་རབ་བྱང་ཆུབ）等衆多大德。《青史》（ཁ་二頁下）說喇勤西康的弟子，有粗勝慧（འཚུར་ཤེས་རབ་མཆོག）等。

喇勤在西康弘法，聲名漸傳入西藏，藏王智幢，先派衛藏的盧梅慧戒、積智德（འབྲི་ཡེ་ཤེས་ཡོན་ཏན）、聽格慧獅子（ཚོང་ཙུ་ཤེས་རབ་སེང་གེ）、羅敦金剛自在（ལོ་སྟོན་རྡོ་རྗེ་དབང་ཕྱུག）、松巴智慧（སུམ་པ་ཡེ་ཤེས་བློ་གྲོས）、賈羅卓協饒（རྒྱ་བློ་གྲོས་ཤེས་རབ）、雲本法勝（གཞོན་པ་ཆོས་མཆོག）等七人往西康；後又遣塔乙勝聖（མཐའ་བཞི་ཚུལ་འཕགས）、惹希戒生（ར་ཤི་ཚུལ་ཁྲིམས་འབྱུང་གནས）、跋尊慧自在（སྦ་བཙུན་བློ་གྲོས་དབང་ཕྱུག）、結雷仰診法救（སྐྱིལ་འབུམ་ཅང་ཕན་ཆོས་སྐྱབས）、仲馨慧願（གྲུམ་ཤིང་ཤེས་རབ་སྨོན་ལམ）等五人赴西康；先後皆依仲智幢、覺熱慧菩提等受戒學法（「藏王紀」一〇〇頁下至一〇一頁上）。

據「布敦史」（一三二頁下）說：「衛藏十人，赴康學法。衛五人，盧梅戒慧、診智德（འབྲིང་ཡེ་ཤེས་ཡོན་ཏན）、惹希戒生、跋戒慧（སྦ་ཚུལ་ཁྲིམས་བློ་གྲོས）、松巴智慧；藏五人，羅敦金剛自在、聽尊慧獅子（ཚོང་བཙུན་ཤེས་རབ་སེང་གེ）、俄日巴俄解兄弟（མངའ་རིས་པ་འོ་བརྒྱད་མཆེད་གཉིས）及博東巴鄔波得迦（བོ་དོང་པ་ཨུ་པ་དེ་དཀར）。時藏饒薩年老不收徒衆，令從喇勤求戒。盧梅留康從仲智幢學戒，餘人先回。後惹希及跋戒慧之弟來，在壠塘（ཀློང་ཐང）相遇，亦出家受戒。盧梅等十二人之說，「布敦史」與「藏王紀」相同；但人名及受戒師互有出入。《青史》（ཁ་二頁下及三頁上）則說盧梅等為粗勝慧戒弟子，也親近喇勤，並從仲智幢學律。又是一種說法。

盧梅等回藏，據「倫主史」說是辛未（九七一年），他們都不敢逕回拉薩，先到桑耶（བསམ་ཡས་）等待時機。盧梅住迦曲（ཀ་ཆུ་寺名），跋氏兄弟住鄔刈（དབུ་ཚལ་）和鄔則（དབུ་ཞོ་），惹希兄弟住格結（དགེ་ཡས་），諗智德住桑康（ཟངས་ཁང་），羅敦等往後藏。經過了一段時間，佛法漸傳播出去，從學的弟子多起來了，民間信仰也一天天地多起來了；於是重立僧團，營建寺廟便著實地進行了。

據說盧梅與四大弟子建立僧團寺廟有十八處；惹希戒生及其弟子的傳派有六處；跋戒慧及其弟子有七處；諗智德有五處；羅敦金剛自在及其弟子有十七處；聰尊慧獅子有九部十六處。衛藏九人中的前藏松巴和後藏俄解兄弟及博東巴，諸史沒有記載他們的活動。

另有阿霞智堅（འ་ཞ་ཡེ་ཤེས་གཡུང་དྲུང་）往西康從喇勤弟子枳窩喇（གྲ་བོ་མཆོག་ཡོ་）受戒，和他弟子名竭鄔聶囊巴（ཞུའི་གཟི་སྣམ་པ་）等，這系列名叫阿眾（འ་ཚོ་）。又有枳童戒（གྲི་གཞོན་ཚུལ་）的往西康從喇勤弟子雅洗本敦（ཡ་ཤེ་བོན་སྟོན་）受戒，回藏後發展了結地的八處（ཞད་ཀྱི་གནས་པ་བརྒྱད་），這一系名枳眾（གྲི་ཚོ་）。以上見於記載的，共有寺廟七十五處。

西藏佛教的復興，得力於前藏盧梅等，後藏羅敦等，他們致力於弘傳戒律，重建僧伽，法門龍象輩出，使全藏人民重瞻慧日慈雲，教化之盛，已遠駕乎前弘期。後來阿底峽尊者在哦日聞種敦巴述及盛況，急合掌讚歎說：「如此興盛，必聖僧所建樹，絕不是凡夫所能作到的。」

二、由哦日弘傳律學

朗達瑪滅法後不久即遇害。朗達瑪王系傳第五世闊惹（ཁོ་རེ）,惹傳其弟松內（སྲོང་ངེ）而出家，法名智光（ཡེ་ཤེས་འོད）,迎請法護（དྷརྨ་པཱ་ལ）、慧護（པྲཛྙཱ་པཱ་ལ）論師等到哦日傳比丘戒，從學比丘律儀。

時有漾榮巴勝慧（ཞང་ཞུང་པ་རྒྱལ་བའི་ཤེས་རབ）,從法護受戒後，往尼泊爾從枳達迦（ཛི་ཏ་ཀ）學律，並在尼泊爾及迦濕彌羅等地，親近當時著名律匠，故於律藏特精。傳其弟子跋覺（དཔལ་ཚུལ）及菩提獅子（བྱང་ཆུབ་སེང་གེ）,廣事弘揚。是為哦日律學之復興。

三、留印諸師返藏的弘化

智光在哦日弘揚佛法時，覺前弘期留下的教法多不完整，而對於一般所謂咒師，既未達真空法性，輒妄行殺害法等邪行，尤認為深違佛意。為此特選了哦日三區的青年二十一人，先令學聲明及佛教基本知識，然後厚給以資斧，遣往印度求法，以圖補偏救弊。當弟子們臨行時，付囑他們的使命是：

（一）要迎請迦濕彌羅國寶金剛（རིན་ཆེན་རྡོ་རྗེ）論師，東印度達摩波羅（དྷརྨ་པཱ་ལ）論師，西方迦魯國摩尼州（ཀ་ཤེ་མ་ཀེ་ཤ་ཕྱོགས་པ）論師。

（二）要從中印度般若黎（པྲཛྙཱ་ཤ་ལི）論師學二部攝續（一、「集密」，二、「攝真實經」）及《攝真實經慶喜藏釋論》，從摩尼州與達摩波羅學《斷除業障續及注釋》，並學《曼荼羅三百四十尊》（勝天造）、《集密曼荼羅儀軌》（佛智足及龍猛菩提造），從寶金剛論師學時輪及四金剛座續釋論。

（三）要迎請的或親近的比札瑪尸羅寺（བི་ཀྲ་མ་ཤཱི་ལ་）有名論師一〇八位，大論師七二位，被尊重稱之為無可比者三十七位，為頂珠者一位，為瞻部莊嚴者八位，為三界眼目者二位；此諸論師，上者當迎請來藏，次者當從之學習，最下者亦當訪知其人通達善巧某法，求其傳承，請其經書（倫主史一三一頁）。

二十一人中的唯寶賢（རིན་ཆེན་བཟང་པོ་）與善慧（ལེགས་པའི་ཤེས་རབ་）學成後返藏，餘皆病歿於印度。

寶賢譯師（九五八至一〇五五年），十三歲依智賢出家，曾在印度及迦濕彌羅留學三次，親近過拏熱巴等七十五位大論師，學習一切顯密教義。迎請了作信鎧（ཤྲདྡྷཱ་ཀ་ར་ཝརྨ་）、作蓮密（པདྨ་ཀ་ར་གུཔྟ་）、佛祥靜（བུདྡྷ་ཤྲཱི་ཤཱནྟི་）、佛護（བུདྡྷ་པཱ་ལ་）、蓮花密（ཀ་མ་ལ་གུཔྟ་）等來藏翻譯顯密經論，重要的譯出瑜伽部及集密續，並廣事弘揚。又迎請了法護、慧護二論師來藏弘傳戒法。後弘期密法之盛，多由寶賢譯師之力。寶賢八十五歲時，阿底峽尊者始到藏，得尊者的教授，閉關專修得大成就。寶賢的弟子很多，以瑪喜慧譯師為上首。

藏王光護（朗達瑪次妃之子）之長子吉祥積據拉朵（ལ་སྟོད་）與吉祥積三子，俱信佛法，致函後藏羅敦金剛自在，請派其弟子來拉朵建立佛教。羅敦遣弟子釋迦童（ཤཱཀྱ་གཞོན་ནུ་）、智精進（ཡེ་ཤེས་བརྩོན་འགྲུས་）二師應請前往（《青史》ང་二頁、「倫主史」一三四頁上說是十人）。二師在拉朵二百餘僧眾中，選拔有智慧的青年卓彌釋迦智（འབྲོག་མི་ཤཱཀྱ་ཡེ་ཤེས་九九〇至一〇七八年）和達羅童精進（སྟག་ལོ་གཞོན་ནུ་བརྩོན་འགྲུས་）二人（「倫主史」說有加陵雲努རྒྱང་གཞོན་ནུ་共三人），使赴印學法（《青史》二頁說約在寶賢五十歲時），囑以善學戒律、般若（指《現觀莊嚴論》）與密咒。二人初經尼泊爾從靜賢論師（寂靜論師弟子）學聲明，次往比札瑪尸羅寺從六大論師（東門寂靜、南門語自在稱、西門般若生慧、北門拏熱巴、中央寶金剛和智吉祥）學法。達羅熱衷朝禮聖，學法甚少。

卓彌親近寂靜論師八年，兼從餘師學法；後又到東印度從慧王明論師廣受灌頂及解經修行的教授，並得道果教授，所以他的成就是很大的。回藏後，從事翻譯，先後譯出二觀察等三續《母部歡喜金剛法》及寂靜論師的《二萬般若釋》（ཉི་ཁྲི་འགྲེལ་པ་དག་ལྡན་），並很多其他密法。卓彌五十一歲時（一〇四四年），伽耶達羅（གྱ་ཡ་དྷ་ར་）論師來藏，又從學五年，盡得其教授。卓彌在印度及尼泊爾共留學十三年，回藏後，即講說修學，攝益徒眾，後並閉關精進修習，八十五歲卒。他的弟子甚多，瑪巴譯師、廓譯師，皆曾從學。繼承卓彌正傳的為昆寶王（འཁོན་དཀོན་མཆོག་རྒྱལ་པོ་），後發展成薩迦派。

瑪巴（མར་པ་）譯師（一〇一二至一〇九七年）名法慧。十五歲從卓彌善學聲明，次往尼泊爾住三年學《四座續》等法；後往印度三次，曾親近過拏熱巴（ནཱ་རོ་པ་）、彌勒巴（མཻ་ཏྲི་པ་）、靜賢（ཤི་བ་བཟང་པོ་）、龐廷巴（ཕམ་མཐིང་པ་）等諸大論師，廣學集密、勝樂、歡喜金剛、摩訶摩耶、《四座續》等教授。弟子甚多，彌拉惹巴（མི་ལ་རས་པ་）承傳其法，成迦舉派。

廓枯巴拉則（འགོས་ཁུག་པ་ལྷས་བཙས་）譯師，初曾親近卓彌，後三往印度，親近過七十二位得成就的大論師，依止靜賢論師時期最久，學集密龍猛派教授，並翻譯《勝樂金剛寶行續》、《四座續》、《摩訶摩耶續》、《歡喜金剛續》等。主要的是闡揚龍猛派的集密。

以上四大譯師中，寶賢譯講《二萬般若釋》（ཉི་ཁྲི་སྣང་བ་）、《八千頌般若》及獅子賢《八千頌大疏》等。由於他竭力提倡，般若教義得以盛行於藏地。寶賢總弘四部密法，特弘瑜伽部諸經的廣釋、儀軌、修法等。卓彌釋迦智，主要弘傳歡喜金剛等瑜伽母續。瑪巴譯師主要弘傳拏熱巴、彌勒巴所傳集密等瑜伽續，以及佛頂瑜伽母續。廓大譯師主要傳龍猛派集密教授。經此四大譯師弘傳，西藏後弘期的密法和講說修行，都很完備了（《青史》三頁下）。

此外，還有俄善慧（རྔོག་ལེགས་པའི་ཤེས་རབ་），弘傳戒學的漾絨巴勝慧，請阿底峽尊者來藏的精進獅子（བརྩོན་འགྲུས་སེང་གེ་）、拏措戒勝（ནག་ཚོ་ཚུལ་ཁྲིམས་རྒྱལ་བ་），寶賢的弟子札覺協饒（གྲགས་འབྱོར་ཤེས་རབ་）、噶法賢（འགར་ཆོས་བཟང་）、釋迦光（ཤཱཀྱ་འོད་）、瑪善慧（རྨ་དགེ་བའི་བློ་གྲོས་），都是當時著名的譯師。

俄善慧之姪俄大譯師羅敦協饒（རྔོག་བློ་ལྡན་ཤེས་རབ་一〇五九至一一〇九年），幼從伯父學法，十七歲往迦濕彌羅求學。十七年中先後從利他賢（གཞན་ཕན་བཟང་པོ་）、善根王（སྐལ་ལྡན་རྒྱལ་པོ་）學因明，從薩囉那（སཛྫ་ན་）、廓彌其梅（ཁ་ཆེ་འཆི་མེད་）等學慈氏五論等顯密諸法。他回藏後，從事翻譯因明莊嚴疏（ཚད་མ་རྒྱན་）等，廣弘因明、般若、《入行論》等，並曾協助綳茶松巴（འབུམ་ཕྲག་གསུམ་པ་）等諸大論師譯經。羅敦協饒弟子二萬三千餘人，以卓巴慧生及枳慧然（ཕྱོད་པ་ཡེ་ཤེས་འབྱུང་གནས་དང་འབྲི་ཤེས་རབ་འབར་）為上首。

跋曹日稱（པ་ཚབ་ཉི་མ་གྲགས་）譯師，往迦濕彌羅留學二十三年，並迎請迦那迦瑪（ཀ་ན་ཀ་ཝརྨ་）論師到藏，翻譯中觀宗月稱派諸論，廣事弘揚，於是應成派學說因之而盛。

又有吉覺月光（གྱི་ཇོ་ཟླ་བ་འོད་ཟེར་ཟླ་བ་འོད་ཟེར་）譯師，翻譯時輪、佛頂、金剛甘露、勝樂等法。桑迦聖慧（ཟངས་དཀར་འཕགས་པ་ཤེས་རབ་）、寧盛稱（གཉན་དར་མ་གྲགས་）、克鄔格巴輪稱（ཁྱིའུ་ཐང་པ་འཁོར་ལོ་གྲགས་）、繃鑰明稱（སྤོང་ཤོ་གསལ་བ་གྲགས་）、囉彌佛稱（ཙ་མི་སངས་རྒྱས་གྲགས་）、跋日寶稱（པ་རི་རིན་ཆེན་གྲགས་）、羅甲慧積（ཀློག་སྐྱ་ཤེས་རབ་བརྩེགས་）、梅覺慧稱（མལ་གྱོ་བློ་གྲོས་གྲགས་）、卓慧稱（འབྲོ་ཤེས་རབ་གྲགས་）等，也翻譯許多經論，使藏文的經典更豐富起來。

以上是留印諸師返藏弘化的情形。

西藏後弘期的佛法，就由西康、哦日、印度三個方面傳入而復興起來。

四、各教派的建立

西藏佛法復興時，各大譯師各弘揚於一方，因之他們的弟子傳承修行方也各有不同。從一○四二年阿底峽尊者到哦日以後的百餘年中，產生了許多教派：

（一）迦當派

此派起自阿底峽尊者。「迦」（བཀའ་）是佛語，「當」（གདམས་）是教授的意思。此派說一切佛語（經論）都是修行的教授，故名「迦當派」。經過朗達瑪滅法而復興的西藏佛教，在一般學佛的人中形成了一片混亂。多數的是重密輕顯，重師教而輕經論，但也有重戒律而毀訾密法，尤其在顯密之間形同水火，修行更顯得沒有先後次第，妄趨高深密法而輕視了出離心菩提心的基本修證精神，對法空真理沒有理解而只依密法條文作誅戮仇敵等事。這顯然是違背了佛意而趨向邪惡的途徑。哦日王智光（ཡེ་ཤེས་འོད་）與菩提光（བྱང་ཆུབ་འོད་松內སྲོང་ངེ་之孫），為救此等流弊，不惜身命資財而至誠迎請阿底峽尊者來藏弘法。尊者於一〇四二年到哦日，為菩提光等廣轉甚深法輪，為了對治當時西藏佛教混亂現象，特造《菩提道炬論》，指示修行次第和顯密教義相一致的精神。後由種敦巴（འབྲོམ་སྟོན་པ་）的迎請，尊者到衛藏各處弘傳佛法。致力針對當時邪行密法輕視因果的流弊，特提出重視因果、宣說皈依，故有業果喇嘛、皈依喇嘛的稱號。

阿底峽尊者的一切顯密教授，都傳給了種敦巴；尊者圓寂後，門人皆依止種敦巴修學。一〇五六年建惹真（རྭ་སྒྲེང་）寺，成為迦當派的祖庭；種敦巴弟子有樸穹瓦（ཕུ་ཆུང་བ་）、博朵瓦（པོ་ཏོ་བ་）、謹哦瓦（སྤྱན་སྔ་བ་）、康壠巴（ཁམས་ལུང་པ་）等，繼承阿底峽尊者的教授，成為迦當派。這派傳承甚久，直到宗喀巴（ཙོང་ཁ་པ་）大師建立的嘎登派（དགའ་ལྡན་）時，轉形成為「新迦當派」，實與黃教同為一家。

（二）噶舉派（བཀའ་བརྒྱུད་པ་）

「噶」（བཀའ་）指師長的言教，「舉」（བརྒྱུད་）意為傳承。「噶舉」，正指所修一切法門，皆由師長親語教授傳承下來的。此派起自瑪巴（མར་པ་）譯師。瑪巴譯師先赴印度從拏熱巴（ན་རོ་པ་）、智藏（ཡེ་ཤེས་སྙིང་པོ་）論師等學多種密法。晚年又赴東印度親近彌勒巴（མཻ་ཏྲི་པ་），依大印教授，親證無生法性；又得薩惹哈（ས་ར་ཧ་）加持，證得「萬有一味」的境界。攝益門徒甚廣，上首弟子有四人：梅村薄．福幢（མེ་མཚོན་པོ་བསོད་ནམས་རྒྱལ་མཚན་），俄法金剛（རྔོག་ཆོས་ཀྱི་རྡོ་རྗེ་），粗自在（མཚུར་དབང་ངེ་），彌拉聞喜（མི་ལ་ཐོས་པ་དགའ་）。前三人傳承了講釋經論，而彌拉則偏承修行的教授，四人中以彌拉為嫡傳。

彌拉（一〇四〇至一一二三年）幼年孤苦，備受伯父姑母欺侮，因學舊派誅法，殺死了伯父親友三十五人；因此欲學法懺罪，乃往羅札（ལྷོ་བྲག）親近瑪巴譯師。瑪巴用多種苦役方便淨其罪業，最後傳給圓滿的教授。彌拉回哦日，先在帕比日（འཐགས་ངའི་རི་）靜修六月，次登吉絨（ཁྱི་རོང་）山頂靜修九年，先後成就於火於風獲得自在，末了發真實智，證大印法性。漸次說法教化，以八十四歲卒。門弟子中繼承了他的教法使播於全藏的，為崗薄瓦．福寶（སྒམ་པོ་བ་བསོད་ནམས་རིན་ཆེན་），稱迦舉派。

崗薄瓦，福寶將噶當派的修菩提心教授，與噶舉派的大印教授結合，名為「俱生大印」，傳授門徒，轉而成為達波噶舉系（དྭགས་པོ་བཀའ་བརྒྱུད་）。

達波的弟子迦瑪巴都松欽巴（ཀརྨ་པ་དུས་གསུམ་མཁྱེན་པ་一一一〇至一一九三年），建迦瑪（ཀརྨ་）寺，（一一五九年）和粗補（མཚུར་ཕུ་）寺，弘傳教法，又成為迦瑪噶舉系（ཀརྨ་བཀའ་བརྒྱུད་）。

達薄另一弟子帕摩竹巴金剛王（ཕག་མོ་གྲུ་པ་རྡོ་རྗེ་རྒྱལ་པོ་一一一〇至一一七〇年），建帕竹（ཕག་གྲུ་）寺（一一五八年），於是又成為帕竹噶舉系（ཕག་གྲུ་བཀའ་བརྒྱུད་）。

帕主弟子陵惹（གླིང་རས་一一二八至一一八八年）傳藏巴賈惹（གཙང་པ་རྒྱ་རས་一一六一至一二一一），廣弘大印教授於康藏各地，發展為主巴迦舉系（འབྲུག་པ་བཀའ་བརྒྱུད་）。

帕竹另一弟子止貢寶祥（འབྲི་གུང་རིན་ཆེན་དཔལ་一一四三至一二一七年），三十七歲（一一七九年）住止貢寺廣弘迦舉教授，成了止貢迦舉系（འབྲི་གུང་བཀའ་བརྒྱུད་）。

帕竹另一弟子達隴吉祥德（སྟག་ལུང་བཀྲ་ཤིས་དཔལ་一一四二至一二一〇年），三十九歲（一一八〇年）到達隴建寺弘法，稱達隴迦舉系（སྟག་ལུང་བཀའ་བརྒྱུད་）。

此外尚有剎巴（ཚལ་པ་）、跋絨（འབའ་རོམ་）、雅桑（གཡའ་བཟང་）、綴朴（ཁྲོ་ཕུ་）等諸系。

總之，迦舉派系最多，傳布也最廣，是擁有地方政權實力的一派。初與原來擁有政權實力的薩嘉派抗爭的是迦舉派止貢一系，次之帕竹系的大悉都（ཏཱ་སི་ཏུ་），也起與薩嘉派相爭，最後盡奪薩嘉政權，帕竹系統一了治理西藏政權八十七年。到明宣德十年（一四三五年），後藏仁綳巴善財（རིན་སྤུངས་པ་ནོར་བཟང་）於桑主則（བསམ་གྲུབ་རྩེ་）獨立，造成前藏後藏政權分裂凡一百五十年。明嘉靖四十四年（一五六五年），迦瑪璀敦多杰（ཀརྨ་ཚེ་བརྟན་རྡོ་རྗེ་）在政權上又推翻仁綳巴一系而獨立。以上皆屬迦舉派系內政權之爭。崇禎十三年（一六四〇年），固始汗進藏，盡取前後藏政權，迦舉派雖失其政治上勢力；然其教派各系的傳承，至今未絕。

（三）薩嘉派（ས་སྐྱ་པ་）

「薩嘉」是地名，因就此地建寺弘法得名。創始人為卓彌（འབྲོག་མི་）譯師，特別以道果教授為最著。卓彌攝受弟子雖多，得圓滿教授的不多；昆寶王（འཁོན་དཀོན་མཆོག་རྒྱལ་པོ་）得其講釋經論的教授並繼承了他的道果教授。

昆寶王（一〇三四至一一〇二年）四十歲時建薩嘉寺，弘法三十年，六十九歲卒。其子薩勤慶喜藏（ས་ཆེན་ཀུན་དགའ་སྙིང་པོ་一〇九二至一一五八年），先從父卓彌所傳講釋經論的教授，後從法然（ཆོས་འབར་）等學得卓彌所傳的道果教授，成為卓彌教授的集大成者。薩勤住持薩嘉寺四十八年，為薩嘉寺五祖之首，被尊稱為「薩勤」，即薩嘉大喇嘛之意。後傳承其法者，蔚成為薩嘉派。

自薩勤以下一百五十餘年間，世代相承所弘揚的是道果教授等顯密教法。至發思巴（འཕགས་པ་一二三五至一二八〇年），元忽必烈從受歡喜金剛灌頂，進帝師號，以西藏十三萬戶為謝禮，西藏的教政全權，皆歸於薩嘉派所有。到了管理政事大臣童自在（གཞོན་དབང་）、菩提金剛（བྱང་ཡེར་）、阿伽倫（ཨ་ག་ལེན་）三人的時期，常與迦舉派中的止貢寺眾爭。繼大臣阿伽倫，邀元兵進藏，焚毀止貢全寺。於是政權與教派之間爭更劇烈。元至正九年（一三四九年），前藏盡為迦舉派帕摩主巴系的大悉都菩提幢（ཏཱའི་ཏུ་བྱང་ཆུབ་རྒྱལ་མཚན་）所據；越六年（一三五四年），後藏也全歸大悉都所有。然而薩嘉的政權勢力雖然失去，但其教法傳承方面，至今未衰；其傳授顯密教法的大德，仍布全藏。

（四）覺曩派（ཇོ་ནང་）

「覺囊」是地名，因悲精進（ཐུགས་རྗེ་བརྩོན་འགྲུས）在其地建寺弘揚他空見（གཞན་སྟོང་ལྟ་བ）故名覺囊派。此派創始人名不動金剛（མི་བསྐྱོད་རྡོ་རྗེ），初為在家瑜伽師，出家後名信王（དད་པ་ཕྱུག་པ），從迦濕彌羅國卓敦囊拉則（སྒྲོ་སྟོན་གནམ་ལ་བརྩེགས）學時輪及集密的經論教授。由修時輪金剛法，獲得感應（見色空色的天身從內顯現），又依《如來藏經》等說「一切眾生皆本具相好莊嚴的佛身名如來藏」等，遂起「他空見」。信王將此見及時輪教授等傳其子法自在（ཌྷརྨ་ཤྭ་ར），法自在傳虛空光（ནམ་མཁའ་འོད་ཟེར），光傳虛空幢（ནམ་མཁའ་འོད་ཟེར），幢傳慧光（ཤེས་རབ་འོད་ཟེར），皆對於時輪教法十分珍祕。唯慧光以下，弘傳漸廣。慧光傳法身光（ཆོས་སྐུ་འོད་ཟེར），光傳悲精進。悲精進建覺囊寺，傳勝者智（རྒྱལ་བ་ཡེ་ཤེས），智傳功德海（ཡོན་ཏན་རྒྱ་མཚོ），海傳慧幢（ཤེས་རབ་རྒྱལ་མཚན）。慧幢著《了義海論》（ངེས་དོན་རྒྱ་མཚོ）等，廣弘他空見，遂成覺囊派。

悲精進為發思巴弟子，故覺囊寺也是薩嘉派的屬寺，住持大德也多是從薩嘉學成後轉入覺囊派的。

明朝末年，有名達惹那他（ཏཱ་ར་ན་ཐ）者，以當時執政權的迦瑪敦迴旺薄（ཀརྨ་བསྟན་སྐྱོང་དབང་པོ）為施主，建達敦彭磋陵（རྟག་བརྟན་ཕུན་ཚོགས་གླིང）寺，弘他空見法門，盛極一時，頗敵視黃教。不久，迦瑪失位，該寺勢亦漸衰。五世達賴時，將該寺改為黃教屬寺，易名嘎登彭磋陵（དགའ་ལྡན་ཕུན་ཚོགས་གླིང）。其他如隴降則（ཚེས་ལྗང་བྱང་རྩེ）等覺囊派寺院，亦多變屬黃教。現在西康藏塘（འཛམ་ཐང）地區，還有慧幢弟子寶祥（རིན་ཆེན་དཔལ）所建的寺院，講習覺囊派的他空見。衛藏地區的覺囊派寺院及他空見學說已衰絕。

（五）其他教派

①希結派（ཞི་བྱེད་）。「希結」是能息滅的意思。說依此教授能息滅業力或非人損惱所致的身心眾苦。即是依般若空義對治我執煩惱，加上密法的觀想和修自他相換的菩提心力，來息滅惑業苦等。此教授由印度帕蕩巴桑結（ཕ་དམ་པ་སངས་རྒྱས་）來藏傳授。初期傳承者有喀伽若那姑赫拉（ཁ་ཆེ་ཛྙཱ་ན་གུ་ཧྱ་）。由翁薄（ཞང་པོ་）譯師翻成藏文的有「息滅燈」及「大威德」等教授。中期傳承的有瑪法慧（རྨ་ཆོས་ཀྱི་ཤེས་རབ་）、梭穹僧然（སོ་ཆུང་དགེ་འདུན་འབར་）、崗智幢（སྐམ་ཡེ་ཤེས་རྒྱལ་མཚན་）等，其教授包括顯密無量法門。後期傳承的有蕩巴卡勤（དམ་པ་སྐོར་ཆེན་）、卡穹（སུར་ཆུང་）、班囉卓達（བྲོ་ཀོ་ཏ་）、蕩巴滾（དམ་པ་ཀུན་དགའ་）等，主要傳習「大印無垢點行持」。此三期先後所傳的般若波羅蜜教授，總名希結派。

②覺宇派（གཅོད་ཡུལ་）。「覺」是能斷義，謂以慈悲菩提心能斷自利心，以般若空見能斷我執；此二種和合，能斷四魔。覺（གཅོད་）又作「決」（སྤྱོད་），是行義，指修菩薩方便般若行。此派也是從印度帕蕩巴桑結傳來，帕蕩巴中期在後藏傳法時，傳與覺敦梭囊喇嘛（སྐྱོ་སྟོན་བསོད་ནམས་བླ་མ་）及雅隴瑪蕊賽薄（རྨ་ཞུད་སེ་བེར་པོ་）二人。瑪蕊傳寧巴賽絨（སྙོན་པ་སེ་རོད་），寧傳則敦（སོ་སྟོན་）、松敦（ཟམ་སྟོན་），這系相承的稱男系。由覺敦傳勞准（ལབ་སྒྲོན་），以下多女性，也稱女系。此系教授法門，融於全藏各宗派中，至今未斷。

③廓札派（ཀོ་བྲག་）。「廓札」是地名。此派創始人福幢（བསོད་ནམས་རྒྱལ་མཚན་一一八二至

一二六一年），初從釋迦室利（ཤཱཀྱ་ཤྲཱི་）學修菩提心法，又從金剛祥（རྡོ་རྗེ་དཔལ་）學舊派密法，於貢摩山（སྒང་སྒོ་མོ་）靜修，證得大印甚深義。復從寶鎧論師（རིན་ཆེན་གོ་ཆ་）受勝樂灌頂。曾在底斯（ཏི་སེ་）山專修五年，現證如理量智，如實見金剛身真理。後在仰垛（གཡང་ཏོད་）建寺名廓札巴。福幢學新舊各派所傳一切法門，故當時前後藏的大德們，沒有一人不從他參學。他的學說，不定屬於那一派。

④響巴迦舉派（ཤངས་པ་བཀའ་བརྒྱུད་）。「香」是地名。創始人是瓊波瑜伽師（ཁྱུང་པོ་རྣལ་འབྱོར་）曾七度赴印度學法，親近過大善知識一百五十人，尤以大金剛座（རྡོ་རྗེ་གདན་པ་ཆེན་པོ་）、彌勒巴（མཻ་ཏྲི་པ་）、鞠多瑜伽（སྦས་པའི་རྣལ་འབྱོར་）、羅羅鞠多（ར་ཧུ་ལ་གུཔྟ་）、尼古空行母（ནི་གུ་མ་）、樂成就空行母（སུ་ཁ་སིདྡྷི་）等六人為主。歸藏後於響地建寺一〇八所，弘法三十年，攝受弟子八萬餘人，神通變化不可思議，寂時壽一百五十歲。其教授皆從印度學來，故別成一派。

⑤霞爐派（ཞྭ་ལུ་པ་），又名布敦派。創始人布敦寶成（བུ་སྟོན་རིན་ཆེན་གྲུབ་一二九〇至一三六四年），原是中興律學的嫡派，後又學迦當、迦舉、薩嘉所傳的因明、對法、中觀及各部密法，成為一代教主。三十一歲時住持霞爐寺，興建七十餘種大曼荼羅儀軌，廣弘四部密法教授，並校訂西藏所翻譯的藏經，編有大藏目錄，著述三十餘函流傳於世。晚年建霞爐山谷茅篷，住修行者一百六十人，霞爐寺常住僧三千八百人，講說修行極一時之盛。弟子有法祥（ཆོས་ཀྱི་དཔལ་）、童福（གཞོན་ནུ་བསོད་ནམས་）、寶勝（རིན་ཆེན་རྣམ་རྒྱལ་）等，名霞爐派。

以上諸派中的希結、覺宇，時代稍久，其教法及修法，已融入其他各派中，無獨立的系統可尋。廓札與霞爐二派教授，後被攝入薩嘉、迦舉、格登等派中，而宗喀巴大師即盡承兩派遺軌，故此二派也沒有獨立地流傳下來。

⑥寧瑪派（རྙིང་མ་པ་）。此派即傳前弘期中蓮花生、無垢友、遍照護等所傳的密法教授。雖經過滅法期間，由於娘智童（གཉགས་ཛྙཱ་ན་ཀུ་མཱ་ར་）、梭薄吉祥智（སོག་པོ་དཔལ་གྱི་ཡེ་ཤེས་）、努佛智（གནུབས་སངས་རྒྱས་ཡེ་ཤེས་）、功德海（ཡོན་ཏན་རྒྱ་མཚོ་）等維護，繼續傳承未斷。功德海是後弘期初期的人物，法傳仰慧勝（ཉང་ཤེས་རབ་མཆོག），勝傳仰智生（ཉང་ཡེ་ཤེས་འབྱུང་གནས་），生傳素薄伽釋迦生（ཟུར་པོ་ཆེ་ཤཱཀྱ་འབྱུང་གནས་），再傳素穹慧稱（ཟུར་ཆུང་ཤེས་རབ་གྲགས་）。素穹之子卓朴巴釋迦獅子（སྒྲོ་ཕུག་པ་ཤཱཀྱ་སེང་གེ་），廣弘寧瑪派各種教授於全藏。元朝末年有隴勤饒絳巴（ཀློང་ཆེན་རབ་འབྱམས་པ་），廣學顯密一切教法，後傳寧瑪派寧提（སྙིང་ཐིག）教授，並造「勝乘藏」等七大藏論，廣弘寧瑪派。明末清初，有若祥力勝（བཀྲ་ཤིས་སྟོབས་རྒྱལ་），在前藏建金剛崖寺（རྡོ་རྗེ་བྲག）；又有得達陵巴不變金剛（གཏེར་བདག་གླིང་པ་འགྱུར་མེད་རྡོ་རྗེ་），建鄔僅民卓陵（ཨོ་རྒྱན་སྨིན་གྲོལ་གླིང་），五世達賴亦曾在尊勝利樂善說州（མཐོ་རྒྱལ་ཕན་བདེ་ལེགས་བཤད་གླིང་）興建寧瑪派修法。是為寧瑪派極盛的時代。這一派的寺廟後雖經準噶爾王一度摧毀，但不久即修復，代有大德住持，至今未衰。西康的迦陀寺（ཀ་ཐོག）、佐勤寺（རྫོགས་ཆེན་）等處，亦代有大德住持，故寧瑪派教授，亦遍弘於全藏。

五、黃教的興起和弘布

西藏因薩嘉、迦舉兩派互爭權勢，真學實行的人日漸減少，至元末明初，顯密教法都很衰微，除少數大德外，幾乎不知戒律為何事。雖尚有研究教理的人，僅能啟發知識，而無實義可修。對於因明，誤為一種辯論術，全不解其中有證解脫與成佛的道果。對於密法，唯知亂受灌頂，偏修一部分教授，至如何親近師長，如何守護律儀等三昧耶等，全不講求。此時具有卓絕孤詣的見解以整理佛教及弘揚光大佛教為己任的，就是宗喀巴大師。

宗喀巴大師（一三五七至一四一九年）丁酉年生於青海宗喀地區（即現在塔爾寺），十六歲進藏，先在極樂寺依吉祥獅子（བཀྲ་ཤིས་སེང་གེ་）學習《現觀莊嚴論》，次到後藏從寶勝（རིན་ཆེན་རྣམ་རྒྱལ་）、末底班禪（མ་ཏི་པཎ་ཆེན་）大師等受學深法。後至覺摩囊寺從尊勝（བསོད་ནམས་རྣམ་རྒྱལ་）大師學「六加行法」（時輪法），從那塘（སྣར་ཐང་）的慶喜祥（ཀུན་དགའ་དཔལ་）大師複習《現觀莊嚴論》，更從惹達瓦童慧（རེད་མདའ་བ་གཞོན་ནུ་བློ་གྲོས་）大師學習中觀、現觀莊嚴等。後回前藏，從覺摩隴寺的慧明（ཡེ་ཤེས་）律師學戒律，從措勤寺住持戒寶（ཚུལ་ཁྲིམས་）律師受比丘戒，從布敦大師高足法勝（ཆོས་ཀྱི་དཔལ་或譯法祥）大師受學時輪金剛大疏，從童福（གཞོན་ནུ་བསོད་ནམས་）大師學布敦所傳一切密法。遇喇嘛中觀師（བླ་མ་དབུ་མ་པ་）請問中觀正見，曾閉關專修，獲得中觀甚深空見。復從住持迦當派教授的法依賢（ཆོས་སྐྱབས་བཟང་པོ་）及虛空幢（ནམ་མཁའ་རྒྱལ་མཚན་）二位大師，受學阿底峽尊者傳來的菩提道次第教授。

宗喀巴大師如是學如是行，終於得大成就，於是乃作化他事。一，為對治當時戒行廢弛的流弊，首先提倡戒律，自與徒眾著割截衣，擎持杖，少欲知足，清淨自活。二，鑒於大乘的願行根本在於發菩提心和持菩薩戒，故廣弘修菩提心教授，並著《菩薩戒品釋》，率領徒眾切實履行菩薩學處。三，因修行密法必須如法依止善知識，嚴守三昧耶戒，方有成就，故廣釋《事師五十頌論》及《密宗戒》，並為學密法的徒眾講授修學。四、為抉擇始從凡夫直至聖果的修行次第，著《菩提道次第廣論》與《密宗道次第廣論》，對治當時好高騖遠躐等偏缺之弊。如是以戒為基礎而弘揚聖教，受到眾的歡迎，從學者很多。大師五十三歲，於拉薩大招寺興建廣大供養法會，這法會流傳至今。是年建嘎登（དགའ་ལྡན་）寺。大師六十三歲（一四一九年）示寂於登寺。大弟子嘉曹盛寶（རྒྱལ་ཚབ་དར་མ་རིན་ཆེན་）繼位十三年，次由克主杰善祥（མཁས་གྲུབ་དགེ་ལེགས་དཔལ་བཟང་）繼位八年，大師之法席代有大德繼承，從未中斷。

大師的上首弟子妙音法王（འཇམ་དབྱངས་ཆོས་རྗེ་）。依大師命於一四一五年建哲蚌寺（འབྲས་སྤུངས་），次年落成；大慈法王（བྱམས་ཆེན་ཆོས་རྗེ་）於一四一八年建色拉寺（སེ་ར་），亦於其次年落成；與大師所首創之登寺通稱拉薩三大寺；是為大師在世時所創建之黃教根本道場。大師寂後，根敦主巴（དགེ་འདུན་གྲུབ་པ་）於一四四七年，建後藏札喜倫布（བཀྲ་ཤིས་ལྷུན་པོ་）寺，廣弘大師教法；哦日的慧賢，在芒宇建達摩（ཆོས་སྡེ་ཆེན་ཡེ་）寺；大師的教法，遂弘布於西藏之極西區域。又有昌都的慧貢，在昌都建慈氏州寺（བྱམས་པ་གླིང་），更有許多大德，分別在西康南北各處建寺，盛弘大師之法。

在安東（即今甘肅、青海一帶）方面，初有義成寶（དོན་ཡོད་རིན་ཆེན་即宗喀巴的師長）於妙翅鳥崖建寺，後在宗喀巴大師降生處建塔爾寺。第四世達賴，又派人建滾隴寺（དགོན་ལུང་），廣弘顯密講弘教法。妙音笑金剛（འཇམ་དབྱངས་བཞད་པའི་རྡོ་རྗེ་）於甘肅夏河建拉卜楞寺（བླ་བྲང་），廣弘顯密教法，闡揚大師宗風，遠及蒙古皆受大師教法的化導。

由於宗喀巴大師常住登寺弘法，故此派名格登派（དགའ་ལྡན་པ་）或名格魯派（དགེ་ལུགས་པ་）；又因大師躬弘戒律，著黃色衣帽，一般人遂稱之為黃帽派，或簡稱黃教。

本期所弘的教法

一、教的方面

朗達瑪滅法時，一部分佛典被焚，一部分由藏饒薩寺攜到西康，也有一部分被在家信徒保存著未毀。後弘期佛教即在此餘存佛典基礎上，經諸大師新譯補充而更豐富充實，成為現在的圓滿大藏，完好地被保存下來。其中顯教經典，大體上多是前弘期所譯。如初法輪攝的小乘經目中，除寶賢等所譯的數種外，皆係前弘期所譯；第二法輪的「般若」、「寶積」等部，盡係前弘期所譯；大乘經集中除寶賢譯的《小涅槃經》、《問無我經》，與善慧譯的《觀音問七法經》、《菩薩別解說四法經》及日幢譯的數種小品經外，餘盡是前弘期所譯。故後弘期在顯教經典翻譯事業上沒有多大發展。

論藏中關於瑜伽方面，無大變化；唯慈氏五論之學，尤其《現觀莊嚴論》，經俄大譯師極力弘揚，至今猶盛。龍猛教學方面，前弘期譯出的有《中觀論》、《無畏疏》、《佛護釋》，清辯《般若燈》及大疏、《七十空性論》、《六十正理論》、《迴諍論》及注，月稱的《六十正理論》，靜命的《中觀莊嚴論》，蓮花戒的《中觀明論》，智藏的《二諦論》等；其餘中觀諸論及月稱的大部著作，皆譯自後弘期。因明學在前弘期譯出的有法稱的《正理滴論》、《因滴論》、《觀相屬論》、《成他相續論》，並此數論的注釋；若陳那的《集量論》，法稱的《釋量論》、《決定量論》、及其注釋，則都是後弘期所翻譯弘傳。大小乘對法及律學方面，多承前弘期所傳，發展也甚少。至於密宗經論，則後弘期所傳譯弘揚者，遠非前弘期所可比擬。尤其是《無上瑜伽部》密法，前弘期禁止翻譯的，後弘期盡量譯傳，分量上幾乎占《大藏經》的一半。

二、證的方面

宗喀巴大師出世以前，戒律在藏地曾經一度廢弛，經大師的倡導，挽回了這頹流。由於各派密典的譯傳，有關於修正法門的定學，也成為豐富多彩的。在慧學方面，新舊各宗派見解不同，教理有淺深差別，顯教有大小、性相之分，密部也有迦舉、薩嘉等之別。黃教宗喀巴力倡應成派般若中觀見與祕密金剛乘融合之說，樹大法幢，懸慧日於中天，斯為極盛。至於其他各派，其所弘之宗義亦不出於彌勒瑜伽與龍樹中觀之慧學法門。

參考書目

- 布敦：佛教史（拉薩版）བདེ་བར་གཤེགས་པའི་བསྟན་པའི་གསལ་བྱེད་ཆོས་ཀྱི་འབྱུང་གནས་གསུང་རབ་རིན་པོ་ཆེའི་མཛོད།
- 土官：各宗派源流（德格版）གྲུབ་མཐའ་ཐམས་ཅད་ཀྱི་ཁུངས་དང་འདོད་ཚུལ་སྟོན་པ་ལེགས་བཤད་ཤེལ་གྱི་མེ་ལོང་།
- 童祥：青史（拉薩版）དེབ་ཐེར་སྔོན་པོ།
- 倫主：佛教史（德格版）དམ་པའི་ཆོས་ཀྱི་བྱུང་ཚུལ་བསྟན་པའི་རྒྱ་མཚོར་འཇུག་པའི་གྲུ་ཆེན།
- 福幢：藏王紀（德格版）རྒྱལ་རབས་ཤམས་ཀྱི་བྱུང་ཚུལ་གསལ་བའི་མེ་ལོང་།
- 西藏：曆書引言（拉薩版）རྒྱལ་བ་ཞིམས་པ་འབྱུང་བ་གནམ་ལྡན་ཤིང་མོ་རྟའི་ལོ་ཐོ་དགེ་ལེགས་དཔལ་འབར།
- 藏文：經藏目錄（拉薩版）རྒྱལ་བའི་བཀའ་འགྱུར་རིན་པོ་ཆེའི་དཀར་ཆག་ལེགས་བཤད་འཕྲུལ་གྱི་ལྡེ་མིག
- 藏文：經藏目錄（德格版）བསྟན་བཅོས་འགྱུར་རོ་འཚལ་གྱི་དཀར་ཆག
- 《西藏王臣史》：（五世達賴著，拉薩版）གངས་ཅན་ཡུལ་གྱི་ས་ལ་སྤྱོད་པའི་མཐོ་རིས་ཀྱི་རྒྱལ་བློན་གཙོ་བོར་བྱས་པའི་དེབ་ཐེར་རྫོགས་ལྡན་གཞོན་ནུའི་དགའ་སྟོན།

《現代佛學》一九五七年七月

西藏佛教的建設

談到建設佛教，須以正法為主，法有完美的組織，僧品自能依之而起正行。先覺常說：「人能弘道，非道弘人。」《俱舍論》亦說：「有持說行者，此便住世間。」照這幾句話看來，法雖是一百二十分的完美，假若沒有人去研究，則必沒有人能了解，若無人能了解，則必沒有人能講說，若無人能解能說，則亦必沒有人去修行，假若無人去修行，則必定更沒有人能證得了。故單是教法組織的完美還不夠用，尚須依持著能住持正法的人呢！這種能住持正法的人，可分兩類：一是正信護持的，二是正解正行住持的。其護持者，在有帝王勢力的時代，如來原是託付給具有正信的國王宰臣長者居士等，當今民主國家之時，即是各界具有正信的偉人同居士們了。其正解正行的住持者，大概就是身披如來幢相捨俗離家的出家人了。在家者我且不談，出家者又可分二類：一，一己或少數散住者，此種出家人，若是久親知識，多聞教誨，少事少業，閑住林藪或邊際臥具而修習斷證，實為佛教之最勝莊嚴，亦即戒律所說具足多聞安住林藪為最樂者也。此種出家人多是住持證的正法，亦非此處之所欲廣說者。二，多眾共住之出家人，俗語常說「人多心不齊」，若有多數人共住，則須有一共同遵守之完美組織及其規約，倘不然者，則必囂囂終日你來我去的，虛棄光陰而已。西藏之寺院，住數千人的不算奇，絕非我內地寺院所能比。故其組織方法，亦與內地寺院之組織稍異。茲當分數條敘述於下：

西藏寺僧之組織

西藏佛教原始初興之寺院及僧伽的組織，與現在各地所保存者相比，略有不同。如現在拉薩之大小二招寺及桑耶寺等，在藏人雖說是原來之狀式，但在傳記上也說彼等諸處或曾遭回祿而重建，或年久頹廢而整葺，其對於原來之式樣，自然有所變遷。至於原始之僧眾組織，則非我之所知。故我對於寺僧之組織，唯當就現在之所共見者，概而言之。

一、西藏寺院之組織

寺院建築方面，實無決定之軌式，若依律中所述，似應正房為大殿，與殿相對者為大門，從門之兩旁，乃至大殿之兩旁，環以相稱之僧房，其院中心為一方正之大坍墀，猶如內地寶華山惠居寺之建法，唯彼寺大殿之對面為大壇而非大門，與律載不合耳。西藏西唐之中等寺院（除別蚌等）多如是也。其最大之寺院如別蚌色拉寺等，建築又迥然不同，多係就適中之處，建築一總殿，為全寺僧眾早課誦經之所，此殿之旁除煮茶之廚房等外，多無他種僧房環繞也。然此大寺必分為若干中部分，名曰「札倉」，每一中部分又必分為許多之小部分，名曰「康村」，每一中部分，必另有一大殿，為彼部分僧眾中午誦經之所。每一小部分，亦必另有一大殿，此殿則多以僧房環繞，中間砌成一方正坍墀，如律中所述之形式也。又彼大寺之每一中部分，必有一講經辯論之場所也。如別蚌寺分四中部分，色拉寺分三中部分，格登寺分二中部分，其小部分則各有多少不一，余未暇作詳細記載，故今亦多不能憶及。其寺院系統之組織者，則康藏各地各派各寺所皆必流屬大寺之下，自寺之出家者，皆必須往大寺中住過而回寺，乃為合乎僧格，頗如日本國中本寺支寺之制度也。又彼大寺中之小部分，多係由其家鄉地界而分，例如金川一帶之出家人到西藏三寺時，必須住於甲絨康村（一小部分之名）方保無糾諍，其打箭罏以西乃至木孃地方之出家人，則必須住木孃康村，道孚盧霍甘孜瞻化一帶之出家人，則又必須住於諸窩康村也。其能管理此等僧眾之職事人員等如下科明。

二、西藏僧眾之組織

此可更分二類：一，寺內之職事等之組織；二，寺外大喇嘛之組織。初者，總轄全寺之僧眾者，又有二類：一，管理全體之財產者，名曰幾緒，義為總管，即代全體僧伽營謀生活計者也，此有正副二人，並多數之助理員，除保管財產而外，對於僧眾之威儀等事，似全不問聞也。二，管理全體之威儀者，名曰義鄂，義為首領，即視察糾正僧眾之行動威儀，而對於全體之產業雖亦有干涉之權，然多不過問也。於全寺之中要算此人權位最大。上自堪布下至清眾，人人見而迴避，絕無與彼並行對衡之規理也。此有正副二人，輔助多人。管理寺院全體之事者唯此二類，其大殿舉經之維那，唯領眾誦而已矣！管轄中部分者，可分三類：一，堪布；二，當家；三，糾察。一，堪布，義即住持，對於一中部分僧眾之學識，負專責教授及管理權，對於威儀及財產，亦有過問之責任也。若依切實而論，全寺之僧教育實操登寺內宗喀巴大師之法座者也。此師是從普通僧眾昇成，其次第於堪布之手，因為僧眾之辯論場中，要以堪布為主，堪布對於彼內之僧眾監督察視，其僧眾之學識及威儀等，有正不正時，皆由堪布教授教誡之，即與政府接洽寺內之一切事宜，亦以堪布為主體，故此職位，非有真實之學識者莫能任，西藏大寺之堪布，除有特殊之因緣者外，皆以格什而任之也。每中部分堪布一人，其助理人數無定。二，當家者，即代中部分之僧眾，管理所有之財產而經營其生源及支配其用途者也，此職對於僧眾之學識等皆不過問，途中相遇亦僅互相敬重迴避而已。每一中部分中，當家有數人，輔理有多人也。三，糾察，藏名曰格果，義為策善，即整理僧眾之威儀皆令其調伏敦善者也。此於殿內及辯論場中，監視僧眾之威儀，對於學識與財產，則無若何之責任權位。故全寺及中部分之當家與糾察，非必須格什有學問者，即普通僧人亦能任之也。在中部分中，其餘尚有維那等職事，然彼並無重大之職權，故今不及細贅也。管轄每小部分者，亦分二類：一，管財產者；二，管僧眾之威儀者。初亦名當家，即管理一小部分之財物也。今有當補明者：其一大寺院之財產，大約可分三類：一屬全寺僧眾所共有者，即歸總管而管理之；二屬一中部分僧眾所共有者，則歸當家等而管理之；其小部分僧眾所共有之財產，則歸小部分當家而管理也。第二管威儀者，名曰康村格梗，義為本部分內本年新來者之指導師也。此二種職事，多係由來寺之年限而任，然有數康村亦另有他種之選任法也。又此康村內之出家人，於任過康村格梗之後，方入老學眾，對於本部分大小事宜會議時，乃有參加建議批評之權，初來者非但不能議評且無參入之資格也。其餘散碎職事難以縷數。

二寺外大喇嘛之組織，此寺外二字，非說其身居寺外者，是說非某寺內正式之職事，而對於全體僧眾或某一份僧眾有保護或教導之權者也。略可分二：一，轉生續任類；二，考試正任類。轉生連任者，當首推達賴喇嘛及班禪大師為代表，此師之幼年，或由前身之記，或由他人之選找，或由神靈之籤記而舉出也，既以隆重之典禮登座之後，則選定一位學德兼優之大喇嘛為師長，更選數位有才學而輔之也。其每日學經讀書等事，實與通常之僧眾無異，唯生活之享受，稍為富裕，每日有人陪同研究講辯，較餘眾之順緣滿足耳。至年廿歲時，學識定成可觀，其受苾芻戒與考格什，皆在此時也。既考格什之後，對於自前生之地位權利，乃正式接受辦理。如達賴喇嘛，則對於全藏之教政，皆有徵問裁判整舄建興之權限，班禪大師，則對於後藏地界之一部分有如彼之實權。諸餘之諾門汗呼都圖等，則對於各各之封疆內乃有如上之實權，非能遍一切藏地。故西藏全體之人眾中，對於教政兩分面，唯有達賴為最無上者也。

考試正任類者，當以格登墀巴為最尊貴之名位，即接受格什後之次第昇入者。其次第是謂先考格什而深閑顯教。再入舉巴而精研密法，對於舉巴之糾察等職事皆任後而昇為舉巴之堪布——此堪布在堪布中最貴重——由堪布再昇為法王——法王僅有兩位——由法王而後昇為格登墀巴也。墀巴對於全藏之佛教有管理整頓之權，對於政治雖亦可兼議，而非有實權也。其下之法王，則是閒位，於教於政皆不多問，再下之舉巴堪布，則對於舉巴之財法一切，皆有管理之實權焉，堪布以下之舉巴糾察等職事，則與大寺之糾察權位相似也。此當略說舉巴之制度，寺院建築於五六百人之中寺相似，其中之僧眾，概為二類：一，未在三大寺考格什而直入舉巴者；二，考格什後而入者。初者之資格，於未入舉巴之前，先當熟依止一師學習讀集密金剛大教王經與儀軌，皆能背誦為量，再候舉巴之人數有缺——每舉巴五百人為量，共上下二舉巴——而考取也，既入之後，初五年中作沙彌行，承事諸苾芻，為作授食行水等事，第六年中受苾芻戒而受他沙彌之供事也。此類以學習密部之儀軌事相等為主，對於教理則少於研究也。先考什而入者，初一年中威儀如沙彌殿堂功課不容或缺，唯不須承事於苾芻作沙彌之行。第二年後則同上座，諸事皆有方便，如學德超勝則可考昇勘布等也。所餘維那等職事，皆與餘大寺之組織相同也。其餘為官有權之出家人尚多如牛毛，下亦當更略述之。

西藏僧眾之生活

言及生活二字，必是衣食住三法之所攝，在名利二字之中，則為財利者也，若依戒律言之，唯有乞食生活，不事積蓄，方符法淨律儀制度，故在印度錫蘭以及暹緬等處之僧眾，猶存很深重原始佛教制度之色彩也，然此種制度在地大民稀雪天冰地之境內，多有不能全盤實行者，故佛於律藏中，對於邊地之苾芻，亦多有開許之處——如寒地墊皮穿皮等——總之佛之所制，皆是人之能行之事，其不能實行者，佛亦無勉強之理也。故西藏之地位，可算現在世界之高處，寒風凜雪，幾與寒帶而相比武，其衣與住，故多求其煖熱為度，食之一種則更須隨地所生產者為宜也，在家人之生活非我所欲問，故唯談出家人之生活日計，可分普通與名貴二等也。

一、寺內普通之僧眾

皆以青稞——即米大麥——炒熟所磨之麵粉為食料，藏名曰糌粑，每日早四、五點鐘時，全寺僧眾集於大殿而誦經，在誦經之中間，有三碗茶以供飲——碗與糌粑皆由自備——於初碗茶時，即可拌糌粑而做早，絕不准攜帶酥油及肉菜等上殿，故食糌粑之後，續飲兩盃清茶而已矣！至九、十點鐘時，又各中部分之僧眾，各集於中部分之大殿內誦經，有茶三碗或四碗者，亦自備碗與糌粑，並無菜也。午後三、四點鐘時，每小部分之僧眾，又各集於小部分之殿中誦經飲茶，不食糌粑皆隨自便。除此三殿之外，多係在辯論場研究學問之時，非但無飯，亦無茶也。其略有餘存之人，數日之後或買酥油少許，於午殿散時，自於房內熬一酥茶而痛飲，則樂上非非矣，若更能買米或麵而食者，則富裕之盛名，將傳遍全寺也。衣者，上披以純毛僧腳，下束一毛織裙，內穿毛織背心，此三件價不過十餘元。上殿及講經之時，其外更披一毛織斗篷，中等者價亦五六元也。有多錢者或更著內衣長衫，及束以毛織內裙，然絕不許穿褲。夜間寢時，即衣為被，稍墊一二層故氈即足矣。所住之房舍，在外面觀之苑（編者按：苑為宛）如西式洋樓，然內中之鋪設，則極無光線，最極狹小之土屋。換句話說，西藏寺內之普通僧眾，生活極為簡單，唯自食之糌粑及飲料燃料等，多堆積於房內。年齡稍高，入寺稍久者，則多住內外二間，外者作廚房，內即住室亦即書房及庫房，或有少供幾尊聖像，置幾部經者也。在經營此簡單生活之餘，即是學經與辯論之時，學經時間無定，多取師長之暇時為宜，辯論則於早午晚三次殿後皆有也。唯此有辯論之期，名曰法會，一年中約半數，尚有半數寺內無辯論之法會，即各部分之僧眾積柴募化之時間也。此等生活費之來源，大約可取於三方面：一，寺內之齋襯及僧眾共同財產之分息，此只夠半年用；二，由家鄉所供給；三，其無家給助者，則於無法會時，應酬經懺佛事，而補其不足也。其餘更有貿易之人，此類則多以謀財，棄擲學法之寶貴光陰，雖名在寺，而身實多在外也。

二、寺內名貴之僧眾

謂於寺內放茶供眾者，或轉生之呼都圖等，衣食住三者皆較普通人為豐裕，尤其對於殿堂誦經，若無襯時則可不去，自在房內熬茶而飲。至於學經等，則與普通者無所異也。其有職權之僧人，則更有例外之規矩，全不上殿，亦不講經，為各負其自職而為耳。其生活費亦僅較普通者稍為奢逸，然終不能超出糌粑酥茶而純肉食也。

西藏寺僧之制度

上段雖已略說，然此處亦有當補述者，一，出家之制度，西藏佛教很普及，民間之信仰亦很純粹，又離卻佛法並無他種之教育，送子弟而出家，即是令子弟受習教育，民皆認為正事及美事，故出家之年齡實無定限，亦有初能離母哺、獨居之時便送寺中交師訓養而習讀者，唯其衣食仍由家庭供給之。若大人而入三大寺住者，其制度又稍異，謂初入寺中任隨那一小部分之時，先須覓一熟識之上座為保證，乃可住寺入籍，若無熟人者，則由彼年之康村格梗代覓而住也。此保證人對於自己之出入款項，皆可代為支配，對於自己之一切威儀規則，皆當教導誡告，對於自己之人格方面，所負責尤重也。既有保證安入寺僧之數已，則更須依師學習經論之講辯，若保證師自有學識者，則歸彼自教，若彼無學或不暇者，則可另請餘有學有暇者而教之也。所學之要論，現在皆以五部大論為主——此五論之大義，如下述——待年滿二十歲後，在依達賴喇嘛等而受苾芻律儀也。其受沙彌戒之期限無定，有先出家受戒而後入三大寺者，亦有先入寺而覓師出家學經，在依達賴等受沙彌戒者，總之出家者非個個皆已受戒。甚至有入寺披出家人衣隨眾上殿誦經等而並未經過出家之儀式者，斯亦西藏寺大僧多之濫耶？抑佛法中許如此之方便耶？諸有智者當更抉擇焉。其出家受戒之儀式，與內地多有不同，出家者，其師先為受三皈五戒，次問遮難而祝髮，令受三事——一不著在家服，二不捨出家相，三不捨出家師——為出家之戒，即暫不受沙彌戒亦許也——此與內地之律似稍不同——若更受沙彌戒者，則請一清淨苾芻為阿闍黎耶，以三返請親教師法而受戒，後為說十戒相令其守持也，受苾芻戒者，則由屏教阿闍黎耶問遮難後帶入僧中，由羯磨阿闍黎耶如律作三番羯磨而受戒也。其菩薩戒則非與彼二戒作一串而受，多係於諸德高望重之大喇嘛講經或傳法之法會圓滿時而受菩薩戒也。其受戒之儀式，總分二種：一，依龍猛靜天等之傳儀式而受；二，依無著菩薩所傳《瑜伽師地論》中儀式而受，其儀甚繁，且止不述。今之傳戒，依龍猛派者為多也。

又諸大寺中，多能如律作布薩安居解制等僧事，其作法與義淨法師所譯之《一切有部》律文相合，故今亦不繁述也。

又西藏之寺僧，每年皆作數大法會，其最隆重偉大者，當推正月傳大招之法會為首屈一指，此會之儀式謂於正月初三四等日——無定期然遲不過初五——三大寺之全體僧眾，皆須集會於拉薩街市——寺皆閉戶不留人居，唯派少數在家做監民為看守而已——次定期於一下午，三大寺僧皆集合於大招寺之院中以及樓上簷下等處，各寺之人皆有一定之位置，不准紊雜也。再次早四點鐘許即集眾誦經，有茶兩碗，稀粥一碗，誦經散後，即續誦戒作臨時之吉祥布薩。次往寺外講經場上，與本年所應放之格什辯論《因明論》——頭等格什即在此法會中立宗，一日一人也——至七鐘許則由格登墀巴，登座為僧眾講經也——或講《菩提道次第略論》，或講餘論，皆無定規——講畢即又集於大招寺誦經飲茶及稀粥也，次出而少息，其格什又在大殿之廊下立《現觀莊嚴論》與八中論之宗，任三大寺正在研彼二論者與之共辯，直至午後三時許，大眾又集合誦經飲茶，此係午後故無食也，次彼格什又立戒律與俱舍之宗，則任上下二舉巴之格什，及三大寺上座格什等與之共辯，夜半乃散。其大招寺右側街衢要處，亦設有法座延一有學德之喇嘛為普通之民眾宣演佛法淺義，其聽眾亦頗擁擠，其餘之講經說法者亦在在皆是，街上旋繞大招寺之善男善女，亦以此時為最多，貿易之生活人亦以此會為佳節也。日日如是至正月二十許方散。其次之法會，即二月傳小招之集合，人數儀式皆與上同，唯此會期，諸名貴之眾若不欲來集，唯許請假也。其所考之格什即為第二等。再次者即是十月二十五日，此為宗喀巴大師圓寂日，雖非三大寺總會拉薩而誦經，然各各寺中之法會亦頗可觀，是夜無論乎在家出家室內房外，皆興燃燈供養，明徹半夜，宛如大商埠商場之電燈然也。又正月十五日，各寺皆須以酥油作華或戲而供佛，其工巧藝術，頗類內地之作麵人者，唯其華之偉大數尺數丈者皆不等，迥非他處之所有，可算藏人之唯一藝術。其餘之講經法會，或十日或半月，或念日，或一月而不等，儀式則如普通僧伽之生活科中所明，別種紀念日等，並無若何之法會也。

西藏之僧教育

西藏地方，離佛法外，現在實無他種之任何教育，故凡藏人之教育，皆可概云為僧教育也，若收斂其出家眾取材而言，除轉生之呼都圖等外，直可說云為考試制度，因為學識高尚之格什，是由考而得，其堪布等重要人物亦由考試而任，即在俗之官長亦須先考試而給位與權也。今說此僧教育當更分三科：一，未考前之僧教育；二，考試之制度；三，考試後之選任。

一、未考前之僧眾

在寺學習者，謂初二年中先當依師，善習初機因明辯之方式，對於《因明論》之粗淺名相，當略得一常識也。次五六年中，廣學《現觀莊嚴論》，此論係解釋大般經修行之世俗三乘道次第者，若於此論能精研善巧，則總對於三乘道次第，特其對於大乘道次第，能與一堅固不謬之定解概念，故學大乘者首以此論為要旨也。次二三年，精研入《中論》，此論分為十品講十地十行，特於第六地中廣破四生而明無緣起法，悉皆性空如幻也。要達中觀方能獲得真空之正見，修之而斷煩惱出生死，故學佛者亦應深玩此論以求正見也。再次二三年中精研「戒律」，因年將二十，須受大戒，若於持犯昧而不知，則受戒犯戒，徒趣苦因耳，在一切行中，戒為根本為基礎為前導，要有戒故餘德乃生，無戒之人惡趣且難逃，遑云解脫與成佛哉？最後乃至未考格什，則須多學「俱舍」，以對於生死涅槃，若總若別，因緣果等詳細抉擇之論，要以對法為主也。又《因明論》，年年冬季兼學一月，以若不能正理之辯論抉擇，無論學何法，修何法，講何法，皆如泥上之釘，全無一至穩固之氣象也。故三大寺教育僧伽，選此五部要論，有大有小有解有行也。

二、考試制度

僧伽在寺學至《俱舍論》時，有本中部分之堪布，量其學識，許以何等之格什，至自考格什之前一年夏季——此唯說頭等格什——須先至達賴喇嘛所居之摩尼園，彼考格什之十六人——正月之格什三大寺共十六人以配十六尊者之數——互相辯論，如第一日，甲格什立宗者，乙丙丁三格什，依《因明論》而興難辯論，戊己庚格什則辯《現觀莊嚴論》……等，至第二日乙格什立宗時，則以丙丁戊格什辯「因明」等，三人一班，輪流而辯難也。當此辯論之時，達賴喇嘛之侍讀堪布等為證者，達賴喇嘛亦常垂簾而聽，格什之第一二等，即在此而考定也。——雖未揭表然亦有大譜——次冬季法會時，又各中部分本年將考之格什，即在自部分辯論場中立宗，與自部分內一切僧伽而辯論，有堪布及另選出之大德為證法者也。再次第一二名格什於正月初一日，在達賴宮內，對辯法義，有達賴與三大寺堪布並政府一切偉人在座參觀為作證也。最後即在傳大招時立宗與三大寺全體而辯論，待此法會閉幕日乃揭其次數而得格什之名位也。故一切格什中唯此為難。第二等格什，則唯冬季於自己之中部分立宗，與次年二月於大眾中立宗。不須夏間往達賴喇嘛摩尼園內立宗也。第三等格什，則唯於本寺之二三中部分內，互相立宗而已，不須對三大寺之一切僧眾也。第四等格什，則唯於本寺之大殿前立宗少許或更請人而代之，換言之，即唯有格什之年齡而無學問，或略學一論而年齡未至，徒取格什之名者，此亦可名方便格什耳。

三、考後之選任

既經如是之考取，對於顯教之學識，也可算告了一個小結束。此後略有兩條路走：一，隱退山林而清修者；二，轉入舉巴而學密者。在舉巴者，正途為昇至格登墀巴，餘者為也有任數年後，派往他處支寺做堪布等者也。退山修者，有時亦因政府之需人，不容安養，派出為堪布者，然此是上二等格什乃然，若夫第三四等格什，則唯隱居淨修為業，多不能夠被政府之所選任也。

西藏僧眾之參政

西藏之佛教，即是其文化，故掌其文化之要人，亦多係有學之僧寶，故對於政教二事，皆須僧人參與其事也。其政教兩管之出家人，當然以達賴為首，其次則為藏王，僧俗皆可任也。班禪大師，在名稱方面似乎能與達賴抗衡，然實際論之，有時尚不知藏王權大也。格登墀巴位分雖高，然於政治不多問。藏王之下，以四大臣為上，其中即有一出家者，此乃正管政治之人也。再下有祕書者，亦為出家人任，干涉政治力亦甚大，再下即有上四品之大喇嘛與大堪布名位，正四品之堪布名位，此不出任，則無實權，若出任時，則與知府相仿也。再次者則有預備祕書者，出任為知縣，不出則無權也。總之出家人之參政皆係文職，其武官之任，則純用在家眾而無僧伽，對於管教方面者，則又唯出家人而無俗士也。此上皆約粗相而談，若詳細分析，誠恐萬言而不能盡也。

《海潮音》一九三六年第十七卷第四號

西藏佛教的噶舉派

噶舉派是西藏地區佛教中的宗派之一。藏語「噶舉」是「教授傳承」的意思，也就是繼承師長傳給的重要教授之意。西藏噶舉派有兩個系統，一是瑪巴傳來的，叫做達波噶舉；二是瓊波傳來的，叫做香巴噶舉。這裡說的是第一個系統，即瑪巴傳來的從金剛持乃至挐熱巴所傳承的教授。繼承這個法系的人，就叫「噶舉巴」。

一、本派的起源

西藏噶舉派的始祖是瑪巴法慧譯師（一〇一二至一〇九七年），西藏羅札人，天資聰穎，幼年時喜歡讀書，稟性剛強好鬥，常常和師友爭吵。父親心想，若使他作世間的事，必然暴戾兇頑，莫如學習佛法，或者能夠成為法門棟樑。十五歲時送往卓彌處學法。在通達了「聲明學」（語言學）之後，曾三次到印度，四次到尼泊爾學法，親近挐熱巴、彌勒巴、智藏、靜賢等一百零八位大善知識，聽講集密等「無上瑜伽部」的密典，並詳細研修各種教授和作法，依止彌勒巴證得大印境界。他教化弟子很多，最主要的是四大弟子，即俄敦法身金剛、粗敦旺內、梅敦村薄、彌拉惹巴。他傳給前三人講解教典的教授，輾轉相承，廣弘「集密」、「勝樂」、「歡喜金剛」、「四座」、「大幻」等灌頂和續部教典的講說：而粗敦自在金剛（即粗敦旺內）所傳的集密灌頂和續典講釋，後來傳到布敦和宗喀巴大師，廣事弘揚，直到現在未曾斷絕。

他傳給彌拉惹巴的是修行的教授。彌拉名叫聞喜（一〇四〇至一一二三年），拉朵公塘人，幼年喪父，財產被伯父和姑母所侵佔，痛苦難忍。長大以後學習誅法，殺伯父親友共三十五人，以後深深追悔自己的罪惡，三十八歲時往羅札親近瑪巴譯師。瑪巴先用耕田建築房屋等等苦工折磨他，而瑪巴的妻子則從中勸解，使其安心學法，以後才圓滿傳授灌頂和修行教授。四十五歲回到鄉里，焚葬母親的屍骨，棄世入山靜修。以後到處遊化深山大澤，教化牧民很多。八十四歲時去世。從他得成就的弟子很多，以惹穹瓦金剛稱和達薄拉結福寶為上首。

惹穹瓦（一〇八四至一一六一年），西藏公塘人，名叫金剛稱，幼年喪父，依靠叔父而生活。十一歲時遇到彌拉惹巴，傳授給他修猛利火法，就能發暖禦寒。十五歲時染癩病，獨自住在空房裡，有三個印度人看到了很是憐憫他，帶他到印度去，從頗羅旃陀羅論師學金翅鳥法。不久病就好了，又到尼泊爾，從阿都拉答夏等諸論師聽受勝樂等密教。以後回西藏，仍舊依止彌拉修學。彌拉說：「印度有九種『無身空行母法』。現在僅僅得到五種，其餘四種應當求全。你現在可到印度求那些法，使這類法圓滿。」惹穹瓦奉師長的命令重赴印度，遇到拏熱巴、彌勒巴兩位大師的弟子底補巴，圓滿學得所要求的法，並且學了許多其他教授。回西藏以後，將九種教授獻給彌拉。彌拉傳給囊宗敦巴，囊宗記錄成書。從此傳下的叫做「勝樂耳傳教授」，直接由惹穹瓦傳下的叫做「惹穹耳傳教授」。後來惹穹瓦到前藏各處弘法，七十八歲去世，弟子有羅吉郭巴等。

達薄拉結，名叫福寶（一〇七九至一一五三年），幼年學醫，所以稱為拉結（醫生的尊稱）。二十六歲出家受比丘戒，從噶當派善知識賈宇瓦、女絨巴、嘉日公喀瓦等聽聞許多噶當派的教法。三十二歲聽說彌拉的德譽，收起很深的信教，於是往西藏西部依止彌拉學法。得到修猛利火等教授，於風得自在。住十三月，以後遵依師長的命令，回前藏靜修。三年後，依師長所囑，遍往各靜處專修，不與常人共住。十二年後建立崗薄寺，說法攝眾，並將噶當派的道次第和彌拉的大印教授合起來著《道次第解脫莊嚴論》，以「大印俱生和會」次第教導徒眾。七十五歲去世。達薄拉結的後學，通稱為「達薄噶舉巴」。得法的弟子中最著名的是達薄貢粗、帕摩主巴、拔絨瓦、都松欽巴。

本派的發展

達波噶舉繼續發展，又成了許多支派。

一、噶瑪噶舉

創始於達波拉結的弟子都松欽巴（一一一〇至一一九三年）。他本名吉祥法稱，西康人，十六歲依側窩勝師（俄大譯師的弟子）出家，依止滄法自在（阿底峽的弟子）等，聽聞阿底峽所傳的教授。十九歲進藏，從賈瑪瓦和卡巴法獅子學慈氏諸論和中觀、因明。又從霞惹瓦學噶當道次第，從跋曹譯師學中觀，從薩勤的弟子金剛獅子學習道果教授等，從梅律師受比丘戒。三十歲時親近達薄拉結，對於大印心要義斷除疑惑。又在羅熱親近惹穹瓦學習孥熱巴和彌勒巴所傳的多種教授。五十歲時回西康，住崗薄內囊弘法。該寺僧眾有一千多人。後來又進西藏建噶瑪拉頂寺，因此又稱為噶瑪巴。又建立粗樸寺。八十四歲時去世。他的大弟子是桑傑惹勤，惹勤的弟子札巴等，由他們起形成噶瑪噶舉系。札巴的弟子噶瑪拔希（一二〇四至一二八三年），本名法師。元朝時曾到漢地和蒙古弘法，並且在西康沿途建寺。噶瑪巴的勢力和薩嘉派並峙，後來把粗樸寺的法位托付給他的弟子鄔僅巴。通常計算噶瑪巴的世系時，都以都松欽巴為第一世，拔希為第二世，自然金剛稱第三世，第四世是遊戲金剛，此後歷世相承，到現在是第十六世。又因為由元朝皇帝拜噶瑪拔希為國師，贈給他金邊黑帽以表示地位之尊貴，所以拔希以後又稱為黑帽噶瑪系。另有紅帽噶瑪系，這一派則創於名稱獅子。名稱獅子生於西康，曾到西藏親近噶瑪自然金剛等，學得一切顯密教授。弘法幾十年，元朝皇帝贈給他金邊紅帽，所以稱為紅帽噶瑪巴。他的弟子以雅得班禪最著名，歷十幾代，到清朝乾隆時這一派系才斷絕。

二、帕竹噶舉

這一個派系起自達波拉結的上首弟子帕摩竹巴（一一一〇至一一七〇年），他生於西康南部，九歲出家，名金剛王。他善於書寫繪像等事。在西康時曾親近十六位善知識，講說《入行論》等。十九歲進藏，先在垛從賈瑪瓦及卡巴法獅子學習中觀、因明。二十五歲從素樸寺夏律師（名精進然）受比丘戒，學習戒律。又從瑪法王、拔勤噶羅等學習多種顯密教授。後來到崗薄寺，從達薄拉結學得大印法門。四十九歲在帕摩竹巴（地名）的森林中建寺弘法，從此稱卓滾帕摩竹巴。此後歷代相傳，於是形成帕竹噶舉一系。

三、剎巴噶舉

創始於喇嘛相（一一二三至一一九三年），原名盛稱，從九歲至十八歲，廣學顯密教法。二十六歲受比丘戒，改名精進稱，以後從噶譯師學勝樂等多種密法。三十三歲時，親近達薄拉結的弟子崗薄瓦戒藏，傳「俱生和合大印」。後來建立剎公塘寺，弘法化眾。弟子有虛空光、調伏光、日月光、釋迦光等，都各自建立寺院。調伏光在喀喀惹地方所建的降龍寺曾住僧眾一萬多人，繼續住持剎公塘寺的有釋迦智、菩提智、日月光、佛億、佛藏、佛布衣、金殿上等相繼不斷，從此所傳的名剎巴噶舉系。

四、止共噶舉

創始於世間依怙（一一四三至一二一七年）。他生於西康的敦瑪地方，本名寶祥，從幼年起就親近帕摩主巴，聽聞大印教授，三十五歲受比丘戒。三十七歲往止貢地方建寺弘法，僧眾逐漸聚集起來，曾經有一次法會聚集僧眾五萬五千五百二十五人，又有一次安居中，有十萬比丘受籌，法緣之盛由此可知。繼承法位的，有懂哦波卿、聞仁波卿等，相繼弘傳，於是形成止貢一系。

五、主巴噶舉

創於凌惹蓮花金剛和他的弟子藏巴賈惹。凌惹（一一二八至一一八八年），仰垛人。自幼就長於書寫讀誦。八歲學醫，十七歲受「近事」戒，三十五歲時從惹穹瓦的弟子松巴學得惹穹瓦所傳的一切教授。三十八歲入帕摩主巴之門，受持教授，遊化各處。他的上首弟子藏巴賈惹（一一六一至？年），十二歲時從兄長格敦學法，十三歲落髮，取名慧祥，以後從喇嘛相出家，改名智金剛。二十二歲初遇凌惹於惹隴，請問法義。以後又在拏樸親近凌惹，聽聞「拏熱六法」和「俱生和合」等教授。又把惹穹瓦所埋藏的「六種平等味」法門，取出弘揚。依照喇嘛相的授記建隴垛寺，依本尊的授記建惹隴寺，依凌惹的授記建主寺（藏文「主」是雷義，因初建寺時雷鳴，故名），弘法化眾。這一派系弘傳很廣。大弟子羅惹巴自在精進，立十三種誓願，多弘「五能」教授。從此所傳下來的名叫下主，有叫廓倉巴依怙金剛的，立十二誓願，連坡甲為十三。又立身語意三誓，現前七誓，殊勝五誓等。從此所傳下來的名叫上主。又有繼承主寺法席的盛獅子（藏巴賈惹之侄）等，名為中主。上中下三派主巴，到現在，法派多數未曾斷絕。

六、達隴噶舉

創始於達隴塘巴勤波（一一四二至一二一〇年），十八歲出家，名吉祥德，幾次想到印度去學法，都沒實現。二十四歲時親近帕摩主巴，得到帕摩的攝受，傳給一切教授。一天出去閒遊，在草地上坐禪，帕主用手杖指著他的心說：「我們的依怙拏熱大師說：應當修一切法性空無我義。若是能夠於空無我中由四無量門修種種方便，即是得無住涅槃之道。」依照這個甚深的指示，他就通達了「大印無修瑜伽」。帕摩主巴去世後，就到梅卓，從伽噶巴聽受噶當派教授，從霞惹瓦受比丘戒。三十九歲時，受達隴地方人士的邀請，到達隴平原處建寺弘法，因此被稱為達隴塘巴。他持戒精嚴，從出家以後，足不入白衣的房舍；忌食酒肉，不以酒肉待客；不許婦女入寺院。臨命終時，寺眾已有三千多人，弟子也很多。他的侄子寶依怙繼承法位，擴建寺院，光大他的事業。侄孫桑傑聞薄，又在西康建日窩伽寺（舊名類烏齊）。此外達隴派分弘於雅塘（即達隴）瑪塘（即日窩伽）兩處，每處有三千八百僧眾；後來前後藏和西康發展的達隴派屬寺很多，出的人才也不少。

七、跋絨噶舉

創始於盛自在，盆宇人，據傳說他幼小時有一位年輕咒師到他面前，稱述崗薄瓦（即達薄拉結）的功德，於是結伴到崗薄那裡。得到崗薄瓦攝受，傳給他各種修法，證得高深境界。後來往西藏北部建跋絨寺弘法化眾，講授「樂空大印」和「真理大印」。他的大弟子是帝師惹巴，繼承法位的是他的家族系統。

八、雅桑噶舉

這一派系始於帕摩主巴的弟子格敦智獅子（？至一二〇七年）。他生於門噶地方。幼年出家，取名格敦智獅子（格敦即有善根的意思）。後來建立索惹寺弘法化眾。他的大弟子是雅桑法王（一一六九至一二三三年），後藏人，出家名法願，從盧迦戒稱學習戒律，守持精嚴，因此有拏律師的稱譽。二十八歲時盧迦去世，到索惹寺依止智獅子修學「大印教授」和「拏熱六法」等甚深密法。三十八歲（一二〇六年）時，建雅桑寺，教化弟子很多。繼承他弘傳法教的有拔日瓦桑傑夏貢等四大弟子，從此所傳的，名叫雅桑噶舉系。

九、綴樸噶舉

創始於帕摩主巴的弟子賈剎和滾登惹巴兄弟。賈剎（一一一八至一一九五年），出生於曉梅地方，五歲時學書算。十九歲時到前藏，親近瑪法王等。後來又到前藏學法，親近帕摩主巴，學得大印教授。又從沱敦主巴學習覺宇的教授，總共親近八十二人學法。五十四歲受比丘戒，於是買綴樸的土地建立寺院，聚集僧眾二十多人，重在專修，有時也為少數弟子傳授灌頂。他的弟弟滾登惹巴（一一四八至一二一七年），幼年從帕摩主巴學習教授。賈剎、滾登兩人的侄子綴僕譯師（一一七三至？年），六歲讀書，八歲就親近賈剎學法。十歲受沙爾戒，名叫戒慧（土官「宗派源流」作慈祥）。十九歲受比丘戒，從滾登和賈剎完全學到噶舉派所傳的一百三十六種教授和十三種主要傳承法，又從相格瓦譯師學習梵文語。二十四歲赴尼泊爾，親近佛陀室利論師，廣學顯密多種教法。遇彌多羅論師，迎至西藏弘法。彌多羅在西藏住十八個月，回印度以後，又迎請佛陀室利來藏，修建綴樸寺的大佛像。後來又往印度迎請迦濕彌羅國的大論師釋迦室利弘法傳戒。又有賈剎和滾登的弟子結貢、瑪吉芮瑪等幫助弘法。從此所弘傳的，名綴樸噶舉系。布敦寶成（一二九〇至一三六四年）初亦求學於此系。後在霞魯弘法，遂另成霞魯派。

噶舉一派中分為許多小系，所傳教授，各有偏重。如達隴阿旺曩賈所造的《教史》中說：「在聲聞的出離心、大乘的菩提心、密咒的清靜三昧耶的基本上，噶舉派的特殊勝法，如瑪俄的續釋，彌拉的艱苦和教授，崗薄瓦的體性抉擇，噶瑪巴的風心無別，喇嘛相的究竟勝道，跋絨巴的塞婆、塞朗（兩種大印修法的名稱），帕竹的密咒，達隴巴的三十九種傳記，止貢巴的三律儀一要，藏巴賈惹的緣起和平等味，羅廓的信敬和厭世心等，各有殊勝之點。雖然一一系派中都具備一切教授，但就所著重弘揚而教誡弟子的也各有各系的別法。然而就其整體而言，都是噶舉派的教義。」

本派的主要學說是月稱派的中觀見。因為瑪巴的主要師長為拏熱巴和彌勒巴，他的見、修、行和講解經教，當不出他們所傳。

本派大印的傳承，不重文字，重在證理，就是通達大印的智慧。從哪位師長證得大印的智慧，就以他為根本師長。在瑪、彌兩大印教授時，先使生起「猛力火智」，由這個智力引發「大印智德」，所以說大印為「圓滿次第」（密宗修證的階段）。

有關噶舉派的詳細內容，可參閱《西藏密宗史略》一書。

附表

- 噶舉派
  - 一、香巴噶舉
  - 二、達波噶舉
    - 一、帕竹噶舉
      - 一、止貢噶舉
      - 二、主巴噶舉
      - 三、達隴噶舉
      - 四、雅桑噶舉
      - 五、綴樸噶舉
      - 六、修賽噶舉
      - 七、葉巴噶舉
      - 八、瑪倉噶舉
    - 二、刹巴噶舉
    - 三、跋絨噶舉
    - 四、噶瑪噶舉

《中國佛教》第一輯一九八〇年四月

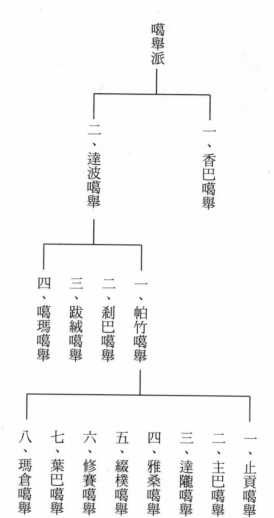

西藏佛教的香巴噶舉派

香巴噶舉派，是西藏佛教中的一個派別。「香巴」是地方名，「噶舉」的意義是教授傳承。因為是在響巴弘揚起來的一派教法，所以叫做響巴噶舉派。這一派的創始人瓊波瑜伽師，傳說他享壽一百五十歲（約九九〇至一一四〇年），十歲時已能認識梵藏文字，十三歲時從永仲嘉瓦學苯教。因感不滿，另從生獅子學習《大圓滿教授》（宣傳佛法名為教，給人以教義叫作授），並為人講說。他生平曾三次由西藏出發，往返於印度、尼泊爾之間，親近金剛座獅、彌勒巴、隱密瑜伽師、尼古瑪、須佉悉地空行母等一百五十餘人，受學顯密經教。回藏後在盆宇覺波山建腔迦寺弘法。後來他在香巴地方，建立絨絨等一百零八寺，弘法三十多年，於是形成了香巴噶舉派。

本派的傳承

瓊波瑜伽師的壽數很高，所收弟子也很多，以梅鄔敦巴、釗波嘉摩伽、都敦任勝、拉朵滾喀、摩覺巴、相貢參等為上首。其中摩覺巴為瓊波單傳授的繼承者。

摩覺巴，名寶精進，拉朴邦雜人，十七歲入絨絨寺學法，喇嘛響傳授以歡喜金剛灌頂，二十一歲前往康巴阿參處求法，傳授灌頂，受到勝樂等法。又從補貢受得惹穹派的灌頂教授。在鈃波住五年，學習「帕勤」（即《現觀莊嚴論》）、《攝行論》等，從羅本相學《戒律具光論》等。後到崗薄瓦前，請問六法等法。回到摩覺專修十二年，僅僅以菜葉維持生命，聲譽遠揚，各方來從學的弟子很多，因而住處難以容納，於是建立姑蘇寺。其教派由溫敦結崗巴、桑結寧敦、桑結敦巴等相繼傳承下去。

摩覺巴還有嗣法弟子結崗巴法獅子，法獅子傳寧敦法慧，法慧傳桑結敦巴精進獅子，他們對於喇嘛響的圓滿教授，都是單傳。桑結敦巴以下，傳授很多，他的大第子阿獅子繼承法位。響敦戒依怙（一二三四至一三〇九年），傳嘉地建寺弘法。克尊童成在仰梅地方建桑頂寺弘法。於是分出嘉、桑二派。響敦的弟子嘉巴幢億（一二六一至一三三四年）將響敦的教授傳給他的侄子嘉勤慈祥（一三一〇至一三九一年），慈祥受法後，曾為宗喀巴講授過響巴教法。克主傑也從嘉派的穆勒虛空瑜伽師受學六臂依怙等法。所以黃教中也盛傳響巴派教授。

克尊童成的弟子為金洲吉祥德（一二九二至一三六五年），起初廣學顯密諸法，後從克尊童成盡得香派教授，又得到桑結敦巴所傳的覺法。他的大弟子扎窩伽瓦金剛祥，金剛祥的弟子有法祥慧，法祥慧傳廓初惹巴。

本派的主要教授及其見修

瓊波瑜伽師先後從師一百五十餘人，所學的法門很多，其中最主要的有勝樂、歡喜金剛、大幻、集密、金剛怖等五續部的灌頂。

瓊波著述不多，他的見解不甚清楚。但他所傳的大印法門，是從彌勒巴學的。他所謂的大印盒，是把樂空如同盒的器蓋相合，修到無差別，而現證光明的教授。這和達薄迦舉的大印同等重要。又在他作的《師長依怙無別修法》中說：「如同伐樹木，若是斬斷它的根，那就一切都斷了。」又說：「萬有自解脫」，「無所作意」等，都和大印派言詞相同。所以這一派的見地，似乎也是月稱派的中觀見。他們的修行方法，在顯教方面雖然沒有詳說，似是依照常規，先修人身難得、生命無常、生死過患、涅槃功德、發菩提心等。在密宗方面，則依所受某部本尊的灌頂，先修本尊的生起次第，在修各尊圓滿次第，並且依照各種應修教授而使其增進，以求圓滿成就。

《中國佛教》第一輯一九八〇年四月

西藏佛教的薩嘉派

薩嘉派是西藏佛教中的一個宗派。「薩嘉」是寺名，意為「白土」，因在白色土地上建立寺廟故名。本派的主要教授為道果教授，以修歡喜金剛二次第道及其支分（密宗方面）為主，同時也有一切共道修法（顯教方面）。道果教授有十八派之多，最主要的是薩嘉派。

本派的建立和傳衍

薩嘉派的祖先原是西藏貴族，藏王墀松得贊的大臣昆拔窩伽的第三子昆龍王護，他是西藏最初出家的七人之一。他的第四子侍壽的兒子金剛寶，數傳至釋迦慧。釋迦慧有二子，長子慧戒，出家淨修梵行。次子寶王（一〇三四至一一〇二年），通達顯密教法，也熟知風鑒等世間術數。曾從卓彌譯師學習新譯的密法。又從廓枯巴拉則譯師、迦濕彌羅國杭都伽薄論師、瑪寶勝譯師、津巴譯師等學習一切顯密教法。四十歲時，在奔波山建立寺院，以後逐漸形成為薩嘉派。寶王建寺後住持弘法三十年。他去世後，其子慶喜藏（一〇九二至一一五八年）年幼，於是請拔日室稱譯師住持薩嘉寺，並且依止學法。十二歲後從掌底盛藏學對法，又從瓊寶稱和梅朗璀學中觀和因明，從盛幢兄弟學集密和四面大黑天法，從扎拉拔歡喜金剛法，從公塘巴梅譯師學勝樂及《摩訶哥羅法》，從布尚羅穹學勝樂法等。慶喜藏從二十九歲起歷時四年依止相敦法然學習道果教授。四十七歲時，印度比瓦巴來到薩嘉寺，從受七十二種續部教授和十四種甚深法門。於是慶喜藏成為一切密法的教主，住持薩嘉寺四十八年，弟子很多。他親生四子，第四子大吉祥光的長子就是有名的薩嘉班智達。薩嘉班智達（一一八二至一二五一年），初名吉祥義成，又名慶喜幢。十五歲以前即從伯父名稱幢，完全學得薩嘉所傳的一切顯密教法。十九歲時從喀伽班智達聽《金剛歌》等，又從宇敦金剛歸學慈氏諸論。二十歲時從瑪夏菩提精進和粗敦童獅子學習《因明論》，從則巴自在獅子學宗派論，從吉窩雷巴菩提光習寂滅、大圓滿、能斷、噶當等各種教授。二十三歲時，迦濕彌羅國釋迦室利論師（簡稱喀伽班智達）到西藏，遂從論師及其弟子僧伽室利、善逝室利、檀那尸羅等學習聲明、因明等十種大小明處論，於是得到薩嘉班智達（簡稱「薩班」）的稱號。二十七歲時從喀伽班智達受比丘戒。三十八歲時著《正理寶藏論》，五十一歲時著《三律儀差別論》，破除一切邪見邪說。五十九歲時又以教理降伏以南印度訶利喜為首的六個外道，使他們轉入佛教。六十三歲（一二四四年）時受西涼廓丹王的邀請赴西涼弘法。七十歲去世。

薩班的弟弟桑剎福幢（一一八四至一二三九年），性情慈愍，體力過人。總學一切顯密教理，多能受持。尤其對於薩嘉教法的弘揚，寺院的擴充，都極盡力，五十六歲去世。他有四個兒子，最有名的是卓滾結帕巴。

卓滾結帕巴（一二三五至一二八〇年），十歲時，從伯父薩班出家受沙彌戒。十七歲，隨侍薩班到西涼。十九歲，受忽必烈的邀請，傳授「歡喜金剛」灌頂。二十六歲時，忽必烈封為「帝師」，並將西藏十三萬戶作為供養。此後西藏的政教全權，就歸薩嘉派所掌握。三十一歲回薩嘉寺。三十三歲，元帝又請他進京傳授灌頂。四十二歲返回薩嘉。四十六歲去世。

薩嘉的血統，桑剎福幢的兒子智生，智生的兒子賢德，有十五個兒子（一說只有十二子），主要的是帝師慶喜慧，他把寺院分為四院，分給諸兄弟。希陀拉章分給克尊勤波（賢德之子）兄弟；拉康拉章分給帝師慶喜善生兄弟；仁欽崗拉章分給慶喜日幢兄弟（這三院傳了幾代都斷絕了，現在沒有後裔）；都拉章分給慶喜善幢兄弟。慶喜善幢一系的後人絳央曩喀扎什又在則棟建勝三有寺（約在一四五三年），因此分為上下兩院。則棟的後裔曉種，當清朝初年（約在康熙四十年間），因為和藏王拉桑不合，逃到青海，後裔從此斷絕。只有上院的血統至今未斷。此派凡出家修梵行的，稱為貢瑪，居家咒師則稱為薩嘉墀巴。

本派的弘揚

住持薩嘉派教法的人很多，其中最著名的在顯教方面的有雅、絨二師；密教方面的有俄、總二師。雅為雅楚佛祥，是則塘官菩提寶的兒子，求學於薩嘉寺和則塘寺，依精進祥學習顯教，依智祥學習密法。絨即絨敦說法獅子，是雅楚佛祥弟子，幼年學習苯教，十八歲時進藏，在桑朴寺親近寶勝和慧自在等學法，通達五明。從卓薩寺住持慶喜幢受比丘戒。著《決定量論》的注疏等廣事弘揚。二十七歲遇到雅楚，從他學薩嘉派的講說顯教儀軌。從大乘法王慶喜吉祥學習密乘深義。七十多歲時（一四三六年）建那蘭扎寺，講法十四年。八十三歲去世。他一生造就的人才很多，以後多轉成宗喀巴的弟子。達薄吉祥勝繼承那蘭扎的法席。

絨敦的弟子佛增建哲宇結剎寺、興講辯的規則。從此發展出來的有土登曩賈、漾巴金、寧鈅賈雄、稞倫布、結剎訶等五個寺院，共稱母子六寺，都是講辯法相的道場。佛增的弟子中以慈氏法成和妙音慶喜法賢為上首。法成建立寧鈅賈雄寺弘揚教法。妙音慶喜法賢和他的弟子成就祥然建立稞倫布寺。

絨敦的弟子釋迦勝建土登賽金朵寺，佛增的弟子福獅子建土登曩賈寺，登巴饒賽建惹瓦梅（下院）寺，均弘薩嘉派教法。

又有人說住持薩嘉派顯教方面的為雅、雲二師。雅即是雅楚佛祥，雲是惹達瓦雲努羅卓。惹達瓦（一三四八至一四一二年）親近慶喜祥等諸大德，學習顯教經論，從堪勤絳伸聽聞「中觀應成派」的理論，又從虛空賢譯師等學習「集密」等密宗經教。在薩迦派大德中，能如實弘揚集密教法和「中觀應成派」正見的，以惹達瓦為第一。他著述豐富，弟子很多，宗喀巴和賈曹傑、克主傑等都是他的弟子。

住持薩嘉派密法的俄、總二師或稱慶、喜二師，是俄巴慶喜賢和總巴慶喜勝（一說是總巴慶喜幢）。他們的師承是從喇嘛當巴福幢傳來的。福幢是賢德的兒子。俄巴九歲出家，從薩嘉東院住持智幢學「三律儀論」，從薩桑帕巴、扎喜仁欽等學習顯教經論，從佛陀室利學習「道果教授」。曾住在薩嘉寺弘法多年，各方來從受比丘戒的有一萬二千多人。四十八歲建俄鄂旺寺，接待各方求法的僧眾。

曾到前藏兩次，到阿里地區弘法三次。七十五歲（一四五六年）去世。著名弟子有佛增、福獅子、釋迦勝、慈氏法成、慶喜法賢等，以穆勤寶幢為上首。對其他弟子未曾傳講的道果教授，都祕密授給寶幢。所以從此「道果教授」有「措協」（對大眾講）、「羅協」（對弟子講）之分。此後的學人，稱為俄派。

總巴有前後兩系，前者為喇嘛當巴，傳弟子總持祥，住持薩嘉派的顯密教法。總持祥的弟子有賢幢、幢寶、善賢等等。幢寶的弟子為穆賽巴金剛幢等，弘揚薩嘉密法，稱之為前總巴或穆賽巴。

又喇嘛當巴有弟子大乘法王慶喜吉祥，吉祥的弟子名總巴慶喜幢和扎陀巴福賢等。慶喜幢與俄巴是大乘法王的得意弟子，賜名「妙音名吉祥」。俄巴主要弘傳薩嘉東院的法規，慶喜幢維持薩嘉拉章系的制度，所以通稱為俄、總二師。他的弟子有吉祥法護、童勝、克主結等。

扎陀巴福賢的弟子慶喜尊勝，幼年熟悉五大陀羅尼，從慈氏洲者受比丘戒，三十三歲時（一四六四年）在前藏貢迦（地名）建金剛寺，弘揚薩迦派的教法。六十五歲去世。這一系統稱為後總巴或貢迦巴。

後來又有剎勤明慧海（一四九四至一五六六年），起初在後藏扎什倫布寺求學，後來從朵仁巴普賢法日得到俄總二系所傳的道果教授；還有俄總等系所未傳只是薩迦嫡派相承的耳傳教授等，也都從達勤慧幢和朵仁巴處學得，所以他成為薩嘉派一切教授的集大成者。七十三歲去世。他的弟子有絳漾欽則旺薄，多聞龍猛海等。三世達賴福海也曾從剎勤聽聞摩訶哥羅幕和四面教授。五世達賴也曾從剎勤的弟子福勝受學過剎勤派的道果教授、十三種金法和大小摩訶哥羅等法。現在金法和四面法等，在格魯派（即黃教）中也極盛行。從剎勤所傳大密羅協教授，世人稱為剎派。從前元明兩朝，西康、蒙古、漢地也有很多薩嘉派的寺廟弘揚薩嘉教法，但入清以來衰微殆盡，只有西康德格倫主頂等，還有少數寺廟，由俄寺派人住持講演薩嘉派教法，其他地方沒有弘揚薩嘉教法的寺院了。俄寺仍是各處教徒求學的基本道場。各處的薩嘉派僧人，到俄寺或薩嘉寺求學，多系聽講「三律儀論」和「道果教授」。至於《現觀莊嚴論》、《入中論》、《因明論》、《俱舍論》等諸顯教經論之講學，已經很少。

本派的見解和修行

薩嘉派諸師的見解極不一致，如薩班、絨敦等很多人士中觀自續派的見解，惹達瓦童慧則是中觀應成派見解，釋迦勝起初是中觀見解，中間便為唯識見解，後來轉成覺囊派的他空見解。其餘也有執持大圓滿見解的。見薩嘉派有一種不共的見解，為「明空無執」或「生死涅槃無別」，即是「道果教授」的見解。這種見解的建立分顯密兩種次第的關係，與其他各教派大體相似的。

《中國佛教》第一輯 一九八〇年四月

西藏佛教的寧瑪派

寧瑪派是西藏佛教中的一個派系。

藏語「寧瑪」意譯為「舊」。西藏前弘期所弘傳的佛教，對後弘期所傳的佛教而言，後者為新，前者為「舊」。但從佛教內容來說，前後兩期所弘傳的顯教並沒有分別，只是密教方面有所不同，所以「寧瑪派」就是指前弘期所弘傳的密教。

本派的起源

西藏佛教初興於唐朝初年藏王松贊崗薄時代，到墀松得贊時代，先請靜命論師講說十善、十八界等教義，傳授八關齋戒；後又請蓮花生來藏，建桑耶寺；又請密宗的法稱、無垢友、佛密、靜藏等，來藏弘法。法稱依金剛界大曼荼羅傳授灌頂，弘傳瑜伽部密法；佛密傳授事部與行部的密法。這三部密法與後弘期所傳的沒有區別。只有無垢友弘傳的《幻變密藏》和心部等等密法，蓮花生弘傳的金剛橛法、馬頭明王法、諸護神法，靜藏弘傳的文殊法，牟迦羅弘傳的真實類法，默那羅乞多弘傳的《集經》等法，這些「無上瑜伽部」的密法，才是寧瑪派特有的密法。

寧瑪派的根本密典，有十八部怛達羅：一，《大圓滿菩提心遍作王》；二，《金剛莊嚴續教密意集》；三，《一切如來大密藏猛電輪續》；四，《一切如來遍集明經瑜伽成就續》；五，《勝密藏決定》；六，《釋續幻網密鏡》；七，《決定祕密真實性》；八，《聖方便絹索蓮花鬘》；九，《幻網天女續》；十，《祕密藏續》；十一，《文殊輪祕密續》；十二，《後續》；十三，《勝馬遊戲續》；十四，《大悲遊戲續》；十五，《甘露》；十六，《空行母焰然續》；十七，《猛咒集金剛根本續》；十八，《世間供贊修行根本續》（這十八部現存藏文《大藏經》祕密部中）。但寧瑪派通常所奉行的只有八部，即：一，文殊身；二，蓮花語；三，真實意；四，甘露功德；五，橛事業（這五項叫做五部出世法）；六，差遣非人；七，猛咒咒詛；八，世間供贊（這三部屬於世間法）。其中文殊身就是毗盧部，蓮花語就是彌陀部，真實意就是不動部，甘露功德就是寶生部，橛事業就是不空成就部；差遣非人等世間三部，是蓮花生降伏鬼神，使其保護正法，所以有人說它是西藏法。

寧瑪派中，最重要的是《大圓滿教授》，分為三部：一，心部；二，隴部；三，教授部。心部有十八部經，其中有五部是遍照護所傳，十三部是無垢友所傳。隴部是遍照護所傳。教授部分二：甚深寧提是無垢友所傳；空行寧提是蓮花生所傳。

本派的傳承

寧瑪派的教授，有多種傳承，如：諸佛密意傳承，持明表示傳承，常人耳聞傳承。又有受命者授記傳承，有緣者埋藏傳承，發願者付印傳承。現在根據一般的記載，談談寧瑪派的三種傳承：一，遠者經典傳承；二，近者埋藏傳承；三，甚深淨境傳承。

一、經典傳承

又分三種：（一）《幻變經》，（二）《集經》，（三）《大圓滿教授》。

（一）《幻變經》的傳承

幻變祕密藏類，由無垢友傳瑪寶勝譯師而譯成藏文。寶勝傳租如寶童和納芮勝護，寶童和勝護傳吉祥稱和勝德。勝德所傳的稱為欽樸派或教授派。吉祥派先在前後藏弘傳，後又往西康弘法，所以他所傳的又分為西藏派和西康派。

日光獅子所造的《密藏經》的註釋，是遍照護譯師在西康所譯，所以這部經也有遍照護傳授的解釋。

無垢友又傳娘智童譯師，智童傳梭薄吉祥智，吉祥智傳努佛智。佛智有四大弟子：梭智自在、跋廓倫勤帕巴、民功德勝、主善燈，還有佛智自己的兒子功德海。他們是前弘期和滅法期間，住持寧瑪教授的主要人物。

功德海有兩個兒子：智海和蓮華自在勝。智海的兒子拉結吽穹，曾將「誅法」傳給噶舉派祖師彌拉惹巴。

又由功德海父子傳仰慧勝。慧勝又曾從梭智自在受學，所以慧勝是智自在和功德海兩人的弟子。慧勝傳的仰智生，智生傳素薄旦釋迦生（亦說慧勝直傳釋迦生）。

釋迦生又曾從倫勤帕巴受學，為努佛智再傳弟子。他親近了許多人：從隴仰智生受學幻變和心品教授，從傑釋迦勝受學甘露教授，從寧拏自在稱受學祕密灌頂和方便道，從陀迦囊喀得學經，從積綴穹瓦學本淨和任運的講說及大道次第，從桑耶欽朴地方的熱釋迦生學真實經等法，他是寧瑪派的中心人物。他將根本續與解釋續分開，把本文和釋文配合，續與修法結合，修法與儀規結合，為諸弟子廣事講說。

釋迦生又是卓彌譯師的弟子，以身語承事，得到卓彌譯師歡喜攝受，盡得卓彌的甚深教授。他建鄔巴寺，上首弟子五人，稱四頂和極頂，又有百八大修行者。四頂是：知見之頂素穹慧稱，講說《幻變經》之頂彌娘生稱，智解之頂相廓穹瓦，修行之頂桑貢慧王，極頂為喇嘛。其中以素穹慧稱（一〇一四至一〇七四年）能廣弘師業。慧稱是素薄旦釋迦生給起的名字。素穹意即小素，因為釋迦生也姓素，稱為大素。素穹慧稱先因缺乏機緣，無力受灌頂等大法，曾遵師命在一富有的女人家裡入贅，利用她的財力學法和置備經籍。後又依師命，捨家專修。

素穹的兒子卓朴巴釋迦獅子，於其卒年出生。卓朴巴從素穹的諸大弟子，完全學得素穹的一切教授，在西藏北部廣弘密法。他有四梅、四拏、四敦等十二大弟子，以四拏中的拉結傑敦賈拏地位為最高。

拉結傑敦賈拏二十一歲起，先學顯教。從瓊波扎賽學般若（《現觀莊嚴論》），從本一切智學對法，從達巴喀伽學「中觀」、「因明」。三十一歲以後，住卓朴寺學密法十一年。最初三年從覺賽仰朵巴聞法。又從仰朵的賈則廓瓦等學習甘露、摧伏、大圓滿等密法，所以成為法相、密咒、經續、修法、教典等的通家。

賈拏的弟子很多，以他的侄子傑敦覺松（一一二六至一一九五年）為上首，稱大喇嘛功德總持。他十一歲開始求學，在賈拏生前即完全學懂了寧瑪派的經典教授。賈拏去世後又從賈拏的一些弟子領受法要，專修十八年，廣弘教法。

功德總持弟子以希波甘露（一一四九至一一九九年）為上首。他的舅父覺巴賽扎巴，先是卓朴巴的弟子，後依止傑敦賈拏學法。甘露十三歲起，就從舅父學大圓滿法。十六歲時，舅父死後，即住吉喀拉康，親近功德總持，學習心品各種教授，依止十四年。此後廣弘教法，聲名遠播。

希波甘露的弟子以達敦覺耶（一一六三至一二三〇年）為上首。他從十二歲起即親近各位善知識學法，二十五歲以後從希波甘露完全得到甘露的教授。

以上略述《幻變經》的傳承，卓朴巴所傳下的還有幾支，不能一一細述。

（二）《集經》的傳承

這一派的根本續為《遍集明經》，釋續為《集密意經》。由馱那乞多傳尼泊爾的達摩菩提和跋蘇答葸，再翻譯為藏文。又由他們師徒三人傳努佛智，以後由佛智的兒子功德海等輾轉傳到拉結響巴和沱迦曩喀拉，這兩位都傳授鄔巴巴，即素薄旦釋迦生。鄔巴巴以下，與《幻變經》傳承相合。

（三）大圓滿的傳承

大圓滿中，分為心部、隴部、教授部三部，分述如下：

①心品（即心部）的傳承：心品的經典，有先後兩譯，共有十八種教授。先譯是遍照護譯師所傳，有五種教授；後譯是無垢友所傳，有十三種教授。

大圓滿的心品教授，初由印度妙吉祥友傳吉祥獅子和佛智足。吉祥獅子傳遍照護；佛智足傳佛密，佛密傳無垢友。舊派諸師所說的密法，都是佛密和無垢友所傳。

遍照護的教授，初傳藏王松贊崗薄，以後三度赴西康弘法，初次傳玉札寧薄，第二次傳桑敦智師，末次傳榜佛怙。以後返西藏，傳比丘尼慧燈。後有娘若耶譯師，從遍照護和玉札寧薄受得先譯，又從無垢友受得後譯，總集四類教授，即講解經典的注釋。耳傳教授的要訣，加指灌頂的指示，行持事業的護法猛咒等。他傳授了十大弟子。梭薄佛智從十師受學，此即心品傳承中的一派。

另一派由遍照護的弟子榜佛怙傳跋羅乞多，跋羅乞多傳亞西盛慧，再傳安樂住比丘尼，安樂住傳瑪巴慧光，再傳響地的盛福，盛福傳卓朴巴，卓傳釋迦金剛（有的記載說，由無垢友傳覺摩枳摩，再傳瑪巴慧光，慧光以下相同）。

②**隴部的傳承：**隴部的經，即是《等虛空續》廣本，分九段義兩萬卷。藏譯只有略本，也分九義，即見隴、行隴、曼荼羅隴、灌頂隴、三昧耶隴、修隴、事業隴、地道隴、果隴。

此部有依據智密等續的金剛橋教授，由遍照護傳榜無勝怙，榜傳恩朗菩提幢，幢傳薩昂寶世，世傳雅隴枯舉薩，這三位都在西康瓦獅子崖上修行，以至入滅。薩的弟子仰菩提稱受得教授後，回西藏住桑耶欽朴靜修，傳仰慧生，生傳拔貢智菩提，菩提傳臻達摩菩提（一〇五二至一一六八）。在這個時期，金剛橋教授，弘揚很盛。達摩菩提的弟子有臻覺賽、仰法獅子、普賢、金谷、金剛嚴、智王、月光、俄結等多人。

俄結傳垛巴極喜金剛。臻覺賽傳普賢，普賢傳給兒子光然獅子，獅子傳覺滾，覺滾傳戒寶等。仰法獅子傳金剛手，再傳師天。金谷、金剛嚴、智王、月光等也都各有傳承，難以備述。

③**教授部的傳承：**分二派：

（1）甚深大圓滿寧提傳承，吉祥獅子以上，與心品相同。吉祥獅子傳智經，經傳無垢友，友傳藏王和仰三摩地賢。賢建鄔如霞寺，把寧提教授埋藏在寺院之中，單傳種寶然，然傳跋慧自在。

後來當瑪倫賈開藏取出教授，先傳結尊獅子自在，後傳喀惹貢穹。結尊傳仰迦黨巴，以後將教授分別埋藏三處。過三十年後，結貢拏薄取出一部分（傳說一〇六七年取藏），自修教他。又有響巴惹巴和相吉祥金剛（一〇九七至一一六七年），也各自取出來弘傳。

相吉祥金剛傳給他的兒子泥（一一五八至一二一三年），傳給他的兒子覺碑（一一九六至一二三一年），依次由獅子背（一二三三至一三〇三年），鏡金剛（一二四三至一三〇三年），持明鳩摩羅闍（一二六六至一三四三年），輾轉傳到隴勤饒絳巴（即無垢光）。

饒絳巴（一三〇八至一三六三年），遍學新舊一切密法，也善慈氏諸論，因明七論等顯教法相。後來往桑耶寺，完全得到持明大師的教授。又從童義成學經、幻、心品等教授。依照寧提教授解釋《密藏經》義，又造「寧提」法類三十五種，總名喇嘛漾提。又造「勝乘藏」、「實相藏」、「要門藏」、「宗派藏」、「如意藏」、「句義藏」、「法界藏」等七大藏論，分別闡揚大圓滿的教義，是寧提中最重要的論典。他晚年屢次講說空行寧提。這一派傳承弟子很盛。

（2）空行寧提教授傳承，蓮花生傳耶希措賈，措賈將教授埋藏在地下，後蓮花業力取出，傳佛子善幢、遍智自然金剛、庸敦金剛祥（一二八七至一三六八年）等，輾轉弘揚。

二、埋藏傳承

傳說蓮花生等，因見時機未熟，把修共不共悉地的教授，埋藏在崖石中或其他地方，並發願使它和有緣的人值遇，這叫做藏法。這種藏法，不獨舊派為然，印度和藏地佛教其他宗派中也有。開藏的主要人物，以仰日光和姑茹法自在（一二一二至一二五六年），最為有名。

又扎巴神通然，建扎塘等百零八寺，所取的藏法很多。尤其以四部藥續等醫方明的經典，利益最廣。

三、甚深淨境傳承

這是有些修行者得到相當證德時，在定中、夢中，或者就在醒覺時，感得諸佛菩薩或師長等現身說法。這種教授，多是與行者修證相應的法門，但其中也有些沒有得到那樣地位的人，或者有與法不相宜的地方。這種例外也是各宗所共有，不獨寧瑪派為然。

又有扎巴神通然的後裔名叫得達陵巴不變金剛建鄔僅民卓陵寺，與持明蓮花業主持的金剛崖寺，都是舊派最著名的寺院。不變金剛的弟弟法吉祥譯師，遍學新舊各種顯密教法，善巧五明，著書很多。這時是舊派教法最盛的時期。但為時不久，即有準噶爾王率兵進藏（一七一八年），金剛崖寺主蓮花業，鄔僅民卓陵寺法吉祥譯師，尊勝州（寺名）寶法稱，還有不變金剛的兒子蓮花不變海等都被害。色拉、哲蚌等黃教寺院中，凡唸誦舊派儀軌，或保存舊派文字的人，也都被驅逐。後來不久，恢復金剛崖和民桌陵兩個寺院，尊勝洲則改為黃教寺院。現在西藏地區舊派大寺就是上述兩處，其他小寺院很多。西康地區有佐勤寺、迦沱寺、色勤寺等，弘傳這一派的教法。

本派的教義

寧瑪派把一切佛法，判為九乘：一，聲聞乘；二，獨覺乘；三，菩薩乘；四，事部；五，行部；六，瑜伽部；七，生起大瑜伽；八，教阿耨瑜伽；九，大圓滿阿底瑜伽。說一、二、三屬於顯教，是化身佛釋迦牟尼所說，稱為共三乘；四、五、六屬於密教，是報身佛金剛薩埵所說，稱為密咒外三乘；七、八、九是法身佛普賢所說，稱為無上內三乘。又分密教為外續部和內續部兩類，說外續部（即事、行、瑜伽三部）的事部是釋迦牟尼佛說，行部和瑜伽部是毗盧遮那佛說，內無上續是金剛持說。又說無上乘法是法身普賢如來現起圓滿報身為地上菩薩永不間斷地自然說出，所以這個法門沒有限量，也沒有數量，傳播於人間的，只是由極喜金剛等得大成就者所弘傳的一小部分而已。

舊派《黑茹迦格薄經》等所說的修行過程，與新傳密法的六加行（時輪法）、五次第（集密法）、道果（喜金剛法）等教授，極相符合。舊派的《幻網經》之六次第、三次第等解脫道，密點等方便道的教授，《集經》的任運修、八部經的五次第等法門中，也有很多與新譯密法相同的解說。但晚近舊派諸經，對此等解脫修行多不重視，他們最重視的是大圓滿的見修。

「大圓滿」是指眾生身中現前離垢的「空明覺了」（即是內心的清靜分。此派說眾生的心本有染淨二分：染分的叫做「心」，淨分的叫做「了」），他們說「空明覺了」中，本來具足生死涅槃一切法，所以名為「圓滿」。又說了知這「空明覺了」就是解脫生死的最上方便，再沒有別的方便解脫生死能超過這「空明覺了」，因此名為「大」。這就是說，眾生身中無始本有的清淨心性為大圓滿。眾生因迷此而流轉生死，若能悟此就證得涅槃。

大圓滿中又分三部：心部、隴部、教授部。三部雖然都說「明空」（也就是深廣義），但心部偏重於深「空」，教授部偏重於廣「明」，隴部則兩部分平均。

心部說：「無論見到任何外境都是自心，自心現為自然智，所以說離自然智更無其他法。」這個派的修法，多與大印相同。他們說大印派是以心印境，心部是直觀心性本空，故有所不同。

隴部說：一切法都不離法性普賢隴，破斥離法性隴更有其他法。這部最重視光明，與新譯密法的五次第相似，然講說意義有區別。五次第是由五風的作用，現起幻身空色影像，再用「整持」和「隨滅」方便令入光明，所以是有功用道。隴部是由安住於永離所緣甚深無功用中，用深明雙運智修成虹身的金剛身，所以這個方便是很深的。

教授部說，以永離取捨雙運無二智，把生死涅槃一切法，都歸於離空執的法性中，所以不分別生死涅槃，以「明了性」現證「法性境」，而成就自證金剛鎖身。這個法門是專注要點，如針灸治療，從一處施治，而能癒各部的病。又最重超越境界，與新譯的六加行相同。但他們說，六加行是將五種風縛於中脈，由此現起空色境界，是漸次進修有功用的大樂道；而這個法門是斷絕一切思慮，自然現證諸法實性，所以和六加行不同。又說這個道修智身虹身與隴部也不相同。它不是先化粗分三業為微細淨身，是由究竟「盡法性光明」，將粗細三業完全銷化於身智中。

此派又有「體性本淨」、「自性任運」、「大悲周遍」三種術語（即體、相、用）。說無始真理本來無生的空為「體性本淨」，空性的色相不滅為「自性任運」，具有功力能現起淨不淨境為「大悲周遍」。「體性本淨」又稱為「了空無別」；「自性任運」又稱為「明空無別」；「大悲周遍」又稱為「現空無別」。

又說「心」與「了」不同，隨無明力而起種種雜念分別的是「心」，不被無明所染，遠離二取戲論，認識明空無取的空理的是「了」。

又說心的行相（現分）為生死，心的體性（空分）為涅槃。生死涅槃在自心性體空中，本來無有分別，因此說「生死涅槃無別」。

在修行方面說，若由知境為心，知心為空，知空為無二雙運，而通達一切法都是「了空」的，是漸悟者認為「了」的界限。若現在沒有能夠現證「明空」的道理，但由修行的功力，在中有位現起那種真實智德的，是超越（頓悟）者認識「了」的界限。

若將現前明空無取的無垢自心「了」性，不加拘束（不執著），任其散緩，任它起什麼分別境相，都不去辨別好惡破立，直修「了空」，即是大圓滿的心要。

總之，無始真理，沒有被生死涅槃心念所接觸過，沒有被錯亂垢穢所染污過，真理獨露，不曾迷惑，不曾通達，都無所有，一切能生，即是困境。把這現前的「了」性舒緩安住時，泯滅善、惡、無記三種分別，心如清淨虛空，即是道行。由已現證一切修道功德，無明錯覺都自消滅，現證法界，即是果德。

佛教密法自傳入西藏以後，雖然依其傳承法脈的不同，而有派別之分，但修學密宗的人，都一致認為，這些教授全是釋迦牟尼佛的教法，因此對各派的教授都能不分彼此的修學。所不同的只是在修學教授上有所偏重而已。

反觀傳至漢地的各派密宗，主持人及修學者的態度就大不相同了，不但不能效法前賢，普的修學，甚至還固執己見，排詆他派。既不重視修學各種教授，又偏迷於神通感應，及躐等跳級專修所謂的高深大法。這種不重學行相應的修學，實已脫離釋尊教示的常軌。如此紊亂佛制，破壞佛法，實在是佛教中的大不幸。

《現代佛學》一九五七年十月

西藏佛教的噶當派

噶當派是西藏佛教中的一主要宗派。

藏語「噶」（bkah）指佛語，「當」（gdams）意思是教授，「迦當」的意思就是說把佛所說的一切語言——經律藏三藏教義，都能攝在阿底峽（Atisa）所傳的教授三士道次第中。正如種敦巴（Hbrom ston-pa）說的「希有佛語（噶）即三藏，教授（當）三士道莊嚴，迦當如金寶珠串，任誰數計皆獲益。」

迦當派是由阿地峽尊者首創，由種敦巴開闢，由三兄弟（見下）等弘揚光大，由朗霞和賈盂瓦等繼續發展起來的。

西藏前弘期的佛教經藏王朗達瑪毀滅而復興的佛教，一般佛教徒多重視密法而輕視顯教，多尊重師長教授而輕視經論教義，同時又有一些人尊重戒律而毀謗密法，結果使得顯密勢同水火。其中最大的弊端，即是修行沒有次第；在沒有出離心和菩提心的基本功德時就趨向高深的密法；在沒有通達諸法真理，僅僅依照密法的文義而作誅戮等惡法。這不但大大違反佛陀說法的意旨，而且甚至造成莫大的罪因。阿里王智光和菩提光，為了糾正這些弊病，不惜資財不顧生命地屢次派人往印度迎請阿底峽尊者來西藏弘法。阿底峽入藏後，即廣行教化，成為「迦當」派之祖。

阿底峽尊者生於壬午年（九八二年），是東印度薩賀（Zahora）國善祥王（Dge-ahi-dpal）的次子，原名月藏。從幼年起就不貪戀世榮，到處尋師學法。曾從黑山寺大瑜伽師羅羅笈多金剛受過歡喜金剛灌頂和聽受經典教授，對於二種次第都得到堅固定力。又親近過得大成就的阿都底巴（Avadhtipa）七年，曾修過三年明禁行。由於師長和本尊的策勵，二十九歲時（一〇一〇年）從金剛座大菩提寺大眾部上座證加行道的戒護（Silaraksita）律師出家，受比丘戒，法名吉祥然燈智。三十一歲時，遍學過四部（大眾、上座、正量，《一切有部》）的三藏教典，通達各派的律制行法。他曾從飛行寺（Otantapuri）法護（Dharmaraksita）論師學《大毗婆沙論》十二年。他所親近過的顯密教法的師長，有智祥友、小姑薩梨、勝怨、大黑足、小阿都底巴、種比巴、日比枯舉（Rigs-pahi Khu-byug）、末底若那菩提（Matijnna bodhi）、拏熱巴（Na-nopa）、彌勤波（Michen-po）、布達廓積巴（Bhuta Kotipa）、簪勤波（D-chen-pa）、慧賢、菩提賢等，從寶生寂靜（Rat-nakarsantipa）論師學習各種傳承的教法尤多。後來又到金州大師處聽聞以發大菩提心為首的許多教授。長時期任毗札瑪尸羅（Vikramasila）寺的首座，聲譽遠揚。西藏阿里王智光和菩提光，前後派賈精進獅子（Rgya brtson hkrussenge）和拏措戒勝（Nag-tsho Tshul-krims-rgyla-ba）等，經過多次殷勤誠懇迎請，尊者才允許來藏。庚辰年（一〇四〇年）尊者五十九歲時由印度啟程。辛巳年過尼泊爾弘法，壬午年到達阿里。受王室的禮遇，住沱庭寺（Mtho-ldin-gi gtsuglag-khan）講說多種教法，且極祕密地傳授多種灌頂，賜與無量教授滿足菩提光等的願望。菩提光又請求造論，對治各種違背佛法的邪行，尊者於是造了《菩提道炬論》，開示三士道次第。論中說明初下士的修持應當念死無常，假若對於現世不起厭離心，就不能入佛法之數；假若把五蘊妄執為我，就不能得解脫；假若不發大菩提心就不能入大乘道。又大乘道中，假若與方便智慧不相結合，只修空性，就不能成佛；假若還未了達真實性義，就不可作真實的第二灌頂（祕密灌頂）和第三灌頂（慧智灌頂）。因為他特別重視業果的緣故，所以又有「業果論師」的稱號。

那時西藏的寶賢譯師已八十五歲，尊者問他：「您學那種法？」譯師把自己所學的粗陳梗概。尊者合掌說：「唉！西藏有您在，無須乎我來了。」接著又問關於「續部教義，一個人在座上應當怎樣修？」譯師答以「應當依照各種儀軌所說的而修行」。尊者斥說：「譯師昏庸，西藏還得我來，應當把那些義理總合而修。」於是為譯師講密咒變化鏡。譯師生起極大的信敬，就把自己以前所譯的《般若八千頌》、《二萬光明論》、《八千頌大疏》等等都請尊者重加訂正。又因菩提光的請求，尊者傳授了智足派的集密曼荼羅，以觀音為主尊的修法。尊者住阿里三年，教化一切眾生都入正道。將要回印度的時候，種敦巴趕到，請求尊者到西藏弘法，得到尊者允許。種敦巴急忙寄信給西藏僧眾，囑咐他們在秋季以前趕來迎請，於是尊者漸次東下，到達桑耶寺。拉尊菩提羅闍（Lha-btson bodhiraja，拉尊乃王族出家之尊稱）侍之極敬，西藏一些大學者也都來到。因枯敦（Khu-ston，名精進堅固）稱讚塘薄伽（Than-po-che）地方的殊勝，尊者於是到塘薄伽寺，居住一個月。枯敦侍奉尊者不很如法，適種敦巴來迎，尊者就渡江北返，在聞寺（Hon lha-khan）住了一個月後，返桑耶寺住碑迦州（Dpe-dkar glin），與拏措譯師翻譯解脫軍的《二萬光明論》和世親的《攝大乘論釋》等。尊者檢閱該寺所存的梵文經書，發現有許多是印度所沒有的孤本，深稱讚往時西藏佛教之盛，印度也難與比。後到聶塘（Snethan）弘化，聽法的人很多，為阿蘭若師、瑜伽師等傳授修定的教授，興建了修定院；為大眾講《現觀莊嚴論》，卡答敦巴（Phya-dar stonpa）作了筆記，後世稱為西康派。又講《二萬光明論》一遍，傳授種敦巴三士次第教授等。俄善慧義師奉迎尊者到拉薩，勸請尊者和拏措譯師翻譯出清辯的《分別然論》（中觀心論的解釋），並將這部論的教授寫成廣略兩本的《中觀教授》。又曾一度回聶塘居住。在聶塘所講的法雖不多，然而各別傳授教授，得成就的不少。後由俄菩提生（Ruog Byan-Chub hbyungnas）迎請，尊者率眾到耶巴（Yer-pa）同拏措翻譯「大無著的乘寶性論釋」。轉因迦瓦釋迦自在迎請尊者到盆宇（Hphan-yul），在倫巴吉補（Lan-pa Sbyil-bur）講法很多，尊者往各處弘法，最後仍舊回到聶塘。甲午年（一〇五四年）八月二十日示寂於聶塘，世壽七十三歲。

尊者的弟子，印度有比朵巴（Pitopa）論師、中觀獅子、祕密知識、若那末底（Jnamati）、地藏論師五大弟子。西藏有拉尊菩提光叔侄、寶賢、拏措戒勝、卡墀、善護、慧生、賈精進獅子、善慧、釋迦慧、戒生、廓枯巴譯師、相尊耶巴、枯敦、俄善慧、種敦巴勝生、大瑜伽師菩提寶、阿蘭若師自在幢、瑜伽師慧金剛、卡答敦巴、慈慧等。尊者示寂後，在世時所將護的徒眾，都隨著種敦巴往朵（Stod-luns），時有黨巴（Hdam-pa）的施主迎請，在丙申年（一〇五六年）建惹珍寺（Rwa sgren）安眾弘法，於是形成了「迦當派」。

阿底峽尊者把顯密一切教授完全傳給種敦巴、大瑜伽師、阿蘭若師等。尊者的徒眾依止種敦巴當時不過六十多人，都是真實修行者，所以說迦當派重質不重量。繼續弘揚法業的是朴穹瓦童幢、博朵瓦寶明、謹哦瓦戒然，稱為三兄弟；或者加上康巴釋迦德，稱為四大弟子。種敦巴在惹珍弘法九年，甲辰（一〇六四年）年去世，壽六十歲。種敦巴於顯密教法雖都得究竟，但常講《般若八千頌》、《八千頌大疏》、《略疏》、《二萬光明論》等；對於密法，不多宣說，然而對於密咒的「智成就論」也曾作過譯校工作。當阿底峽尊者在桑耶時，曾把密咒行的多種方便和朵哈（Doha，密宗歌曲名）等教授完全傳給種敦巴；但種敦巴認為一般人對於密法如言取義的粗行過失的緣故，深加隱密，不輕易示人。

種敦巴去世以後，大瑜伽師菩提寶繼位。菩提寶在寧措（Nan-tsho）親近尊者，他在給尊者放馬或做一些雜務中都不離修定，所以稱為大瑜伽師，他並能通達尊者所講的二諦義。從乙巳（一〇六五年）到戊午（一〇七八年）在位十四年，繼續種敦巴完成惹珍寺的建築、他生於乙卯（一〇一五年），寂於戊午（一〇七八年），享壽六十三。他的大弟子有朵巴寶藏、勞彌勒薄等。

阿蘭若師繼菩提寶位，他姓臻（Hdsen），名自在幢，丙辰年（一〇一六年）生。初在寧措親近阿底峽尊者，專學修定法，遇有障礙尊者親自給他對治。由修定力引發神通，曾經有一次經三晝夜守息而住，弟子們以為他命終了，突然他出定笑道：「我因為身體不舒適，攝持風息。」在位五年，壬戌（一〇八二年）去世，壽六十七歲。他的弟子很多，內鄔蘇巴（Snehuzur-pa）、相迦瑪巴（Shan Ka-ma-pa）、寧拏摩瓦（Gnan-Sna-mo-ba）、枳廓得巴（Hbre-ko de-lun-pa）稱為四大弟子。喀惹貢穹（Ka-rag sgomch-on）也曾親近阿蘭若師學尊者的教授。阿蘭若師後，住持無人，惹珍寺發生教法的饑荒。後來請博朵瓦住持三年，繼位的人多不能長久。

種敦巴三大弟子中的朴穹瓦童幢（Phu-chun-ba Gshon-nu rgyal mtshan），辛未年（一〇三一年）生，曾親近阿底峽尊者，尊者死後依止種敦巴。種敦巴廣為宣說四諦法門，把迦當派的祕密教授（十六點等修法）完全傳給他。種敦巴去世以後，他就入山專修，勤作供養三寶的福業，並未攝受法眾，有請法的他就開示四諦。丙戌年（一一〇六年）逝世，壽七十六歲。弟子有迦瑪札（Karma-grags）等數人。

博朵瓦寶明（po-to-ba Rin-chen gsal），辛未（一〇三一年）年生。從賈寺的倫戒菩提（Glan Tshulbyan）出家。他很重視因果，曾管理札覺（Bragrgyab）寺事一年，不曾比其他僧眾多喝一杯酪。他智慧廣大，通解眾經。他原來想隱晦姓名往西康尋覓靜處專修。二十八歲（一〇五八年）到惹珍寺拜見種敦巴，深生信敬，就住在惹珍寺學法，生起信解。從種敦巴死後到五十歲專重自修；五十一歲（一〇八一年）以後才弘法攝眾，常有一千多人跟隨他學法，居處沒有一定。所講法以《菩提道炬論》為主，也常講《莊嚴經論》、《菩薩地》、《集菩薩學論》、《入行論》、《本生論》、《集法句經》，稱為「迦當六論」。所講得經論，一切文義都結合修行，不遺漏一字。「迦當」的名聲從此大振。寶明晚年建博朵寺（Po-to）居住弘法。乙酉年（一一〇五年）去世，壽七十五歲。弟子很多，事業也很廣，最著名的有賈宇瓦（Bya-Yul-ba）、朵巴（Dol-pa）、朗日塘巴（Glan-ri-thanpa）和霞惹瓦（Sa-ra-ba）。其中朗、霞二人地位尤高。朵巴姓熱（Rog）名慧海（Ses-rab rgya-mtsho）。親近博弘瓦二十二年，出而弘法攝眾，追隨他的常有一千人左右。辛亥（一一三一年）年去世，享壽七十三歲。賈宇瓦本名童光，乙卯年（一〇七五年）生，元是朵巴（Stod-luns-pa）的弟子，善於承事師長而悟諸法空理，能在鬧中修定，教化範圍很廣。戊午（一一三八年）年去世，享壽六十四歲。朗日塘巴本名金剛獅子，甲午（一〇五四年）年生，癸卯（一一二三年）年逝世，壽七十歲。他也常講慈氏五論，攝受徒重二千多人，發願世世作比丘。瓊波瑜伽師（Khyuu-pornal-hbyor）從他出家受戒。弟子中以霞婆崗巴蓮菩提為上首。霞惹瓦功德稱庚戌（一〇七〇年）年生，幼從博朵瓦出家聽學教授。他智慧廣大，全部《大藏經》都能記誦。博朵瓦死後，他的弟子多依止霞惹瓦，霞攝眾三千六百人，說法多講一些大論，幫助跋曹日稱（pa-tshab Ni-ma-grags）譯師弘揚中觀。辛酉（一一四一年）年去世，壽七十二歲。他的弟子雖多，得著他的發菩提心等不共教授的是伽喀巴智金剛（Hehad-kha-pa Ye-ses rdo-rje），造《發菩提心七義論》。自霞惹瓦以下相繼傳承的有賽吉朴巴（Se-spyil-phu-pa）、法幢、拉教自在菩提賢、拉眾生依怙菩提光、拉札喀巴慧智、拉素康巴自在智、拉慧光、拉寶獅子、拉釋迦福幢、梭囊倫主、福幢等弘揚迦當派的教授。

謹哦瓦戒然（Spyan-sna ba Tshul khrimshbar）戊寅（一〇三八年）年生，幼年從瑪拉協饒森巴（Ma-la ses-rab sems dpah）出家，信心淳厚。二十歲時往惹珍寺親近種敦巴學法，種敦巴對他說：「八萬四千法蘊，不易都學到。你可以好好修空性，等我午飯起煙時，你獨自來。」所以他每到做飯時就到敦巴處，因此稱為謹哦瓦（意為侍奉者）。他也得到許多尊者所傳的密法教授。種敦巴死後，依止大瑜伽師、阿蘭若師、慧金剛等求學。終於通曉梵文能譯經論。凡西藏所傳的密咒，他沒有不念誦的。他並且多修福業，神通定力不可思議。癸未（一一〇三年）年去世，壽六十六歲。弟子很多，以朵巴寶藏（Stod-luns-pa Rin-chen snin-po）、賈宇瓦童光為上首，弘法事業也極弘偉。

此外還有種敦巴的弟子康巴釋迦德、阿蘭若師的弟子迦瑪巴慧光、內蘇巴智然、俄善慧譯師、拏措譯師等，他們都是弘揚阿底峽尊者所傳的教授，因此使迦當派的學說遍布全藏。

如種敦巴說：「能把一切聖教用四方道（西藏佛學術語，解者所說不一，茲不具引）持修的，只有我師長。」大瑜伽師說：「所謂了解教授者，不是說對於手掌般大小的書得到定解，是說了知一切佛經都是教授。」貢巴寶師（Sgom-parin-chen bla-ma）說：「了知戒幫助咒、咒幫助戒的，除了我師的傳授外，沒有能夠知道的了。」總之，對於一切佛經都無棄捨，了知一切都是一人成佛的順緣，即是迦當派的別法，所以沒有一法不是迦當所攝。然而世所共知的，迦當一系也有教典和教授兩派，或者加上教誡為三派。

教典派

是從博朵瓦傳出。這一派傳述阿底峽尊者的思想，說一切經論都是成佛的方便，所以一切教典都是這一派的依據。然而就阿底峽尊者的著述而論，可以分為三類：一，重在說明正見的，是《入二諦論》、《中觀教授論》等；二，重在說明菩薩行的，是《攝行炬論》、「發菩提心受菩薩戒之儀軌」等；三，見行並重的，是《菩提道炬論》。又教典派通常所講的六論中，《集學論》和《入行論》見行兼說，《菩薩地》、《莊嚴經論》、《本生論》和《集法句經》則偏重說菩薩行。又有尊者的小品法百種，是迦當派的教典。

教授派

是從謹哦瓦等傳下來的。屬於正見的，有謹哦瓦所傳的四諦教授，朴穹瓦所傳的緣起教授，又有大瑜伽師所傳的二諦教授。四諦和緣起二種教授，重在明人無我義，二諦教授重在明微細法無我義。大瑜伽師祕傳給卓巴和謹哦瓦二人，謹哦瓦祕傳給朵巴同賈宇瓦。朵巴後來在大眾中講說，著述也很多。以行為主的教授，即是修「自他相換」大菩提心的教授，這個教授通依一切大乘經典，別依《華嚴經》和龍猛菩薩的《寶鬘論》，靜天菩薩的《集學論》、《入行論》為主。阿底峽的師長法護論師的《修心劍輪論》、《孔雀化毒論》，慈瑜伽師的

《金剛歌》，金洲大師的《菩薩次第》、《除分別論》等，也都是這個教授的依據。後來的《菩提道次第》、朗日塘巴的《八句論》（Tshigs-brgyad-ma）、霞婆崗巴的《修心論》（Blo-sbyun）、康巴的《八座論》（Thun-brgyad-ma）、伽喀巴的《修心七義論》（Blo-sbyun don bdun-ma）等，即是這個教授的發展。其中說明見行雙運的教授，就是三士道次第。所依教典亦即《菩提道炬論》，上述的見行各種教授，也都是這個教授的支分。因為《菩提道次第》中統攝一切教授，所以名為見行雙運的教授。

教誡派

這是阿底峽尊者在耶巴（Yerpa）傳授枯敦、俄善慧、種敦巴三人的教授。由種敦巴傳授法兄弟三人（朴穹瓦得到全部、謹哦瓦得到大部分、博朵瓦得到少部分），又由俄善慧傳哦日巴慧幢，幢傳朴穹瓦。以下單傳數代，到種童慧（Hbron Kumaa-mati）時，傳承範圍才稍稍開廣；到僧成大師（一世達賴）時才傳伸到全藏。這個教授內容為恆住五念：一，念師長為皈依；二，念自身為本尊；三，念語言為誦咒；四，念眾生為父母；五，念心性為本空。最稱心要的法是「十六明點」的修法。修這個教授的，下自戒律，上至金剛乘法能在一座中全修到。見地愈高，行為愈謹慎。本尊有四位，即是釋迦佛、觀音菩薩、綠度母、不動明王。法是三藏。四尊和三藏，合起來稱為「迦當派七寶」。

自從阿底峽尊者來到西藏，對於西藏地方已有的佛教加以整理，使見行清淨的義理普遍弘揚。所以當時和後來興起的教派，沒有不受到迦當派教授的影響。如迦舉派的初祖羅札瑪巴（Lho-brag mar-pa）譯師，末次赴印度時，中途遇見了阿底峽尊者而聽聞教授。尤其明顯的如達薄拉結（Dwa ga-po lha-rje），先從大瑜伽師的弟子賈雲答（Rgya Yon-bdag）學習迦當，以後才從彌拉惹巴（Mi-la ras-pa）學習大印。他所傳的法，就成了迦當、大印合修的教授。並且造《道次第解脫莊嚴論》。他的弟子帕摩主巴（Phag-mo gru-pa），初從格西朵巴（Dge-bses dol-pa）學習迦當，並且著《聖教次第論》。同樣枳貢世間怙（Hbri-gun Hjig-rtenmgon po）從朗巴（Glan-lun-pa），達塘巴勤波（Mgon-po Stag-lun-than-pa chen-po）從伽喀巴，迦瑪知三世（Karma Dus gsum mkhyen-po）從霞惹瓦的弟子慧金剛，都曾學習迦當；凡行的方面的修持，他們都依照迦當教授而行。所以能使迦舉派的大印、大法等教授，成為大乘法的菩提心教授，即是從迦當派而傳來的。次如薩迦派的四祖慶喜幢，從內蘇巴的弟子吉窩雷巴（Spyi-bolhas-pa）學習迦當，所以他的著作中所說的大乘共道的修法，都按照迦當派而說。後來的薩嘉學者也都依照他的說法而宣說。黃教的宗喀巴大師，從虛空幢和法依賢二位大師學習迦當派的道次第教授，而造《菩提道次第》廣略二論，自修化他都依據阿底峽尊者所傳的教授而行。所以黃教格魯巴也稱為新迦當派。又西藏佛教中一切大論之講說，也都從尊者的傳授而來，如西藏佛教中因明、中觀、慈氏諸論的教主為俄大譯師和他的徒子徒孫。俄善慧譯師不僅是尊者的弟子，而且是在耶巴傳授密法（迦當雷榜 Bkah gdams glegs bam）的不共弟子。他依照尊者所囑建立桑朴寺，他的姪子羅敦喜饒（Blo-ldan ses rad）盡得尊者的教授，造《聖教次第論》。他的弟子中善巧一切經者卓巴慧生（Gro-lun-pa Ses-rab hbyun-gnas），善巧般若枳勤波慧然（Hbre chen-po Ses-rab hbar）、善巧因明者崗巴協鄔（Gans-pa sehu），善巧中觀者瓊寶稱（Khyun Rin-chen grags），繼承法位者相剎繃（Shan-tshe-pon），這些建立道場、住持正法的大善知識，沒有不受到迦當教授的影響。如《青史》說：「從來西藏的諸大善知識和許多得大成就者的傳中，都各自親近一位迦當派的善知識。」並稱「種敦巴的事業廣大而永久」，是「吉祥然燈智轉法輪的結果」。

《現代佛學》一九五八年二月

從西藏佛教學派興衰的演變說到中國佛教之建立

引言

佛陀是以一念真智親證如所有性及盡所有性二種境的人，又是盡斷二障雙圓二智的人，又是成滿一切願力，成熟一切所化有情，莊嚴清淨佛土的人，換句話說：佛陀是滅盡一切過失，圓滿一切功德的覺者。因為佛陀是現證一切法，明鑒一切機的緣故，其教化眾生則絕無死板文一定的死例規式，或有放光的，或有瞪視的，或有現通的；或有說法的，如是等類，不一而足。又因為佛陀是已嚴淨土已熟有情的人了。那麼，生在佛土，值佛出世，入佛法會的人，無論其機宜大小，都是經歷多劫已成熟之有情了，這種有情，更是隨時觀見佛陀之行住語默覺睡散定等一切威儀，皆能開悟證果無待煩言了。

話是這樣說，然而在此不可限量的無邊法界之中，眾生的種姓是有種種差別，其根行勝解，亦各有種種不同。即由此種姓根行勝解不同的緣故，佛陀也不能不隨順種種機宜，現出種種身，示出種種行，立出種種教，說出種種法。尤其是釋迦如來，對此無邊世界海中的娑婆世界，無量時劫海中的五濁惡世，無盡有情海中的薄福有情，更不能不現種種身行立種種法教了。佛在世的有情，無論其福德厚薄，智慧深淺，根機利鈍，行為善惡，既一遇佛會受佛教授的時候，定能醒覺各各無始久遠來所植之善根種子，而發希求解脫或成佛的現行心——除提婆達多等之示現，亦非約五性而言——由此心而起行故，便能獲得增上生或決定勝之妙果也。這種勝利是值佛會的有情們所獨有獨享不共的權利，與我們末法有情毫不相干，從經律中看他們的享受，徒增我們無限的羡慕心、渴仰心、悔恨心、慚愧心而已。那麼，佛陀就是完全棄捨了我們嗎？佛陀完全無利益我們的方便嗎？我們完全不能沾佛的恩澤而得相當的勝利嗎？這些問題的回答，當然曰：不然，不然！佛是不棄捨一切有情，佛有利益我們的方便，我們也可以得佛的恩澤之利益。由佛成就大悲與願力故不捨有情，由佛能隨機設教故有利益我們的方便，又由我們學習佛法，思維法義，信解正理，發趣善行之故，是決定能得利益的。唯我們末法薄福有情，與已意般涅槃之佛陀，能生起上來所說之關係的，那就全賴乎佛滅度後結集正法與傳述正法的大德，而在非印度的異類民族之受益佛法者，則尤賴乎翻譯傳釋建設續持的大德了。

中國是接受印度佛教的國家，接受了之後，就建設了中國佛教，千餘年來，國民受佛教利益是如何之大，那是不必說的。中國邊陲地的西藏民族，當然亦不能例外，故西藏佛教之經過程次和他的建立，今略介紹國內佛教同人，並以之促進佛教之建設，這就是我寫這篇文章的意思了。

西藏佛教舊派之略史

當我中國隋朝以前，西藏的歷史，是有神話而不可詳考的，若就傳說而言，謂佛教未流入西藏之前，是已有漾絨國傳進的一神教，名曰「薄」，教法多係咒詛鬼神之術，並無若何之深理，其後受了佛教影響的關係，他們採仿佛經之教義，也就新編了不少的經論，宛同中國的道士一樣，竊取佛經法華而造靈寶經等是很多很多的。次至唐太宗的時候——因未帶參考書故記不起年數——文成公主及尼泊爾公主，下嫁西藏松贊崗薄王之後，由二位公主信仰佛法的因緣，西藏的王臣庶民，也觸發了希求佛法的動機，傳說西藏的文字也就創造於這個時候，並且略有翻譯佛經的事實，但因信仰先有之神教派者勢力強大，故未能大興正法。次於唐睿宗的時候，又有金城公主下嫁——公主之名未能詳考——誕一太子名赤松得真，夙植善根，特乘大願而來，自太子時，便深信正法，志欲弘揚，唯因當朝有勢臣佐，信邪闢正的關係，雖懷大志，未敢暢言，既得王位，主宰全權，乃巧設方便，滅除奸黨，數數遣人至印度，迎請靜命菩薩與蓮花生大師等百餘法匠，建桑耶寺翻譯講述，未經數年，三藏俱備，此可見帝王勢力弘法之一斑也。若有經像，而無僧伽，正法縱盛弘於當時，亦必遷滅於後世——現在尼泊爾即因無僧伽的緣故，徒有寺廟而無正法——國王有鑒於此，故請靜命菩薩，度有福智之七人出家受具，這是西藏人出家為僧伽的開始。次有藏王名遲惹巴瑾者，將前王所譯之經論，編證其部數頁數標題列目等，大加整理，對於出家之僧伽，信仰尤重，與以寺廟產業，施以庶人給事，令其安樂行道，師範人天，西藏先期的佛教，當以此為最盛的時期，其王信敬既隆，臣庶必起反感之心，奸賊相聚，謀弒其主，扶王弟名朗達瑪者就位，凶暴不仁，大滅正法，拆廟焚經，殺逐僧伽，時當唐武宗會昌元年與內地佛教僧眾同遭厄運，可謂奇遇。其王未久遂亦被刺，國亂法亡，庶民淪苦。久經苦亂之後，又起思治之心，故先曾略遇正法之人士，今值庶民樂法之約求，遂有偽造經論之事發生，後來新派的人批評舊派的經疏不可信仰者，就是這個因緣——舊派即俗說之紅教，新派即薩迦派、迦舉派、迦當派、格登派等——在朗瑪達王滅法以前所弘之佛教，西藏原名舊派，漢人多稱紅教，在滅法以後重輝之佛教，西藏原名新派，漢人多稱黃教，似稍失真義。更有以宗喀巴大師派為黃教，餘派盡為紅教白教者，已服色而立名，那更是盲人摸象的談說了。

西藏佛教中興迦當派之略史

西藏佛教說經朗達瑪的摧殘，前後二藏遂無僧人之足跡，迄王被刺，政治又大起爭奪之變化，其幼子避亂於後藏垜哦日地方，遂據之為王，連傳數代，皆信正法，唯因前法久滅，兼之邪說橫流，雖數迎印度諸法匠來藏弘法，然終無若大之成效。至趙宋時代，有王名智光者，聞阿底峽尊者之德望，便知非彼來藏加以整理，佛法難以中興，因此遂不惜身命資財，殷勤派人迎請，及至其姪菩提光居王位時，方將尊者迎接到藏，因受王請，造《菩提道炬論》，抉擇顯密的宗要，辨別邪正之界牆。自是西藏之佛教大為一振。其論之大義，謂法乘之大小，是由各人之機宜而成，譬如小乘志願的人行施，其施仍是小乘法之施，其戒忍進定慧，及可無量等，莫不皆然。若有大乘志願的人，雖將一握食而施蟻給鴿，皆是大乘之施，此施即為成佛的資糧，其戒忍等更不待說。然人之根機大小，是由修習而成，非是無始傳來，便有固定不可改之種姓而致的。又說此種修習，是有次第的，不可超越的，不可居奇的，假若躐等妄求，必不能生高上的功德。什麼道理呢？機法不宜故。亦復失去低下之功德，什麼緣故呢？自未肯修習故。所以彼論的開端，便明三士之行相及次第，又說，若未厭離現法，定不希求後法利益，若專追求現世的衣食住和名利恭敬，尚不能入學佛人之數例，況云求出世法呢？若不能真實厭患三有，定不能發生出離三有之決心，若無真實出離之決心，專務於三界中來生的安樂的，這種人尚不能名為趨向出世之人，怎能說他是菩薩呢？又若不能真實犧牲自己的一切安樂，而勤饒益一切有情，這種人定不能發大菩提心，若不發大菩提心，定非菩薩，若非菩薩，雖修何種善法，皆不是成佛的資糧，也不是菩薩的正行，故對上士發心之法門，廣為開示抉擇，又發心以後，若不隨學菩薩正行，或僅學習他種邪行者，定不能成滿菩提資糧，定無現證菩提之理。因為積集資糧的正行，是以利眾生為要務的。欲想利生的大士，必須先知眾生的根行，若無通力，觀機說法，縱灰身焚心而利他，究屬利耶害耶？俱無決定之判斷，宛同暗裡射箭，難期中的。故於開示發心之後，次則詳明修行之軌，並修止觀之法。又明顯教雖可成佛，然終未若密法之速利，雖有多種密法，絕非普通人民之所能行，及非出家比丘之在家士所宜學，倘非其機，而修其法，猶如兔隨獅躍，徒自取其死耳。審細抉擇，初機學習，密法之利弊，打死初機人，偷便宜的取巧，居奇心理，要為此論最勝的特點，又明如來之一切言教，皆為饒益有情而說，由有情之機宜差殊不同，故如來之言教，淺深有異，然總結而論，皆是從最低之有情，漸次引導而令成佛之道也。故一切佛語，皆是可修及必須修之教授，並無一法是我應捨，是非應修，故此派之名，謂之迦當，「迦」譯佛語，「當」譯教授，「迦當」即佛語教授也。在宋元兩朝之間，西藏中興之佛法，要以此派為最盛的教派了。

西藏佛教中興薩迦派之略史

這一派的初祖，傳為印度那蘭陀寺護法菩薩，謂此菩薩外弘唯識，內修歡喜金剛之二種次第，得密部所說相應相的時候，便借飲酒之譏，離寺隱山，專一修造，即身而現證無上菩提，次將彼部之教授，傳與尼泊爾龐亭兄弟，由彼傳授西藏之綽摩大譯師，譯師在後藏雖廣傳數位高足，但教授之結晶，咸授於薩迦派初祖慶喜藏，此師亦生於宋時，較阿底峽尊者到藏稍晚，此下三傳而至慶喜幢大師，即元世祖奉請來華弘法之薩迦四祖，此師在華數載，即示滅度，元帝便拜其姪慧幢大師為國師，是為薩迦第五祖也——中國書中多名發思巴大師——這派所宏者，顯密皆俱，密法雖總宏一切，而於歡喜金剛法為特傳，顯教則俱舍、戒律、因明、唯識、中觀皆極完備。由以第四祖慶喜幢大師廣造眾論，破斥舊派之偽弊，及當時之盲修邪說等最為有力，如來正法賴彼住持。乃至宗喀巴大師未出世以前，要以此派為西藏佛教之中流砥柱。此派修行之次第，重在先顯後密，尤以別解脫戒律而為基礎，大致與《菩提道次第》所說者相仿。唯因後代學者，多起偷巧的心理，棄捨祖教，邁顯專密，呵戒為小，其流弊現相，又與舊派相去不遠了。

西藏佛教中興迦舉派之略史

此派亦起自宋朝，有名嘛巴譯師者，幼性剛強，懿志超拔，先從綽摩譯師略問法要，練習梵文，自覺在藏學習，終不若親臨聖地，參訪明師為快，故約一二同志，結伴前往，先在尼泊爾租住，略習熱帶地方之氣候生活，再進天竺，參耆德，特從止迦摩羅希囉寺之上座，拏巴大師總學諸部法要，別習無上密部歡喜金剛之法，再由師長介紹，依智足大師學習無上瑜伽父部集密大法，又從姑姑日巴大師，學習母部，大幻網法，更依拏及彌勒二師，深練修習之經驗次第，次回藏地，廣弘密法，唯對於顯教，未為闡揚，稍弘之後，又往印度，正當阿底峽尊者來藏，傳說他們相遇於途中，此師所傳雖有四大弟子，各擅專長，然其最圓滿領受師長之法味者，要算西藏有名即身成佛之彌拉日巴大師也。彌拉大師俗為後藏哦日生人，幼失父恃，產業盡被其堂叔及堂姑之所侵奪，漂零孤苦，實難言喻，由母教其往前藏學習誅暴及降雹之方法，一次曾誅二十餘人，雹打秋穀，令籽粒無穫。後自深畏業果，憶念無常，乃投依嘛巴大師之門下，志求了脫生死，速成正覺之佛法，師觀弟子，原屬大機，令受九番大苦，淨治罪業，次乃盡傳歡喜金剛，集密金剛，及勝樂金剛等教授，令其入山深修，隱十餘年，證大悉地，其教授弟子，多以歌唱而演法義，聞法之後，即重實行，所化弟子，難以量計，西藏佛教，乃至末法，猶能重於依師及實行者，即多因此派影響之力，唯因重師所教，其輕視經教之弊，亦依之而生，又因專修密法之故，亦蔑視戒律而不守持，後時薩迦四祖及宗喀巴大師之所破斥者，亦多指此派的末流和舊派而立言。

復興西藏佛教迦當派之略史

西藏佛教自唐至元，凡數百年，其興廢變遷之浪，起沒非一，諸講論者，多無切實之行持，其修行者，又多盲無聞慧，學顯教者則專騖大乘無羈之行，樂密法者，尤以躐等為能事，戒律禁行，棄如糠稗，僧伽羯摩，那是全無見聞的了。爾時有宗喀巴大師應運而生，聞實行慎重戒律，依據阿底峽尊者之教授，若顯若密，皆建立修行一定之程序，堵絕學者偷便宜之心理，西藏佛教由是又為之一振，遂形成今日威聲赫赫之黃教派了。

其建立顯教之行者，謂總一切經論，其所為獲得之目的，要之不出二事：一，令眾生難過，二，令眾生生德。其過可分三類：一，諸非福業，能令墮諸惡趣；二，有漏眾善，皆不順涅槃；三，自私之心理，能障菩薩大心，離彼三過，便能不墮惡趣，不受流轉，不滯小乘。令所生之德，可為二類：一，未出世者，即增上生法；二，出世間者，即決定勝法，後又分二：一，唯自一人解脫生死；二，令一切有情證大菩薩。令眾生離惡趣生善趣者，即修十善、五戒等人天乘善法而足，故非佛說法之真實目的，其目的在令有情永出生死及成佛耳。為成辦此故，略有三種法要：謂出離心、菩提心、真空見，若無出離心者，定不能出生死輪轉，自不願出故。若無菩提心者，定不能成佛，永不能入菩薩數故。若無真空見者，決定不能斷除二障現證二空，以無真實義愚之真對治故。又若無出離心者，定不能發大菩提心，以自未厭三界流轉，決定不想度脫他故。又若不知苦者，定不能發真出離心，以未知苦，定不厭患，不厭患者，定不捨離故。又能知三界之微細行苦者，定須先知三惡趣之粗重苦苦。能畏三惡趣之苦者，定須先知人死亦可墮落其中。能畏墮落者，必須先知人壽無常即死期無定，能愛時光，恐死沒者，必須能知人身利益及難得也。能修正法證得樂果者，應先知我輩，下至滅一過失，生一德，皆賴善知識誨導之力，即就世間庸常工作，若無前賢之教導，尚難成辦，況云從未見聞之出世法乎。故一切功德之根本，最初即應依善知識，其他進修人身利大難得，壽量無常及三惡趣苦等。由此能令發生粗分畏苦之心。由畏苦故便思能解脫能救護之方便，然此方便絕非神權或人等之可能，要須自己之防惡修善，方能脫離也。然此防惡修善之法，由誰能說之，及誰能行之耶？厥唯如來自證自說，及唯佛徒乃依佛行，故此三寶，乃真能救護眾生之歸依處耳。次觀三界同一火宅，其苦之源，為煩惱及業，即由斯二諦，便令眾生常迴轉於大苦輪中永無休期也。唯有滅除苦集，乃為安樂，其能滅除者，唯有三學，依此實行，便能解脫生死，永斷苦種也。再進觀一切有情，其心念相續，從無前際，惑業所漂，人生遊遍，所經之胎卵二生，定蒙父母之慈悲惠育，乃得生全，故一切有情，皆是自己之多生父母，而且恩德深厚焉。為欲酬報父母恩故，必須為其除苦與樂，欲想成辦如此偉大之誓願責任故，除成佛而莫由達，故依慈悲之根本，便能發生為利有情之大菩提心，依此心故廣修諸行，圓滿福智二種資糧，由此乃能現證等覺也。

即以此次第故，總括大小乘一切經論之詮，罄無所餘。譬如戒律廣明苾芻之開遮特犯等相，即是出離三界之方便所攝。俱舍之廣明生死還滅，總別因果等，即是中士道之總相所攝，《大般若經》、《中觀論》及《現觀莊嚴論》等，即是廣明菩薩之總行及真空正見。其餘之宣說諸佛菩薩功德事業等經論，即是明皈依三寶即發菩提之境。故總三藏之一切大小乘經典，悉皆歸入此大《菩提道次第》之中，亦即明一切經論，皆是成佛之真正教授，更不容無知淺識之後學速次躐等妄行取捨執一而謗百也。

其建立密法之次第者，謂凡學密法者，必先完成菩提心以前如上所說之功德，若無此德，則無入密之基礎也。次須依止具足德相之大阿闍黎，受圓滿灌頂，未得大灌頂尚不得聞密法之教義，況云起修耶？次於灌頂時所受之三昧耶及別解脫律儀，須嚴謹守護，若不持戒尚不能得人天善趣，況云成佛耶？已能嚴謹持淨戒者，次須精研密法之真實義，不爾則徒修假相之儀軌，終無現證真實之希望，通達實義之後，猶須勇猛恆常，勤修生起次第之法，以未成本尊相應之勝三摩地，縱然妄修息胍空點及光明等定等，終久是不得生起的。如已善修生起次第者，次當進修圓滿次第，若無幻身及光明定等，以證佛果之色法二身，唯修本尊行相之三摩地，仍無所成故。其密部之經論儀軌，唯詮此義而無餘，故一切密法，皆有決定之法及次第，凡無定則及超越等次之傳述，皆非清淨之密法，亦可知矣！宗喀巴大師雖然對於顯密二教，俱與以有次第有條理之整頓，然佛法能久住至今而不晦者，尤以其重視戒律，及學行相應，為最有力者也。

總談西藏佛教興衰之原因

縱觀上述之略史，可見除國王等人力弘揚或摧殘之外，其興衰之變化，略見有三種原因：一，重不重戒律；二，樂不樂如教實行；三，能不能依次而行。凡某一派之興也，其初必以嚴持戒律而為基礎，其次須依師教授，身體力行而求實證，再次更須不求速躐等勇猛恆常一步一步的切實作法，乃能發生實益，由實益故，乃能將佛法開示、建立、住持久遠也。任何某一教派之衰也，皆因輕蔑戒律為小乘，或因徒有講說而不實修持，或因不循正軌而偷巧取近，漸令法無全法，道無完道，或摘頭，或切尾，傳一咒，持一名，用此殘字而替大法，以致三藏靈文，全同廢紙，或定慧學，都成虛言，由是而令法幢摧，慧炬滅，如是摧滅，是在先建之不美耶？抑因後學心理之所致耶？我輩欲建立佛教，欲住持佛教，欲弘護佛教者，皆願審思而採擇焉。餘如寺廟規模，僧數多寡，服裝紅黃、經費窘裕，對於佛教之興衰，吾覺猶在其次，其政教合一與否，余覺其更為次之。

漢地佛教各宗過去之略史

西藏佛教略如上述，今更反觀吾內地佛法為何如也。昔在漢魏之際，是為吾國佛法初入之時期，對於任何宗派，皆無可述言，即對於佛教總體，亦僅略譯幾部小乘經典，講講修修，並未見何為建不建立。故晉朝道安法師等，尚憂戒律未來，唯恐聖教難以久任，次至姚秦羅什，乃廣譯大乘經論，與覺明三藏翻譯十誦，爾時始有戒律為佛法之基礎，成實三論之宗派，亦由彼時而始立。唯其成實與三論，仍僅講闡法相及破立之理論，至於學三論及成實者，應當如何依三論及成實而修行，乃至現在，曾未見有誰問之及誰釋之。此是余見聞之狹小耶，抑中國佛法實如是耶？尚望三論諸師，有以教我也。次至陳朝真諦法師始譯「俱舍」與「唯識」之典籍，至唐代玄奘法師又重譯廣弘，其「俱舍」與「唯識」諸論，雖詳談資糧等五道之次第，然在漢人，皆自許為大乘根器，對於「俱舍」之法，當然是學而不修，即對於「唯識」，亦僅仿取天台，或華嚴宗所立觀法之名，而談修唯識觀。至於從凡入聖乃至無學道之次第，究當如何修習，更是余所未學未聞者也。天台宗法華，賢首崇華嚴，談乎理也，唯恐自宗之不圓不頓，其行也，唯恐自宗之不越不包，故天台立境，則必曰一法三諦，明心則必曰一心三觀，言行則曰圓教之十法成乘，更十法界中，各具十界，乃至百界而立千如，更加依正五蘊，轉為三千，而云一念三千，三千一念，圓融無之旨，可謂極矣！其判教也，則以阿含、般若為藏通二教，此固非我大乘根性之所須，即不共二乘獨被菩薩之大乘教法及行位，亦望圓教之項背而不及，誰是狹心之士，甘在此別教而雌伏耶？故使吾國學子，人人皆生好高騖遠之狂心者，此宗不能無責也。賢首大師之華嚴，較之天台而尤晚，故所唱之高調，當然亦更玄之百倍。此宗學者，若談理必十玄六相，判教則必圓明具德，境觀必須事事無，周遍含融，如是方滿私衷之欲望。若有教之以小始行位及觀行，必急睜怒眼而怪之曰：汝欺我耶！汝豈知我非圓教之機乎？其教外別傳之禪宗，捷妙穩固之淨土，對於吾國之機，雖不能云無益，然障經論之講授，戒律之研學也未見其小也。兼代年代延長，教規渙散，異教橫侵，朝庭摧滅，聖教厄運，不知凡幾。及至晚清，各宗要籍之名，且將無聞，況乎依教起行而不躐等哉？故諸久習經教之士，若能一日回頭，感覺說食數寶，終無饑富饒之實力，必是決然將先學之經論，束之高閣，或棄之紙鑪，而後閉關念佛，或瞑目參心，愚夫愚婦啞羊之學佛，全無半點你遲我速之方便，此又佛法之不善耶？抑學子無師承之咎耶？唯願有志弘持如來正法之士，放捨夜郎自大之狂慢，審思吾國佛法衰弱之原因，為幸多矣！

今後建立中國佛教之意見

吾國已往之佛教，善與不善，皆成昨夢之陳跡，盛者不能復追，衰者亦無法可政，唯當借用為前車之鑒，或依效之規也。現代世界國家之環境，歷生變更，窘迫萬狀，其對於佛教之產業，摧殘提充，各盡其極，致令僧人無所依托，正法全乏保障，一方面由僧伽之不振，他方面亦由國家政治之無軌道也。故今後建立佛教者，須有多方面之顧慮。一，要望今後之國家社會積極者，必須提偈保護，督促整理，消極者亦須依照法律條例，世道公理，不得無理之侵掠橫奪，若如此方有國家社會為依止也；二，要望今後各佛會各叢林之佛教信徒，切實認清，現在佛教，非新加整頓，完善建立，絕不足以復興或苟存，抵抗現代惡劣潮流之衝撞，大家俱起覺悟整頓之心，倘欲待傾而後扶，誠恐噬臍之不及也；三，在諸有志整理佛教之大士，必須了解，僅閉門念佛，或瞑目息心，或登高狂呼，全無建立整頓佛教之可能性。然全捨而不念佛、不參禪、不講教，終日囂囂，憨食癡睡者，更是滅亡正法，唯一無二之敗類也。如來正法，總有二種：一者教正法，二者證正法、教法，須有師師相傳，受持講說，開示安立，方能住世，非謂家有大藏之經論，便可誇示於人也。證正法者，尤須依師受戒，如律嚴持，更依戒住戒，勤求多聞，如聞起思，依思而修，學行兼顧，既無說食數寶之譏，又免盲修瞎鍊之謬。絕非一人閉戶，專修一事，三藏靈文，捐同廢紙者之所能任也。言依教而行者，謂雖了知一切佛語，皆是我輩末代眾生所應修之法，從淺至深，由簡入奧，先求人天之基礎，再修出世之正軌，後為度盡一切有情而求成佛，要以善行，乃能脫離惡趣，必須空慧，方有能斬除煩惱，永超三界，要仗菩提之心，菩薩之行，乃能趣入大乘，圓滿佛果也。是乃如來之心血，佛法之正見，無論那宗學子，皆當信受，然俱棄小而騖大，捨別而求圓，謗教而悟禪，非顯而愛密者，絕不能知是法，解斯理，成此見，依此而行也；四，對於佛徒之數量，住持信眾之分別組織；五，對於寺院產業之管理及支配等，當依太虛大師整理僧伽制度似為完善，唯因所計畫之規模過大，誠恐一時難以實現，吾輩學者當隨力隨分擇而行之。其籌備進行一切，更為有志建立今後佛教者之所應注意也。

結論

余此文對於中國原有之佛教，略舉其短處而言者，非故意輕詆先覺熱心建立之教法，亦非謂將二千年之中國佛教，於國於人，悉無所益，唯想今後來建立中國佛教之智者，能自知缺短，有以改善精益求精，務必達到最極圓滿之鵠的，是予之厚望也。

民國二十四年十一月六日寫在南京佛學會

《海潮音》一九三六年第十七卷第四號

宗喀巴大師的《菩提道次第論》

《菩提道次第論》，是宗喀巴大師總攝三藏十二部經的要義，循著龍樹、無著二大論師的軌道，按「三士道」由淺入深的進程而編成的。「三士道」，是任何一種根機的人，從初發心乃至證得無上菩提，中間修學佛法所必須經歷的過程。本論內容，就是對這些過程的次第、體性和思維修學的方法，加以如理闡述。「菩提」，指所求的佛果，「道」指趣證佛果所必須經歷的修學過程，「次第」就是說明修學的過程必須經歷這些階段，自下而上，由淺入深，循序漸進，不可缺略、紊亂或躐等，故名《菩提道次第》。

本論教授的淵源，遠可以推到釋迦如來的一代言教，近的如本論（漢文本三頁）自說：「總道炬論」。這是全書總的根據。本論內容的每一細支，又各有它所依據的經論或語錄。例如「親近善知識」一科的細支：

九種意樂，依《華嚴經》；

修信心，依《寶炬陀羅經》、《十法經》、《金剛手灌頂經》、《寶雲經》、《猛利長者問經》；

修念恩心，依《十法經》、《華嚴經》等；

修親近的加行，依馬鳴菩薩《事師五十頌論》、《本生論》和《彌勒菩薩大乘莊嚴論》；

其餘還有迦當派的語錄很多，不能一一列舉。所以本論乃是總源於一切佛經和瑜伽、中觀諸論，別依《現觀莊嚴論》，《菩提道炬論》和迦當派諸語錄而組成。

本論教授，在西藏，由阿底峽尊者傳種敦巴（hbrom-ston-pa）、大瑜伽師（rnal-hbyor-pa chen-po）、阿蘭若師（dgon-pa-ba）；種敦巴傳樸穹瓦（phuchum-ba）、謹哦瓦（sbyan-mnah-ba）、博朵瓦（poto-ba）、康巴（khams-lun-pa）等；阿蘭若師也傳謹哦瓦和內鄔蘇巴（snehu zur-pa）；博朵瓦傳霞惹瓦（sa-ra-ba）和鐸巴（dol-pa）等；由他們輾轉傳到虛空幢和法依賢大師。又阿底峽尊者傳授俄善慧譯師（rňog legs-pahi ses-rab），俄善慧傳其姪俄大譯師羅敦協饒（blo-ldan ses-rab），再傳到瓏卓巴（gro-luň-pa）而著《聖教次第論》，也漸次傳到法依賢大師。宗喀巴大師即是從虛空幢（nam mkhah rgyal-mtshan）和法依賢（chos-skyab bzan-bo）二位大師學得各家教授，並以《聖教次第論》為依據，寫成這部《菩提道次第論》。

本論作者，為中興西藏佛教的宗喀巴大師（一三五七至一四一九年）。一三五七年，他誕生於青海宗喀區，即今塔爾寺。七歲出家，法名「善慧名稱祥」（blo-bzan grags-pahi, dpal）。十六歲（一三七二年）起，到西藏學法，親近各處著名的大德。十九歲就在前後藏各大寺院，立《現觀莊嚴論》宗。二十四歲（一三八〇年）比丘戒，已成到處聞名的論師。此後在剎公塘（tshal-gun̂-than̂）閱藏數年，又從一些大德學習各種高深密法。三十六歲（一三九二年）將西藏所譯顯密一切教授學習圓滿。三十九歲，在羅札（lho-brag）從虛空幢大師受得內鄔蘇巴和謹哦瓦所傳的「教授派」的《菩提道次第》教授，又在札廓（brag-ko）寺從法依賢大師受得由博朵瓦傳鐸巴和霞惹瓦的「教典派」的教授，又從法依賢學《聖教次第論》，是為《菩提道次第論》的依據。四十三歲（一三九九年）應拉薩各寺院邀請，廣講教法，尤其注重大小乘戒的弘揚。四十六歲由勝依法王（skyab-mchog chos rje）等眾多大善知識勸請，在惹真（rwa-sgreṅ）寺著《菩提道次第廣論》，後又著《密宗道次第論》，詳釋四大密部修行次第。五十三歲（一四〇九年）建格登（dgah-ldan）寺，是為黃教根本道場。五十九歲（一四一五年），命妙音法王（hjam-dbyan chos-rje）建哲蚌（hbras-spuns）寺（一四一六年建成），又因《菩提道次第廣論》卷帙太多，鈍根眾生難於受持，另造一略本《菩提道次第略論》。六十二歲（一四一八年），由大慈法王（byams-chen chos-rje）建色拉（se-ra）寺（一四一九年建成）。是為黃教三大寺。六十三歲（一四一九年），大師示寂於格登寺。

本論的結構

本論是根據《菩提道炬論》所說的「三士道」，下士道、中士道、上士道的次第，而組織成的。

「下士道」，指脫離三惡趣，生人天善趣的法門；「中士道」，指解脫三有輪迴，斷煩惱證涅槃的法門；「上士道」，指發菩提心，修菩薩行，證大菩提果的法門。

說明「下士道」有四大段：一，思維人身無常；二，思維三惡趣苦；三，皈依三寶；四，深信業果。

說明「中士道」則有四大段：一，思維苦諦（三有生死過患）；二，思維集諦（煩惱及業流轉次第）；三，思維十二有支（流轉還滅道理）；四，思維解脫生死正道（戒定慧三學）。

說明「上士道」有二大段：一，發大菩提心；二，修菩薩行。修行又分二段：總說六度四攝和別說修止觀法。

在三士道之前，作為三士道基礎的，又還有二大段：一，親近善知識；二，思維人身難得。

在上士道之後，又說明發大菩提心者如對密咒信仰愛好，亦可進修密乘。

親近善知識士修學一切佛法的基礎，要親近善知識才能趣入佛法，所以最先說。趣入佛法後，就要思維有暇圓滿的人身難得，才能策勵自己，起大精進，修學佛法。所修學的，就是三士道。若不能脫離惡趣，就沒有修學佛法的機會，更不能出離生死，成大菩提。若對於現世五欲塵（色聲香味觸的享受）貪求還不能止息，三惡趣的苦還不知怖畏，就更不能厭三界苦，勤求出離。所以最迫切的，也是淺易的，應當先修下士道。修下士道中，若貪著現世五欲，於後士的安樂就不能起猛利希求，於三惡趣苦也不能生真實怖畏；所以先應思維人身無常，才能怖畏惡趣，由怖畏惡趣，才能至誠皈依三寶，深信佛說因果道理，止惡修善；由此才能遠離惡趣。僅修下士道，雖能生人天善趣，終不能脫三界生死輪迴。因此，應進修中士道：先思維生死總別過患（總謂三苦、六苦、八苦等，別謂六道別苦等），對於三界生厭離心；進而研求三界生死的起因，是一切煩惱和有漏業，發起斷除的決心；真正認識戒定慧三學是斷煩惱的唯一方法，精勤修學，由此才能出離三界生死。若自己還不能厭生死苦，如何能發心度脫一切眾生？若自己還不能出三界，如何能度一切眾生出三界？所以在修上士道之前，必須先修中士道。修中士道後，進一步就該想到：一切眾生沉沒生死苦海，只是自己解脫生死，仍不能救度一切眾生；為欲救度一切眾生，自己必須成就無上佛果。由此發起菩提心，求受菩薩戒，學習六度成熟自身，修學四攝成熟有情，就是上士道。這三士道，是不論修或不修密乘的人都要修學的，故又稱為「共同道」。為欲迅速圓滿福智資糧，在已能修諸共同道的基礎上，應進修密乘諸道，即先依善知識受大灌頂，嚴守三昧耶戒及諸戒律。若學下三部密，當先修有相瑜伽，後修無相瑜伽，由此能得密宗所說的各種悉地。若學「無上瑜伽部」密法，當先學生起次第，後修圓滿次第，最後證得大金剛持果。這就是本論結構的大意。

菩提道次第，是成就無上菩提必須經歷的過程，修下士道不只為自求人天安樂，修中士道也不只為求自了生死，都是為上士道準備條件，所以都是菩提道的一部分；不過由於緩急、淺深、難易的不同，就不能不分出次第。不僅各大科有一定的次第，就是大科以下的細支，也都有一定的次第，不可紊亂。但是，由於修前面各科，就更能引起對後面各科要求學習的心；學習後面各科，又更能促進對前面各科要求修習的心；所以三士道又是一個整體的，要平等修行，不能偏廢。那一部分缺乏，就應該多修那一部分，使其平均發展。不是各科孤立的前後無關，而是脈絡的貫串，通體靈活的。

本論的主要內容

本論以三個要點為它的骨幹，稱為「三種要道」。三士道次第，如整個房屋的結構，三種要道，就是房屋的棟樑。三種要道就是：一，出離心；二，菩提心；三，清淨見。

一、出離心

就是厭離三有希求涅槃的心，也名「求解脫心」。學佛的人，若沒有真正的出離心，所作的一切功德，只能成為感人天善趣的因，不能成為解脫生死的正因。若以出離心為發起（動機），或為出離心所攝持（掌握），所作不論大小何種功德，就是布施畜生一握粗糠，或經一日一夜受持一戒，都成為解脫生死的資糧。修學的次第，須先思維人身難得，壽命無常，息滅貪求現世五欲的心；再思維業果不虛，生死眾苦，和三有流轉道理。若能看整個三界如何如同火宅，深可怖畏，毫無顧戀，決意出離，一心趣求涅槃妙樂，便是發起了真出離心。由此進修戒定慧三學，才能證得解脫涅槃。沒有出離心，就不能發起菩提心，所以出離心是菩提道次第的第一個要點。

二、菩提心

就是總觀三界一切有情，而沉溺生死苦海，無有出期，為欲度一切有情出生死苦，志求證得無上菩提。學佛的人，若未發起大菩提心，所修一切功德，或墮生死，或墮小乘，都不能作成佛的正因；這個人也不能算是大乘人。若發起了大菩提心，雖然沒有其他功德，也可稱為菩薩；所作任何善事，都能成為成佛的資糧。所作在上士道中，修菩提心最重要。

修菩提心的次第，本論說有兩種：一是金洲大師傳的七重因果的教授，一是靜天論師的自他相換的教授。這兩派教授，都是以出離心為基礎，進一步思維一切有情，都被我執煩惱所縛，善惡有漏業有所漂，長期沉溺生死大海，唯眾苦所逼惱，深發大慈悲心。為救拔有情出離生死苦海，能犧牲自己的一切安樂，而急於利他，求大菩提，就是發起了大菩提心，由此進修六度四攝，經三阿僧祇劫，圓滿福智資糧，才能證得三身四智無量功德莊嚴的大菩提果。

三、清淨見

也稱為離增益、損減二邊的「中道正見」。一切法為依仗因緣而生起或安立，本來沒有獨立的實在的自性（就是涅槃，也是依斷障來安立的）。眾生由無始傳來的妄執習氣，於無實性法，執為有實性，就是「增益執」，也叫做「有見」、「常見」等。一切法雖無實性，但依一定的因緣，決定當生、當立，並非全無。譬如鏡中人影，本無實體，但由明鏡、空間、光線、人體等因緣會合，自然便有人影現起，且能發生應有的作用。若說「諸法既須實性，就該完全什麼都沒有，所見所聞，都是錯亂」，這就是「損減執」，也叫做「無見」、「斷見」等。反之，則為「增益執」。這「斷」、「常」二見，都不合於真理，偏於一邊，所以又叫做「邊見」。「中道正見」，既不執諸法實有自性，也不撥無（否認它的存在）所生所立的諸法，如實了知「諸法仗因緣而有，故無（獨立的）自性」而不墮「常邊」，也了知「諸法既仗因緣而有，就有（不亂的）因果」而不墮「斷邊」。由此正見，不墮二邊，故名「中道」。無始傳來的無明實執，是一切煩惱的根本，也是生死的根本，要由此清淨才能斷除。若未得此見，僅有出離心、菩提心，任憑如何修學，終不能斷任何煩惱。所以清淨見是大小乘一切道的命根，最為重要。

修此見法，先以四理或七相，觀察眾生無始時來所執的「我」，通達「我空」；再以四理或破四生等理，觀察眾生無始時來所執的「實法」，通達「法空」。四理就是：一，認識所破的我；二，決定我與五蘊的或「一」或「異」，二者必居其一；三，認識我與五蘊是一的不合理；四，認識我與五蘊是異的不合理。七相就是：一（「我」與五蘊是一）、異（我與五蘊是異）、能依（我依五蘊）、所依（五蘊依我）、具有（我有五蘊）、支聚（五蘊合聚為我）、形狀（五蘊組合的形式為我），從這七方面，認識執我的不合理，四生就是：自生、他生、共生、無因生（破四生的道理，本論引中觀諸論廣說）。以「四理」來破所執實法，先認識所執實法與構成他的支分，再以我和五蘊為例，照上述以四理破我的道理來破。既通達無始妄執的

「我」及「實法」空，再詳細推察緣起道理，得知諸法雖無性而有「緣起因果」。如果還覺得緣起因果與自性空各是一回事，就是還沒有真正通達中道深義。若是由見諸法因果緣起，就能破除內心實執，了達諸法實無自性，才是得了「中道正見」。這樣的正見，不只是由見空來破常執，而且由見有（緣起的有）的力量來破常邊；不只是由見有來除斷執，而且由見空（無實性空）的力量來破斷邊。這尤其是中道正見的特殊作用。

本論中士道以前一切法門，都是引生出離心的方法；上士道中廣說發菩提心、修菩薩行。〈毗缽舍那〉一章，詳細抉擇清淨正見。全部《菩提道次第論》，即以此三種要道，為主要的內容。

本論的特點

本論從「親近善知識」到「修毗缽舍那」，每一科都先依正理成立，次引經論證明，後引迦當諸語錄顯發，結出要義，多是前人所未道及。如克主傑（mkhos-grub rje）說：「阿底峽尊者所傳菩提道次第教授，如教典派、教授派等，雖有多種道次第論，要像宗喀巴大師的廣略二部論中所說的道之總體和一一支分，在過去西藏曾沒有任何人能這樣說出過，所以應該知道這是大師的不共希有善說。」今就本論突出的獨到之處，略舉數點：

一、修菩提心法

修菩提心法有多種，如《瑜伽師地論》說的「四因」、「四緣」、「四刀」等，都是指已種大乘善根的人說，才能由「見佛」、「聞法」、「見眾生受苦」或「因自身受苦」，便能引發大菩提心。若一般有情，未種善根，必須依教漸修，才能發起。發菩提心的教授，過去諸大論師，有時因機對境，略說數語，多不全面，本論將阿底峽尊者所傳各種教授，分為二類。其一，從金洲大師傳來的七重因果的教授：一，知母（思維法界有情都是自己的母親）；二，含恩（思維一切有情於我有恩）；三，報恩（思維當報一切有情恩）；四，悅意慈（見一切有情猶如愛子生歡喜心）；五，大悲（思維一切有情於生死中受無量苦，我當如何令其得離此苦）；六，增上意樂（恆常思維自己應該擔負令諸有情離苦得樂的重大責任）；七，菩提心（須具兩種欲樂：一，欲度一切有情出生死苦，二，欲成無上菩提。若但欲利他，不求成佛，只是大悲心，不是菩提心；若但求成佛，不為利他，只是自利心，也不是菩提心。菩提心，一定要具備「為利眾生」和「願成佛」的兩重意義）。從知母到增上意樂，都是修利他心的方法；已發起增上意樂，知道唯有成佛才能究竟利他，為利他而進求無上菩提，才是菩提心。在修知母以前，還須先修「平等捨心」為基礎，才能於一切怨、親、中庸（非怨非親）的有情，都容易修起「知母」等心。其二，靜天菩薩《入行論》中所說的「自他相換法」，就是把貪著自利、不願利他的心，對換過來，自他易地而居，愛他如自，能犧牲自利，成就利他。此法：

一，先思維修自他換的功德，和不修的過失（如由利他故成佛，由唯自利故只是凡夫等）。二，思維自他相換的心，定能修起（譬如父母精血，本非自身，由往昔習氣，也能起我執）。三，應對治二種障：（一）覺自他二身各不相關，應思維自他是相對安立的，如在此山時覺彼山是彼山，到彼山時也覺彼山是此山，不比青就是青，黃就是黃，絕對不同；（二）覺他人痛苦，無損於我，不須顧慮，當觀自他相依而存，猶如手足，足痛雖無損於手，但並不因此手就不治足的病。四，正修：（一）思維凡夫無始以來由愛執我所生過患，令我愛執未生不生，已生者斷，制不再起；（二）再進思維諸佛菩薩由愛他所生一切功德利益，令愛他心未生者生，已生已增長，安住不退。五，最後乃至出息入息，都修與有情樂，拔有情苦。這是利根眾生修菩提心的簡捷方法（修自他相換之前，也必須先修平等捨心）。

像這樣完備具體的修菩提心方法，是以前諸西藏語錄的教授所沒有的。

二、修止除沉法

修止有兩障：掉舉和沉沒。掉舉是心隨可愛境轉，其相散動，較易覺察，沉沒其相隱昧，很近於定，不易認識。修定的人，很多墮在沉沒中，還自以為住在定中，久了反轉增長愚痴和妄念。又有人把八大隨煩惱中的惛沉，誤認為沉沒；修定的時候，只要沒有惛沉，便自以為沒有沉沒了，因此就墮於沉沒中而不自覺。本論引《解深密經》說：「若由惛沉，及以睡眠，或由沉沒……」證明惛沉與沉沒性質不同。惛沉是大隨煩惱，其性或不善，或有復無記，唯是染污。沉沒是心於修定所緣的境，執持力弛緩，或不很明了。心雖澄淨，只要取境不很明了，就是沉沒。它的性是善或無復無記，非是染污。又引《集論》說「沉沒為散亂攝」，證明沉沒不屬於惛沉心所。又《集論》所說的散亂，也通善性，非唯染污。以這些理由，說明惛沉性唯染污，沉沒則非染污，其性各別，斷定惛沉絕不就是沉沒。修定的人，不但已生的沉沒應當速斷；在沉沒將生未生之際，尤應努力防止。本論詳細分析惛沉與沉沒的差別，使修定的人，能辨認沉沒，免入歧途，最為切要，對治沉沒的方法，本論引《修次第論》說：「心沉沒時，應修光明想，或作意極可欣（興奮）事佛功德等。」令心振奮；並廣引《瑜伽師地論》聲聞地，詳說對治方法。

三、修空觀的抉擇

修觀，是為引生聖慧，對治煩惱，所以最重要的是修緣空性（或名無我）的觀。正確的修法，要先求通達無我的正見，然後於正修觀時，就緣所通達的無我義而修觀察。到了由觀察力引生輕安，其觀即成。

當宗喀巴大師時代，對於修空觀，有很多不同的說法，歸納起來總有如下四類。

第一說以為：修空就是修諸法真理，諸法真理離是絕非，所以只要攝心不散，不起任何思念，無分別住，就與真理自然契合；不須先學空見，然後學空。此說起自唐時摩訶衍那（一個曾到西藏盛傳此說的漢僧），雖然蓮花戒論師詳加破斥，但宋元以來，西藏講修空的，仍多墮於此見。宗喀巴大師在本論中，對此抉擇甚詳（見「抉擇大乘道體須雙修方便般若」，及「毗鉢舍那」科中「抉擇真實義」，並「修觀方法」諸科中），今略摘述如下：一，若不分別住便是修空、悶絕、睡眠、無想定等，應該都是修空。二，若不起是非分別便是修空，眼等五識都不起是非分別，應該也是修空。三，如果攝心一處不起分別便是修空，一切修止的時候，應該都是修空。

他們有的人這樣說：「若先觀察所執的境，再來斷除能執的心，如狗被人拋石塊打擊，追逐石塊，不勝其煩。若攝心不散，不令起分別，一切分別即從自內心斷除，如狗咬拋石塊人的手，他就不能拋石塊了，這才是扼要的辦法。」本論對此說，廣引經論破斥。

如引《文殊遊戲經》說：「故瑜伽師，應張智眼，以妙慧劍敗煩惱敵，住無所畏，不應如彼怯人閉目。」又在《修次第論》說：「猶如戲時，不效勇士張目視敵所在而相擊刺，反如怯兵見他強敵閉目待死。」這都說明修空觀的人，必須先認清所執的境，再依正理通達所執境空，才能斷除妄執。若但不分別住，絕不能斷任何煩惱。本論喻之為：如於暗中誤認繩為蛇，生起恐怖，必須用燈燭來照，看清繩不是蛇，恐怖才能除去，若不看清，恐怖終不能去。

又引提婆菩薩說：「若見境無我，能滅三有種」；引《入中論》說：「分別依有實事（所執的境）生，實是非有已思擇」；「通達我為此（妄執）境已，故瑜伽師先破我」；又引《法稱》說：「若未破此境，非能斷此執」，這一切都說明必須先觀察所執的「我」等境空，才能斷除「我」等妄執，不是閉上眼睛，一切不分別，便是修空。

這第一種誤解，是修空觀最大的歧途，本論所抉擇的，極為扼要。

第二說以為：若未得空見，令心不起分別，這雖不是修空，但是只要得了空見，再令心無分別住，就是修空。本論斥之為：若依此說，先得了空見，後修菩提心時，應該也是修空。所以此說不合理。

第三說以為：未得空見固然不是修空；得了空見，完全無分別住，也不是修空；要每次修空之前，先用觀慧思擇空理，再無分別住，才是修空。本論指斥此說：如此，則「臨睡前先用空見觀察一次，再入睡眠，酣睡無分別時，應該也是修空」。所以此說也不合理。

第四說以為：以上三說，都不合理；唯認為要在修空觀前，先引起空見，再緣空性令心住定，才是修空觀。實際上緣空之見令心住定，雖是修空見，但只是緣空見的修「止」，不是修空「觀」。本論引《修次第論》說：「若時多修毗缽舍那，智慧增上，由奢摩他力微劣故，如風中燭令心動搖，不能明了見真實義，故於爾時當修正奢摩他。若奢摩他勢力增上，如睡眠人不能明了見真實義，故於爾時當修智慧。」這說明在修空的時候，止觀必須兼修，使止觀勢力平均，才能明了見真實義。若專修觀，不間修止，先得的止，容易退失，止退失了，觀也不能成就。但若只修止，不修觀，就完全不是修空觀的意義了。

這樣詳細分析這些錯誤，申明修空觀的正軌，尤為本論獨到之處。

四、安力世俗諦

般若部經、中觀諸論，都說「一切法都無自性」，所以學中觀見的，多偏於空，不善安立世俗諦，易墮斷見。本論說明中觀宗雖破一切諸法自性，但要安立無自性的緣起——世俗諦。安立世俗諦，要具備以下三個條件。

（一）**是名言識所共許**：名言識，通指一般人的眼等六識。名言識於境，只隨所現而轉，不再推求其境是否有自性。世俗諦法，必須是這種名言識所一致承認的。

（二）**無餘名言量妨難**：名言量，是指正確的名言識。如錯亂識見繩為蛇，他人不錯亂識見是繩非蛇，就不能安立錯亂所見的蛇為世俗有，因為與他人不錯亂識所見不同的緣故。

（三）**無觀真實量妨難**：觀真實量，就是觀諸法是否實有正量。有情由無明習氣的力量，見任何物時，很自然的便執為實有體性，如見房屋時便覺房屋是實有。房屋是名言識共許，也無餘名言量妨難。若不推求其是否有自性，也就不為觀真實量所妨難。因此所見的房屋，可安立為世俗有。但房屋是否實有體性，就要由觀真實量來判斷。以觀真實量觀察，就見房屋並無實體。因此有情所執房屋實體，不能安立為世俗有。

具備這三種條件的，才可安立為世俗諦。這樣安立世俗諦，既無實體，不墮「常邊」；也有因果作用，不墮「斷邊」。這是本論的一個重要特點。

本論的弘傳

宗喀巴大師四十六歲（一四〇二年），在惹真寺造《菩提道次第廣論》後，廣事弘講。五十六歲（一四一五年）在格登寺，為普利機，又將廣論中所引教證及諸破立省去，概括要義，造成《菩提道次第略論》（byan-chub-lam-gyi rim-pa chun-ba）。此後諸大弟子，或依廣論，或依略論，自行化他，利益很廣。

大師為策發徒眾，利於修行，又將道次第的建立，以讚頌功德的方式攝為四十五頌，此後作攝頌的有：

一、阿旺羅桑敦（fag-bbaṅ blo-bzaṅ chos-ldan，清初人），將全論編成頌文，約三千頌，文義明暢，便於誦持。

二、公薄智精進（koṅ-po ye-ses brtson-hgrus），就修行時思惟次第造成擾頌，約四百八十頌。

三、阿嘉善慧幢（a-kya blo-bzan rgyal-mtshan）作成一百九十三首攝頌。

其他作數十攝頌的很多。

後來弘傳本論的，更衍為講義式的略論。例如：

一、三世達賴福幢（bsod-nams rgyl-mtshan）大師，依本論攝頌而講的菩提道講義（byan-chub-lam gyi rim-pahi hkhrid-gser gyi yan-shun）。

二、班禪善慧法幢（blo-bzaf chos-kyi rgyal-mtshan）的安樂道論。

三、班禪善慧智（blo-bzân ye-ses）的速疾道論。

以上二種就正修時的觀行而講。

四、五世達賴的妙音教授論，攝義周詳，文詞精要，最為盛行。

五、智幢（ye-ses rgyal-mtshan）的講義（在文集第六函）。

六、後藏水銀寺法賢（dhrma bhadra）的講義（在文集第六函）。

七、青海霞瑪（shua dmar）大師的講義。

八、甘孜札迦（brag-dkar）大師的講義（在文集第一函）。以上第五～第八四種，都很精要，利於修持，也可屬於略論之類。

作註疏的有：

一、跋梭天王法幢（ba-so lha-dean chos-kyi rgyal-mtshan）的硃註；

二、阿旺饒敦（n̂ag-dban rab-brtan）的墨註；

三、妙音笑（hjam-dbyans bshad-pa）的黃註；

四、札底格什寶義成（bra-ti dge-bses rin-chen don-grub）的毗缽舍那註。

後來將此四家註合刊，成上下二函。但廣論中引有迦當派諸師語錄，多係方言或古語，四家註中多未詳解，後阿嘉永贊（a-kya yonshlzin），特錄出解釋，對學者裨益更大。

依據《菩提道次第論》中所指示的「六加行法」編成儀軌修法的，有阿旺羅桑（n̂ag-dban̂

blo-bzaṅ）（在文集第一函）、智幢大師、法賢大師、護教（bstan-skyoṅ）大師、札迦大師等，都著有六加行的修法，很便於初學。

本論漢譯經過

本論著成之後，就盛傳於西藏、西康、甘肅、青海、蒙古各地（藏文系佛教區）。但是數百年來，漢地的佛教徒，知道的很少。一九二六年留藏學法團同人在康定跑馬山，從慈願（byams-pa smon-lam）大師聽講略論。一九二七年大勇法師在甘孜講略論，由胡智湛居士筆記，錄成漢文《菩提道次第略論》；但當時未講〈止觀章〉，後由法尊補譯。一九三一年，法尊在拉薩從安東格什（a-mdo dge-bses）學「廣論」，後經歷三年，在拉薩、仰光及重慶漢藏教理院，陸續譯出，共二十四卷，一九三五年冬初版印行。

參考書目

- 《宗喀巴大師傳》（京主造及漢文本）
- 《菩提道次第廣論》
- 《菩提道次第略論》
- 西藏佛教各宗派源流（土官法日造）

·《青史》（童祥造）
·《西藏佛教史》（滾倫主等康熙三十一年編）
·三世達賴的講義
·班禪善慧法幢的講義
·禪善慧智的講義
·五世達賴的講義
·章嘉阿旺羅桑敦文集第一函
·智幢文集第六函
·札迦喇嘛文集第一函
·霞瑪大師的講義
·阿嘉善慧教幢的攝頌
·公薄智精進的攝頌
·跋梭天王法幢的菩提次第廣論硃註
·阿旺饒敦的菩提道次第廣論墨註
·妙音笑的菩提道次第廣論黃註
·札底格什的菩提道次第廣論止觀註

・阿嘉永贊的解釋名詞論
・各種六加行法

《現代佛學》一九五七年十二月

《菩提道次第廣論》的造作、翻譯、內容和題解

這篇紀錄稿是法尊法師於一九四九年三月間在重慶漢藏教理院講的，當時並承尊法師閱過。現在發表的題目和內容分段，未請看過。讀者可以從這篇稿裡看出：《菩提道次第廣論》是怎樣到內地來的，它的內容主要講些什麼，有什麼特殊的地方，它對於真正學佛修行的人有什麼必要和幫助，以及它為什麼叫《菩提道次第廣論》等這些意義。

——弘悲附誌

一

《菩提道次第廣論》是我在一九三四年由西藏回本院（漢藏教理院，下同）來隨講隨譯的。

《菩提道次第廣論》因為部帙繁多，每使學者很不容易聽得圓滿。記得我去西藏求法，一九二七年從甘孜拉惹巴師父聽廣論的〈止觀章〉時，起初聽講的人很多，但到後來只有恒明和我兩個人聽，後來恒明也離去了，連我一人也未聽完。大勇法師臨圓寂時很殷重地囑咐我，教我應去昌都從安東格什學「廣論」，學了以後，無論如何還要把它傳到內地來。勇法師並說，如果這部書能夠傳到內地，連我們進藏學法的三十人所受施主一切供養，都可消受得了而不白費。我遵勇法師遺囑，去親近安東格什。最初，他老人家也未即講授，到拉薩後，因有墀門噶倫作施主請他老人家講，我們二十三人（多為安師原有弟子）才得隨聽。不過，噶倫只聽到中士道便算了，其餘的弟子們也時常缺席，剩下我和札希兩人；不久，札希亦輟聽，只我一人聽完全論。就由於這種不容易學圓滿的原因，再加上講的人很多是詳講下、中士道和上士道的菩提心處而略〈止觀章〉，所以就是一般喇嘛也不容易徹底了解〈止觀章〉。但是，這部書對內地學者似乎有緣，就本院來說，從我翻出後，前後有許多人都聽圓滿；至於本院以外的人，勇師最初的略論在成都印行，一般已經有佛學根柢的人，喜愛得簡直難以形容，廣論初在本院油印，繼於武漢排印二千部，也是一散而光。勇師的遺囑我能完成，這是我足以自慰的。

二

這書，尤其是很難讀得懂。在跑馬山曾有過這樣的笑話：「與其聽止觀，寧揹石頭！」不過，難懂固然難懂，重要也重要，因為除了這部書以外，再沒有能把一切佛法總攝起來作為一個補特伽羅所必須的修行方法的。這裡，我可以擺一個故事，並順便說明本書的造作。相當於內地玄奘法師的西藏大譯師仁卿桑波，他畢生從事翻譯，學問的豐富，自然沒有話說。仁卿桑波晚年，當阿底峽尊者應藏王之請蒞藏弘法時，他請吃齋，起初阿底峽尊者問他所學，凡阿底峽所有的，他都懂得，因而讚嘆道，西藏有像你這樣的人，實在用不著我來了。但後來阿底峽尊者問到他怎樣把所學的拿來修行時，他說，所學法門很多，只可各門修各門的，各門按各門的儀軌去修。阿底峽尊者就笑起來了，他說，這樣看來，西藏還是需要我哩！阿底峽尊者為什麼這樣說呢？就是因為他有總攝一切佛法而為一個補特伽羅次次第第修行所必須的菩提道次第教授的緣故！

本書的作者宗喀巴大師，在得文殊菩薩加持而生起真正的中觀見以後，經多人勸請，根據《菩提道炬論》和阿底峽尊者的三傳弟子霞惹瓦的略注，再加以發揮和補充，遂成為我們現在所講的這部偉大著作《菩提道次第廣論》，著作的地點是惹震寺，時間為安居期中。後來因廣論過繁，利根人研究起來固有堪能，但智慧稍差的人，就難免望洋興嘆，又經弟子們的勸請，於中摘要而成略論。作者因為深得這個統一的、次第的修行的體系和精要，並以發願文的方式作發願攝頌，盡攝本論要義。這樣，關於菩提道次第的著作，作者宗喀巴大師遂完成著名的廣、中、略三書。此外，作者對菩提道次第的精義，還在其他地方常以各種方式加以提示和攝集，或十頌、八誦不等。

二

本論的作者宗喀巴大師，如前述是得文殊的加持而造本論的。文殊指示作者三個要點為造這部論的中心依據：一，出離心；二，菩提心；三，正見。今人所普稱道的「三要」，就是這三項事情。作者持此三要，再用上、中、下三士道的形式組成本論。

我們世間一般人，每天所想所為，不外乎「現世」，換句話，即眼前的快樂，「後世如何」這問題，從來就沒有想到過。然而一個人如果不顧及後世的長遠利益，就必然地連脫離惡趣、得生善趣的能力也會沒有，更談不上真正的佛法。因此，要用種種的道理改造常人的心理，使能發起犧牲眼前快樂、注重未來長遠利益的棄惡因、播善種的意樂和行為，就是說，先把學者造成一個很有把握地離惡趣而生善趣的人，作為堪修佛法的基礎，這是很重要的。這就是下士道的作用。

僅僅這樣一個能修世間善法的下士，還是談不到真正的佛法，真正的佛法是要厭離整個三界生死而求出世的個人解脫，和基於個人解脫而解脫他人的聲聞乘法和菩薩乘法，因此，就必須在下士道的基礎上進一步說明整個生死輪迴的可厭。例如說：三界最高處所的「非想非非想處」，也不過八萬大劫的享受，而這享受的本身且是「行苦」，何況劫滿還有墮落的危險呢！用這樣的道理使下士學者能夠透過三界整個生死輪迴，對之作通盤的考察和厭離。這就是能夠引發「出離心」而徹底解決生死問題的中士道。

中士道的學者已有自己解脫的能力，唯能自己解脫者才能解脫他人，沒有中士道的能力作基礎的人是不可能作利他的事情的。把一個學者由中士道引入上士道的理由是必須告訴中士：自己之所以要出離三界，完全是因為自己已經確認在整個生死裡，沒有哪一個地方是真正「安身立命」之處，哪怕小到像針尖大的地方也是找不到的；推己及人，三界一切眾生也完全同自己一樣，如果不出離生死，隨時隨地就只有痛苦，絕無快樂。由這點出發，想使一切眾生也同自己一樣地得到解脫，於是就去謀求能夠利益眾生的方法。又深知只有佛陀才能徹底利益眾生，於是就去謀求能夠成佛的方法。這樣，「為利眾生願成佛」的「菩提心」就有可能發起，有了菩提心，就有資格修大乘菩薩行了。這便是上士道的情形。

但是，依於出離心而發菩提心的上士，主要地要靠什麼工具和應該怎樣才能斷煩惱而利益眾生呢？這就是，只有在聖教中求得不共的「中觀正見」！因為只有正見這個東西，才能斷煩惱，才能使自己無我、純潔和正確地利益眾生，所以本論接著用很大的篇幅來特別抉擇正見，這就是〈止觀章〉。

四

《菩提道次第廣論》由於有出離心、菩提心和中觀見的精要，由於有下士道、中士道和上士道的嚴密組織，就有下面這些特點：

（一）能夠把一切聖教都無餘地賅攝起來，並且都作為實際修行所必須。

（二）這種總攝是以三種士夫為次第的，因此，雖然總攝一切佛法於一身，但是，並沒有使人無從下手以及不能完成整個修行過程的雜亂和不實際的缺點，而確實是切合「實修的次第」的。

（三）作者在正論之前先對他這部著作所根據的「道炬論」加以說明和稱讚：①說明「道炬論」的作者阿底峽尊者的殊勝，使學者因勝人而慕勝法；②說明「道炬論」能攝盡一切聖教，使學者知勝法而起勝行；③說明對於這樣地勝法應該怎樣地講說和聽聞的規矩，使法師和學者能共知行儀而都得實益。

（四）本論的一切理論，並不是任何沒有真正了解佛法的人自作聰明地杜撰出來的，而是上自佛陀、下至一切真正得佛心要的祖師們所遞相傳來的；本論述列的修行「教授」，也是古人實修實證的結果，從來源說，作者雖然是述古，但從實踐說，這些「教授」也是作者經過自身的實際修證的，並非徒托尋思所設構的。

（五）本論的教授是用這樣地方法來組織的：先具體地說出教授的事實，接著對所說的事實用正確的理論來成立，最後援引聖所說教作證明。這就使得一切真正信仰佛法並有佛法知解的修學者不能不接受本論的教授，而這也就使得本論的教授不是可以隨意變動的。

明白了本論的主要內容和它的特點，我們就可以非常容易地來理解本論的題名了。

五

本論題名，也可以依照通常的方法分總、別兩方面來講。

「論」是總名，它表示這部書不是三藏的經和律，而是屬於論藏的。「論」的梵音叫「嗄噠」，有改除和開顯兩種意義，就是說，論的作用能使學者改除過惡，能給學者開顯諸法真理；玄奘法師所謂「抉擇性相」就是開顯的意思，所謂「教誡學徒」就是改除的意思。凡是真正的論必須具有四種功德：有法、有義、對治生死、趣向涅槃。論也有通、別之分，就通義講，一切經教皆可名論，因為一切三藏教典都具有改除過惡和進修善法的兩種意義；就別義講，只有根據佛經而造作的論典才名為論。

《菩提道次第》就是別名，因為這部論沒有講別的東西，它是專門以菩提道次第為所論的內容的。

「菩提」是梵音，古譯「覺」「道」「智」「證」，但實際上應以「清淨了解」的意思為比較確切。清淨是清淨障礙，了解是了解諸法真理，因為有障礙就不能了解諸法真理，要了解真理就必須清淨障礙。但是，實際上所謂菩提，主要地還是指的了解，清淨的意思是附帶的；而且這裡的菩提是指的通達諸法真理的「果智」，這種果智有聲聞的、獨覺的、佛陀的三種差別，而在這裡，又是指的佛陀的果智，就是通常所說的「無上菩提」。

無上菩提是修行人的最高最究竟的目的，要達到這個目的，必須有確切可靠的方法，方法就是「道」。道是能往的意思，也有通達的意思，通達無礙能往目的，就叫做道。世間上說，從開步走的地方到達終極目的地中間所經過的行程，就叫做道，但修行人對於所行的痕固然可以叫做道，對於能行的力量也可以叫做道。原來一個人從凡夫到成佛的整個修行過程，實際上是全靠這個人身內智慧的改造的，就是說，真正所謂修行，它的主體是智慧，這種智慧對修行的補特伽羅來說，也叫做道。這裡所說的道，包括形式方面和內容方面的東西。我們通常所說的四念住、四斷……這些東西是智慧所依的形式，是道的方式而不是道的主體，道的主體是按照佛陀所說的四念住等修行方式去修行的智慧，也是在佛所說的修行方法和修行人補特伽羅自身中間所出現的心理狀態和心理的改變情況。關於道的解釋，《俱舍論》等說得很詳細，可以參考。

佛所說的修行方法很多很多，但是其中沒有一件不是成佛所必須的，所以任何人要打算成佛，就必須完全地修持佛所說的一切修行方法。這裡的問題是：方法很多而又必須全修，但是實際上修起來，哪一種方法應該在前面修，哪一種方法應該在後面修，這都是有著一定先後秩序而又互相關聯的次第的。這就表明，凡修菩提道，第一，對於一切真正佛說的修行方法（道）無論多少，必須完全具備，不缺任何支分；第二，對於完全具備的很多很多修行方法，必須秩然有序，不亂任何步驟。我們對於這樣又完全又有步驟的道叫做「圓滿清淨」之道。這就是本論題目上的「次第」二字的意思。

總起來說，菩提是所求的極果；能夠滿足修行人的要求，使他得到所求極果的方法，就叫做道；對於道的一切支分，必須又圓具又不亂，這叫做次第；本論專門講說從一個純粹的凡夫次次第第地、圓滿地修持足以得到究竟無上菩提這中間所有的道的次第，所以叫做《菩提道次第論》；「廣」字是一個形容詞，沒有什麼特別的意思，就是為了簡別作者所作關於《菩提道次第》的略論，所以叫做《菩提道次第廣論》。

一九四九年三月十三日記於重慶漢藏教理院第一講堂

《現代佛學》一九五四年十一月

唯識

「唯識三十頌」懸論

游隆淨記

造論之主

凡是學一種言教，對於建立這種言教的人，要知道他的歷史，才容易生起淨信，所以在講《唯識三十論》之先，對於造論主，先要說一說。

《唯識三十論》是世親菩薩造的，世親菩薩的時代：有說在佛滅度後八百年的，有說一千年的，總在八百年至一千年之間。世親菩薩初從《一切有部》出家，因為發揮小乘，就常常駁難大乘，後來加了一點「經部」的知見，對於小乘就有點感覺不滿，這是從菩薩所造《俱舍論》裡見得到的。菩薩的哥哥，就是無著菩薩，是弘揚大乘的，趁此就勸菩薩捨小歸大，世親菩薩得了大乘的知見，深悔從前謗大乘的罪過，便要割掉他的舌頭來懺罪，無著菩薩才止住他說：你的謗法不是你的舌根獨自造的罪，即是你的舌根獨自造的罪，把它割掉也懺不了，不如留著你的舌根，來弘揚大乘教法。世親菩薩對於大乘教法唯識宗的功績，恐怕還在無著菩薩之上，無著菩薩造的關於唯識的論，《攝大乘論》最重要，世親菩薩造的《二十唯識》、《三十唯識》兩論最為重要，《二十唯識》重在破他，是真能破；《三十唯識》重在立自，是真能立。《二十唯識》，菩薩既造了頌，復造了注解；《三十唯識》，只造了頌。造注解的有十大論師，見解在枝節上時有不同，那一家的見解，才是菩薩的真正意思，便頗費考究了。

佛法和學佛法的人

要講唯識，先要知道唯識所破的法是什麼。唯識是破小乘的，所以對於小乘教法，應該知道一個大概，因此把整個的佛法，概括的說一說。什麼是佛法？如何才是學佛的人？

凡是佛法，必合於幾個條件，合於這幾個條件的言教，就是佛法。這幾個條件叫做法印。

一、三法印

有說三法印的，謂諸行無常、諸法無我、涅槃寂靜。有說四法印的，再加上有漏皆苦。這四句話，只有佛法如此說，凡是外道絕不如此說的。諸行無常，不但大乘說諸行無常，就是小乘承認有極微，也說他是剎那生滅的。不說有為法常住。可是佛法，必說諸行無常，說有常住之行者，便非佛法。大小乘通說有漏世間三種苦：苦苦、壞苦、行苦。苦苦是一切有情都知道的。壞苦，凡夫就多不知道了，口頭儘管說知道樂必有苦，但是樂境當前的時候，那一個凡夫又能拒絕了不接受，說這是苦呢？不唯不能拒絕，反用盡心力去追求這個壞苦。至於行苦，更不能知道了，所謂行苦，就是有情受煩惱惑業的拘束，不能自由的苦，隨著自己所造的福、非福、不動三業，漂流生死，永無了期。外道有知道壞苦的，如中國老莊的不貴難得之貨而求無為，印度數論的觀察自性，勝論觀實德業，但是他們也不過造些不動業而已！即使成就禪定，仍在三果之內，絕沒有知道有漏皆苦的。

大小乘通說涅槃寂靜。凡夫是絕不會說涅槃寂靜的，外道最高，只說禪定，至非非想處，沒有說到涅槃的。

大小二乘都說無我，大乘具說二無我，小乘但說人無我；但最高一點的「經部」也說法無我。凡夫和外道，執著有法我不必說了；就是人無我，也不會說的。

這四法印，就是佛法的條件，合乎這四個條件的言教，就是佛法。如何才是學佛的人？最初是用四法印做標準，得到四法印的知見的人，便算是學佛法的人。但是這樣的人是很少的。

二、三皈依

依著阿底峽尊者的教授，就用三皈依來印學佛的人，凡是得到皈依體的人，都是佛弟子，沒有三皈依的人，就使他讀盡三藏十二部聖教，只是當學說研究研究，不算是學佛的人。

三、四宗之見

其次西藏所傳，對於佛法的四大宗派，要得到一派的知見。四大宗有大乘二宗、小乘二宗。大小乘知見的差別，就是小乘只說人無我；大乘兼說法無我。大乘不許有對境外色，小乘許有對境外色。小乘又分「有部」和「經部」，他們的見解大體有三種不同：一是四諦的解釋，二是三世法的有無，三是四大的是否實有。「有部」說二諦，凡一法用觀慧去分析之後，遂失去它先有之相的觀念者，便是世俗諦；如一張桌子，斫成幾塊，不會還是「桌子」，不會再起桌子「觀念」，這一類的法便是世俗諦。若依法分析之後，不失它先有的觀念，便是勝義；例如青色，無論分析得如何微細，青相不會失掉，不會另起別色的覺念，這便是勝義諦。

「經部」的勝義諦，指有自性不待名言安立的法；世俗諦，指無自性要待名言安立的法。勝義諦是有為，可以表詮及契證；世俗諦是無為，唯可以遮詮顯示，不唯與「有部」不同，也和大乘二諦，恰恰相反。

「有部」說極微實有，剎那生滅，是地水火風色香味觸四大四塵和合成的，顯色實有，形色也實有。「經部」說極微只是色香味觸和合成的，地火水風四大也是以四微為體，只許顯色實有；形色便是假有。

「有部」說三世之法，皆是實有。他說沒有「過去」的因，「現在」是誰的果，沒有「未來」的果，「現在」是誰的因，若無實有的「過去」，則因果都沒有了。故說實有過未之法。「經部」說實「過去」「未來」的法，不是實有。過去的因若是實有，何以說已經過去？未來的果若是實有，即不須再為生起，更無須現在的法作因了。說過未是實有，便壞因果。即此現在之法，觀待過去法，說它是果，觀待未來法，說它是因，不待過未實有，自成因果。這是小乘兩宗差別的大概。至於大乘唯識宗，不唯說過未不是實有，現在的對境外色，也不是實有。唯是識上所現的影像罷了。

中觀宗師即用唯識破外境的方法，破他內識實有之說，連識也不承認識實有。學佛的人，對於這四宗的知見，必要得到一宗。在大乘各宗不屬於中觀，必屬於唯識，就是修淨土，學禪宗，也不能例外。屬不屬於某一宗的人，要看這人有沒有那一宗的知見，不是看他讀未讀那一宗的書。沒有得到一宗知見的，就把三藏十二部讀完，都不算屬於那某一宗的人。故是否某宗之人，當以有無彼宗之知見而判別審定了。

凡學佛人之正見，在大小乘四宗之內，必屬於一宗，就是在婆沙、經部、唯識、中觀四宗的知見，必須得到一種。就是修密宗的人，也不能例外的。龍樹無著，不必須說了，例如蓮花生大師，是中觀的「知見」，阿底峽尊者也是中觀「知見」，金洲大師、馨底跋大師等，則是依唯識的「知見」，修密法了。凡是大乘人，總須採此二宗見解之一為主的。

唯識大意

「俱舍」和「經部」的見解，前面說了一點。現在須將「唯識」的大意略說一說。「唯識」的大意，是說不離識的境有，離識的境是沒有。並不是不承認有境，只是不承認有離識的境。所以唯識宗承認識是實有的。如果說識也是假有，便入到中觀宗的範圍之內去了，便是中觀，不是「唯識」。

言詮與義相

一切諸法可以用兩種言說的方式來表示，謂表詮與遮詮。諸有為法的自相，比較容易用直接的語言去表示它。如說青，可以直接表示是青色，這一種是表詮。這與普通的直覺一樣，不假遮餘，便能顯示自體，及得到自體了。諸無為法或共相，則不易用語言直接表示，就須用間接表示的方法，把與此法相反的，或非此法的法遮遣去了，此法的行相，才能顯的出來。如說「無常」，無常的「相」，很難表示出來，只有把常遮遣了，無常的相才能顯現。這種就是遮詮。真如與我等皆是這樣。「唯識」的唯字就是遮詮。以遮無外境，而顯有內識。所以欲說「唯識」，應將外境先遮遣去，「唯識」之理，才能顯現。「唯識」和小乘的不同，就是小乘執有外境，「唯識」駁無外境。「唯識」破小乘的外境，大約就是這樣破法。

破小乘實執

第一問他所執的外境，是粗色還是細色？若是粗色，必定可以分析。可以分析，就不是實有。如說一本書，把它一頁一頁撕開來，就不成其為書了。再說，點一個火把他燒了，更不成其為書了。書如此，其他粗色可以類推。可見粗色的外境，不是實有。若是細色，就問他這細色，有沒有方向分位？若有方分，和粗色一樣，可以分析，還非實有。小乘所執的細色、極微，是沒有方分的。但是唯識宗人說：這個話說不通。極微沒有方分，絕不能和合起來，成為粗色。試問兩個極微和合的時候，是兩個極微只有一方相接，和我手裡珠子這樣兩個並著呢？還是兩個極微的全體都相合呢？

若兩個極微只是並排著，只是一方相接，有相接的一方，還有不相接的一方，那麼，極微仍是有方分的。若是兩個極微全體都相接沒有一部分不相接，那麼，兩個極微便合成一個去了。兩個極微和合，只有一個極微大，三個極微和合起來，還是只能有一個極微大。推下去，推上百千萬個極微，也只有一個極微大，便永不會成粗色。若兩個極微並不相接觸，不相接觸，如何能說極微，和成粗色呢？即使不相接觸，也應該說這個在那個的東邊，那個在這個西邊，也不會沒有方分的，說是粗色，便不會實有，說是細色，又說不通。所以外境，定非實有，還有一種破法，是從所緣緣去破的。如說眼識，他的生起，必定要具足四緣。四緣當中，有一個就是所緣緣。所緣的意思，就是說，若一種法能生緣自識上的影像，為識所攀緣。如遠處的色，儘管存在，我們的眼識看不見他，不起他的影像，他就不能為我們眼識的所緣了。緣的意思，就是能引生識體的法，必定要實有的法，才能為其他的法作緣。這是唯識宗以下共同承認的。唯識宗人可以這樣問小乘說：你所執的外境，絕不能作所緣緣。試問作所緣緣的外境，是粗色還是細色？若是粗色，縱可說是所緣，而不是緣。粗色雖是眼識緣的得到的。但粗色是可以分析的，可以分析，就不是實有。不是實有，就非是緣了。若說細色，縱使是緣，也不是所緣。極微是眼所不能見的。識上沒有他的影像，縱是實有，也不是所緣了。

這樣說來，外境必非所緣緣。唯有內識變起的相分，才是所緣緣。阿賴耶識變起根身器界，為前六識作疏所緣緣。六識自己的相分，為自識的親所緣緣。所以「唯識」只許有實粗色，不許細色實有。粗色是由識上頓時變起的，不是極微和合而成的。極微觀察粗色，分析粗色，假立一個分無可分的極限，名曰極微。這樣就把識外的色破掉了。百法裡面，心王即是識，心所也不離識無須說了。色法破了，還得破心不相應行。「俱舍」說，不相應行是實有。大乘說，不相應行，不過是色心分位差別。「俱舍」說不相應行，第一個就是「得」。這個得，只限於有情數攝，及擇滅無為。如像一個有情，生來有兩隻耳朵，一對眼睛，他變得了兩隻耳朵，得了一對眼睛。他有一個什麼，便有一個什麼的「得」。

大乘說，像你這樣說的得，與勝論外道說的大有性，差不了許遠。他說大有，有一切法；你說得，得各各的法。根本並沒有差別的。大乘說即是諸法不無，便名之為得，沒有一個實有的得，小乘又說，經言阿羅漢成就無漏十法，名為得。可見得是實有。但唯識宗人說：經上也說轉輪聖王，成就七寶。這七寶，有馬寶、象寶、輪寶、珠寶、妃寶、將寶、臣寶。輪寶、珠寶是非情，其餘的是他有情。你說得，只限於自有情世間，又說成就即是得。轉輪聖王，不識也成就非情的輪寶和珠寶，及他身的有情嗎？破得如此，其餘的異生性等都可例破。不相應行破了，無為只是諸法的實性，更不會離識實有，即是現見可得的法，尚不離識，其不可現見，不可得的法離識，誰能信受呢？

建立阿賴耶識

離識實有的諸法都破完了，但是唯識宗仍承認種子是實有。於是不得不建立內識實有。為立種子所依故，也不得不安立阿賴耶了。小乘裡面，「俱舍」承認過去未來都是實有。過去未來的法都存在，當然用不著建立阿賴耶來攝持種子。但是「經部」不承認過去未來是有實，只許實有唯屬現在，於是問題就來了。唯識宗，對於他的不承認過未實有都很同意。但是，既無過未之法，則必須另立個攝藏種子的地方。除了建立阿賴耶外，沒有其他的法能夠持種。舉例說吧！

色法不能持種。若使色法持種，生無色界的有情，他的種子攝在何處呢？

不相應行，不是實有，當然不能持種。

無為法也不能持種，若能持種，便有作用。就是有為，不是無為了。

心所有法，不能持種，因為他是隨心而轉，不自在的。

六識也不能持種，因為六識，常有間斷，六識間斷的時候，以什麼持種呢？

第七識不能持種，因為第七識是染污意。不能為淨法所依止。逼到末了，便不得不承認有阿賴耶識受熏持種了。

抉擇三性

唯識宗既把離識的外境破完，建立唯有不離識的境界。如護法菩薩的見解，便說相分是實有的了。既許相分是實有，就有下文幾種問題。講「唯識」不能不講三性，既講三性，計所執一定是有的。若沒有計所執，就只該說兩性，不該說三性了。若有計所執者，又為什麼說沒有計所執，就是圓成實呢？假使有計所執，計所執屬不屬於依他起呢？依他起又是不是實有呢？唯識宗說依他起是實有的。但是又說依他起如幻，既是如幻，就不是實有，何以又說是實有呢？當知唯識宗說的如幻，與中觀的如幻不同。中觀的如幻，是緣生如幻，緣生便無自性，無自性故非實有。唯識的如幻，是說如幻師幻作象馳，用竹木瓦石，以咒術加持，眾人看去，似有實象實馬。實象實馬雖沒有。幻所依的事是實有。所以唯識說的如幻不違實有。顯了的說之，就是自識的相分，現似外境，這外境非有似有，故如幻化，其相分，即如某竹木瓦石，幻化所依的事了。相分是依他起，是實有，因為他非外而似外，說他如幻，故這個如幻與實有，沒有什麼相違。至於計所執，是否屬於依他起，我們可以想得出來的，能計的就是分別，分別就是心，心就是依他起。所以能計的心是依他起。有能計的心，必有它所計的境，為所緣緣，所緣緣，就是自己的相分，故所緣緣，還是屬於依他起，也應是實有的。既能計所計都是實有，何以計「所執」的不是實有呢？此待後答。又計執，就是法執，謂執心外之境。本來有情所緣得境有二：一疏所緣緣，是阿賴耶識相分，二親所緣緣，是自識的相分，都沒有識外的境。但是有情見有識外之境者，是由無始以來的法執熏習，沒有外境，誤以為有外境，如像這張桌子，本是剎那生滅，我們曾看見桌子是常住的，也是法執熏習。本無外境，執為有外境，所執的外境，是不是有情執著心所現的「相分」呢？若是相分，則是實有，何以又說計所執非實有呢？又計所執若非實有，何以護法菩薩說相分實有呢？又若說計所執是相分，相分便不能定是實有，護法菩薩的見解，豈不是可以推翻了嗎？護法菩薩不是這樣容易被難倒的人，護法菩薩說：現似外境的「所緣相」是有，其所執之「義」則無，這樣就可以答覆了。

偏計所執相，究竟是有沒有呢？當說一部分是有的，一部分是沒有的。如六無為中，除真如所攝，可以用智親證自體者外，都屬計，因為他們都是唯待名言安立的。這一部分是屬於有的。如所執實有的外境，則是沒有的。故計所執中，可分二分。何以說名言都是計呢？唯識宗入「真見道」以前，不是有四尋思觀四如實智嗎？四尋思裡：名尋思、義尋思、自性尋思、差別尋思。所謂名尋思，就是尋思名言唯是假立，與事實並不相稱的。就是《攝大乘論》說的，「由名前覺無，多名不決定」的意思，由名前覺無者，如桌上的花，未給他安立花的名以前，看了此花，絕不會知道它叫作花。再說：如有一種從外國來的花，未給他安立名稱以前，不會知道他是什麼花。如果我們給他隨便起一個名稱，就說「牡丹花」吧，立起這個名稱，我們便叫它牡丹花了。至於一個人，我們也可以給他起一個名字，叫牛。未見得這個人會是牛。如果有兩個人同名的話，未見得兩人會成一個人。如一個人有三、四個名字，也未見得一個人會成三、四個人。可見「名」與「體」並不相稱。可見名言唯是假立。這樣也就推想一切法唯識的道理了。

四分唯識

唯識宗大概的意義，已經說完，還有要附帶說一說的。就是「唯識」在印度，本來不僅一家。註的，就有十大論師，在中國，似乎只有玄奘法師的才是「唯識」，因為我們只知道這一家的緣故。中國講「唯識」的，都說識有四分。種子有本有和新熏二俱。西方講「唯識」的人，並不一致，安慧說只有見分。難陀說有相見二分，陳那在相見分之外，更成立自證分以為量果。護法菩薩更成立證自證分，與自證分互為量果。固然以護法菩薩的意義為圓滿，但是未見得只有見分，就不能成立「唯識」。說有見分，便包括了與自一體的相分，不致有很大的過失。有二分三分，更不待言了。

種子與種姓

至於為什麼要成立本有種呢？若不說本有種子，便建立不起五種種姓決定，假使二空智種是新熏的，無性有情也可以熏起二空智種，小乘種姓也可以熏起法空智種，便沒有闡提種姓及定性的聲聞獨覺了。

若沒有新熏種子，更不得了。如說一個有情，造了無間業，定墮阿鼻地獄。這人的墮地獄種子，一定更新熏。何以呢？若此人本來有地獄種，他該永遠在地獄裡，不會爬出來。既然出來了，當然沒有地獄種，他便該永不再到地獄裡去。他要到地獄裡去，地獄種定是新熏起的。換句話說，沒有新熏種，墮地獄便該永墮地獄，生天的便該永遠生天，便沒有善惡因果，成大過失。因此唯識宗便成立有本有、新熏二種，說本有種注重在無漏種，說新熏種注重在漏業種。但是也有說只有新熏沒有本有的，也還是講得通。本來說沒有本有種子，不過和五種種姓的說法衝突。有些人根本就不承認有五種種姓的分別，他說五種種姓，僅就現前假立，究竟同歸一乘。如是道理，亦應安立。

法稱論師等，就是不主張究竟種姓決定差別的。試問菩薩發心是如何發起的呢？當知發心是大悲為本，大悲心是由觀眾生苦熏起。觀眾生苦，先要觀眾生如我父母？（或者不如說觀眾生如我兒子，因為對於父母馬虎的人多，對於兒子，可以說沒有一個父母，不把兒子的痛苦當自己的痛苦的。）觀到一切眾生的痛苦，如自身的痛苦，大悲生便生起了。生了大悲心，自然能引起大菩提心，謂為欲拔眾生苦故，而希求成佛的心，誰能令他不起此心呢？有了菩提心和大悲心，你怎能叫他不得正見。你能說他「唯識」學不懂嗎？若能學懂便能熏成正見，有了正見，怎會不證見道，不成就大乘佛果？所以法稱論師等，根本不承認有種姓差別，也不承認有本有種子。

說有闡提種姓，還有一種危險。誰能自己斷定是不是闡提種姓呢？萬一我是闡提種姓，縱然修出世法，修到百千萬劫，仍然不得出離。不是白下辛苦嗎？參禪的人，如果是闡提種姓，不是百劫千生，永遠也不得開悟嗎？如此的說法，會使眾生疑懼，很是危險！然則何以佛說有闡提種姓呢？有兩個解釋：一說，闡提種姓，指尚未熏起無漏種的人。一說，佛說有五種種姓，是勉勵大乘人，始免退墮的。這便是順理行唯識家的主張了。

抉擇五法三自性

唯識宗人的知見，是只空對境外色，不空內識，前面已經講過了。但是有些人不承認，以為唯識宗的知見，是連內識也空了的，便混入中觀裡面去了，若說唯識宗也空了內識，試問有只空外境未空內識這樣知見的人，屬於那一宗的見呢？恐怕除了唯識宗，其他那一宗也不屬？要知道解深密說無自性，和般若說無自性，本不相同。不能因為解深密說諸法無自性，就說「唯識」和「中觀」相同。「唯識」說三性都無自性，是這樣說的：初即相無性，次無自然性，後由遠離前所執我法性，計所執是相無自性，依他起是生無自性，圓成實是勝義無自性。依他起的無自性，是說他不自然生故，謂之生無自性。圓成實的勝義無自性，是說圓成實既是勝義，又是計所執無自性所顯出來的。就是說圓成實既是勝義也是無計所執的自性。如說牛本身是牛，同時也沒有馬的自性，就叫他做牛無自性。所以唯識所說依圓無自性，是下得有界說的，其實是說依圓有自性，只有計執才無自性。

有些人說：唯識宗說有，是依世俗說的；若依勝義，還是說諸法皆空。但是《瑜伽師地論》攝抉擇分，抉擇五法時，又明明說真如正智是勝義有，可見唯識正義，還是沒有說諸法空的道理。

相名分別正智真如，五法裡面，真如是圓成實攝無問題，正智可是圓成實攝亦可是依他起攝。相大約是依他起攝，名分別大約是計執攝。各人查一查瑜伽就知道！我說相亦可攝於計執，名是以聲為體，分別以心為體，也可攝於依他起，為什麼呢？這個道理，讓各人去想好了。五法裡面，不屬於依他的。可說很少，計圓成都是依於依他的，若沒有依他的所依，也沒有計圓成的能依了。圓成勝義是有，即難說依他沒有；若他是有，即難說五法沒有。唯識上自性空的法，也就很少了。

有些人說：「唯識」說有，只是假有，並不說有自性。這與由假說的我法，完全是一樣的假立了。這種假有，又走到了「中觀」裡去了，假有，在中觀宗中也承認的。若是月稱還稍稍辯難，若是清辨直截就承認了。

三轉法輪與了不了義

《唯識論》已說假法不能為種子作所依，反面就是說種子的所依，必是實法。阿賴耶識，為種子作所依，當然是實有。種子既是實有，種子生起的現行，也不會非實有。種子是阿賴耶的相分，種子相分既是實有，更不能說見分自證分非實有。阿賴耶的相見等分是實有，七轉識的相見等分也該是實有，同是識故。如像一家弟兄，不應該那一個的勢力大些便是實有，勢力小些便非實有。所以不獨識是實有，就是不離識的色，也是實有。一般講唯識的人，籠統一點，就說色都是沒有的，不分清離識不離識。這樣一來，就與現量相違。小乘外道尚且不說唯現量的話，何況大乘唯識教呢？簡單的說，深密若說諸法皆空，便與般若全無差別，如何還說是非有非空了義之教呢？

本來三轉法輪之判了非了義，也就很難。唯識宗說：初在仙人墮處施鹿林中，初轉法輪說小乘教，落於常見。次於鷲嶺二轉法輪說大乘般若，落於空見。第三在廣嚴城等處說解深密等，才說非有非空了義之教。一般學唯識的人，都知道這個說法；但是如何是墮常的有？如何是墮斷的空？如何又是不墮二邊的非有非空？少去理會。就依《解深密經》來說吧！《解深密經》說佛初轉法輪時，說色蘊自性、色蘊生、色蘊滅、知永斷等；如是列舉五蘊十二處、十八界、四食、三十七菩提分法等自性差別。二轉法輪的時候，說諸法無自性、無生、無滅、本來寂靜、性淨涅槃；於是皆稱讚是甚奇希有，但是稱過後，仍然說是不了義，又說第三轉法輪的教法，但第三法輪仍然說諸法自性無生無滅本來寂靜性淨涅槃，這第三時了義之教與二時的不同，又在何處？

第一時說五蘊四諦等，唯識宗能不承認有四諦吧？說四諦舉五蘊乃至八聖道品為例，唯識能不承認五蘊等是有嗎？既然初時所說的法，唯識承認有，豈能說五蘊等依他起法是無自性嗎？若有自性，何以說初時說法落於有邊，墮於常見，是不了義？

第二時說諸法無自性，第三時說諸法無自性，差別又在那裡？沒有差別，如何又說第二時教落於無邊墮於斷見，是不了義？既是初時二時都非了義之教，那麼這三時了義之教，對於初二時教，自當有所補充解釋；對於第二時教所補充的意思，就是說計所執是無自性，依他圓成是有自性，算是加了一個註解。至於初時教之有，那一部分當有，那一部分不當有，《解深密經》中沒有解說。若以三時來判教，自然應當把一切佛法，都攝入三時教中，佛成道後第一次說法教弟子，曾教憍陳如等五人，把裙子穿整齊，這算不算教呢？

又佛悟道以後，不動道場，就說了一個偈子，佛說我所證得的法，是甚深是寂靜是光明是無為。如此的甘露妙法，是很難有人信解的。佛說涅槃是甚深寂靜光明無為，是不是了義教呢？若是了義教，是不是第三時教，豈不成為轉第二法輪之前，先轉第三法輪了。又佛臨涅槃的時候，給弟子說，凡順清淨的，都是應當遵守的，違清淨的，都是當戒的，這教法是不是三轉法輪，是不是了義呢？這是佛最後說的教法，此不了義，誰能更說？

唯識宗內部爭執

「唯識」的問題是很多的，不單與他宗辯論如是，就是本宗內部亦有許多辯論。如像前面說的一分家二分家三分家四分家，便是一例。中國因為奘法師譯成《唯識論》，揉取了護法菩薩的學說為主，兼收他家之長，就認為只有護法一家是「唯識」正義，其他都不是「唯識」，這是大錯特錯。凡是承認沒有心外之境的，都是「唯識」知見。十大論師的學說，在印度是並行的，因為奘法師譯《唯識論》的時候，窺基法師添加了一點意見，說本來十大論師的見解在印度就常起諍論，要是一起譯到中國來，不是中國的學佛人，也要興諍論嗎？這是窺基法師免眾生諍論的意思，玄奘法師採納了，便選了護法的正義來譯。所以中國學「唯識」的人，只知有護法，而說其餘各家都不是「唯識」正義。

阿底峽尊者，也有一段這樣的故事，阿底峽尊者是大眾部出家的，西藏向來傳的事根本《一切有部》戒，有人欲從尊者請受戒，尊者很願意將大眾部的戒傳給這人，尊者有一個弟子叫種敦巴，向尊者說，別的法部都可傳，大眾部的戒不可傳，因為西藏向來傳《一切有部》的戒，沒有諍論。若傳了大眾部的戒，不是就要興起諍論嗎？所以阿底峽尊者就沒有傳戒，這都是為免眾生諍論的意思。就「唯識」宗內還有多種派別，就是一識同時可緣多色的問題，有的說一時只能有一識，一識只能緣一色。有的說雖只一識，但一識可緣多色。有的說一時可有多識，同緣多色，即一時可緣多色，如說一時，可生起多數眼識，各緣青黃赤白等色。此說和等無間緣衝突，等無間緣說一識只能開導引生一識故。第一說和第二說，那一個是對的，很難決定，護法菩薩便是主張第一說的。

阿賴耶識有無問題

還有一種順理行和順教行的差別，順教便是對於「瑜伽師地」所說法教，完全隨順，如何說便如何信。隨理的對於《瑜伽師地論》說了的話，都須考慮考慮，就是阿賴耶識的有無，他都要考慮的，這兩派又生出辯論了。

依《瑜伽師地論》說阿羅漢入了無餘涅槃，便灰身泯智，再不能迴小向大。阿羅漢入了無餘涅槃，究竟是個什麼光景。第一阿羅漢入了無餘涅槃還有沒有阿賴耶呢？若有阿賴耶，便該有他所依的第七識，若有第七識便也該有第六識，沒有第六第七識，便和二無心定有甚差別呢？唯識宗說阿賴耶識、阿羅漢位捨；所謂捨者，依「唯識」說只有捨阿賴耶名，因為阿賴耶是我愛執藏之意，小乘證羅漢果時，亦斷俱生我執，無我愛執藏故。但阿賴耶識的體是不是存在呢？應說存在，叫做第八識，也可以叫做異熟識，又可名阿陀那識；因為阿羅漢的有漏業種是未斷盡的，有執持之意。但是若入無餘涅槃後說有阿賴耶，便不能說阿羅漢灰身泯智，也不能說不能迴小向大了。

以上是就證羅漢時無賴耶名有賴耶之體，今應再問：羅漢入無餘涅槃時，賴耶體為有為無？若謂有者，則不應說灰身泯智，亦不應說不能迴小向大。又阿羅漢入無餘涅槃，與佛入無餘涅槃有無差別？「唯識」說阿羅漢位通指大小乘，無餘涅槃也無差別。瑜伽說阿羅漢入涅槃時是沒有斷所知障的，只因捨了第八識，同時也把所知障捨了，瑜伽是明白說阿羅漢入涅槃後，沒有第八識，那麼佛入無餘涅槃也沒有第八識。何以佛入涅槃後還能饒益眾生，阿羅漢入涅槃便無此勝用？

瑜伽就說佛因為有大悲大願，所以入涅槃後，還能起來饒益眾生；阿羅漢沒有這樣的悲願，所以沒有這樣的勝用。那麼更進一步，問唯識宗是不是許有三身的？若許佛有三身，法身常住不必說，報身也是歷劫常在不示涅槃的，化身隨機示現緣盡示滅；其示滅的時候，還歸於報身可矣，實不須入無餘涅槃，直截的就說佛的應身歸入報身，不必更繞許大的圈子，用悲願來解釋了。這是瑜伽和唯識宗三身衝突的地方，《楞伽經》是「唯識」的經，也和瑜伽衝突。依「楞伽」說，阿羅漢入涅槃後，如人醉酒一般，後時遇緣還能醒起，迴小向大的。學「唯識」的人都承認「楞伽」，既可引「楞伽」成立「唯識」，亦可引「楞伽」破阿羅漢究竟入無餘涅槃不能迴小向大。又《華嚴經》，因為他有「三界唯心、萬法唯識」的幾句經文，就說是「唯識」的根本經。但是經並未說阿賴耶，有時也說一切法皆空，而與「唯識」起些衝突。一部經中總不會完全說唯識義，故也可以找些出來觀察觀察，練習自己的慧根。

引這許多唯識宗內部的衝突，為的使大家知道這些都是唯識宗人的見解，不要說只有我的見解才是，別人的見解都不是。若如此說，未免太執著了一點，果要如此執著，則佛說的話也可以不信了。佛說無外境我明明見有外境；佛說諸法無常，我明明看見這張桌子常住不變；佛說無我，我明明看見有我。若依自己的見解，便整個佛法都可以推翻，就是涅槃也可以否認說涅槃我終沒見過，那裡會有涅槃呢？唯識宗的知見，說了大概，要說中觀的知見罷，恐怕更難懂了，折回來還是說「唯識」。

唯識宗，既成立阿賴耶是實有，實有的法便有種子阿賴耶的種子，是以什麼做能熏而熏起的呢？阿賴耶的自身是不會熏起種子的，普通都說用前七識的見分來熏，但七識的見分，只能熏起七識自己的種子，何能熏成別法的種子呢？若許此識可熏起彼識，那麼耳識也可熏起眼識，眼識也可熏起鼻識，一切的識都可以互熏互生了。再進一步，縱沒第八識的種子，是由前七識熏起的，但是阿賴耶相應的行心所，又是誰熏起的呢？若這樣的層層追問，唯識宗的難題尚多，茲亦不及多說了。

幾個名詞

已經說了「唯識」內部的爭執，還有幾個名詞，今天須得解釋一下，以後才好說。有幾個名詞，學「唯識」的人，容易混淆；就是「勝義諦」和「勝義有」，「常住」和「實有」，「假有」和「沒有」，「世俗有」和「世俗諦」。現把這些界限，一一分別開來。通常把「勝義諦」和「勝義有」，混為一談，說「勝義諦」就是「勝義有」，其實不然。「勝義諦」有三個重要的解釋：第一解「勝義諦」三字，指「法空真如」。與此對待的，就是「世俗諦」。凡法空真如所不攝的，都歸「世俗諦」所攝。分開來講，「勝」字指能緣真如的聖智；「義」字謂境，指聖智所緣的真如；「諦」者不欺誑義；謂法空之理，真實不虛。即是說勝智所緣的境真實不虛。第二解「勝義諦」也指法空真如，「勝」字作殊勝解，「義」、「諦」二字，同第一解。法空之義殊勝，故名「勝義」。何以殊勝？因為法空真如，給能斷煩惱所知二障的智慧作所緣，要由緣真如，才能斷二障，故真如殊勝，「勝義諦」即是緣法空真如的正智。

「勝義有」，是勝義認為有的。就是用正智觀察，認為有的。圓成實是實有，依他起也是實有。因為阿賴耶是實有，所以阿賴耶變起的色心諸法，應該也都是實有，以勝義智觀察依他起圓成是實有故。此比「勝義諦」範圍寬大，實有是有自性的意思，有自性就是一法自有體性，不依他法體性假立。若依他多法和合，或依他法的一部，假立名此法，就叫沒有自性。如行捨、不放逸，依其他三善根等心所假立，就說他沒有自體性。反過來說，可見凡是非依他法假立的，都叫做有自性了。是故當知「實有」和「勝義有」，都是有自性的意思，因有自性，才名為「實有」，因為他實有，才可由勝義智觀察而得，因為勝智得到他的自性，才能立他為「實有」。也要能得他的自性，才能安立其智為無謬誤，因為智是無謬誤，才能叫勝智。又在清辨師以下各宗的人，凡立此智是量者，皆須其智不欺誑，其不欺誑者，即是於境之自性，要不錯誤的意思。唯識宗安立二諦諸法，當然也須以正量安立，不能任自己的非量諸識而立。其正量即須於境無謬，於境無謬者，即須無倒見到諸法以自性；若不見其自性，亦不知其是倒非倒；若見境之自性，則此宗亦當許二諦諸法皆是實有矣。

「常住」，只有無為法才是常住，所以常住的法，是實有法的一部分。並非一切實有之法皆是常住。

「實有」和「假有」是對立的，假有雖依他法體性而立，仍是有法，沒有，是連依他假立的都沒有。如龜毛兔角，能說他依什麼法假立呢？

「世俗諦」，指法空真如所不攝的一切法。世俗就是障覆的意思。障正智，覆蔽真如，就是法執。世俗諦所攝諸法本空，由法執故，執為實有。世俗所執為諦，名世俗諦。

「世俗有」，是未經正智觀察，便認為是實有；若以正智觀察，反見他非實，計所執，便是屬於世俗有的。換句話說，世俗有就是指唯由名言分別假立之法，即計執。但是假立的心所法等，是不是世俗有，是不是計執攝，又成了不可解決的問題了。還有「了義」和「不了義」，也須得說一說。「了」就是顯了、決定；「不了」即是不顯了、未決定之意。依唯識宗說一時二時的言教未顯了說，義尚未竟，是「不了義」；第三時教才是「了義」。「了義」和「不了義」，依何為標準而判斷呢？唯識宗說，凡可以如文取義而不犯過失的言教，就是「了義教」。如佛說諸行無常，用不著別下解釋，直截信解諸行是無常。若如文取義便有過失的言教，須求其別解，才可信受的，便是「不了義教」。如《攝大乘論》四意趣、四祕密中說，佛教有情殺父母才得解脫，這句話便是「不了義教」。如果父母可以殺害，何以說是無間業呢？如文取義，便有過失。然則如何信解呢？佛說殺父母，是殺無明之父，愛取之母。無明愛取，能生有情於三界中，故說為父母。有情因無明愛取，不得解脫，故說殺父母才得解脫，這樣的教，是不了義教。

中觀宗說「了義」、「不了義」的標準，便不是如此。這內中又分兩派：一派主張，凡說諸法無自性「勝義諦」的教是「了義教」，此外皆「不了義教」。有一派說，凡是說諸法無自性，還要言說上簡別的不犯過失的，才是「了義教」。因「中觀」和「唯識」，「了義教」的標準不同，所以「中觀」說「般若」是「了義」，說諸性空的「勝義諦」，故「唯識」說「般若」是「不了義」。諸法自性空一語，不應如文取義。應再下註釋，說計執無自性，依他圓成有自性，然後才顯了。

中觀宗大意

現在要說一說「中觀」的大意。「中觀」和「唯識」的大不同處，便是「唯識」說境無識有，「中觀」說要說沒有實境，便該識也非實有，沒有所取的實境，也沒有能取的實在的識。要說有實識，也該有實境。

「中觀」不唯說識非實有，真如也非實有。真見道時，正智才能緣真如，但是見道時，實無真如可見，不過證知諸法皆空而已。能所取相皆沒有，何有實體的真如呢。真見道時，現觀真如而不見真如，則真如亦是由比量安立的了。我們為什麼不信現量，去信比量呢？

唯識宗人，總愛把「中觀」的見解，拉到「唯識」裡去。所以說，若執「唯識」實有，亦是法執。在四加行道中，煖頂忍世第一四個分位中，煖位觀所取空，頂位亦觀所取空。忍分下中上三位；下位印所取空，中位觀能取空，上位印持能取空，世第一雙印二空。其分位是否如此，因為十幾年來未看「唯識」，不大記得清楚了。總之「唯識」的結果，是認為「唯識」亦非實有，才入見道的。「唯識」的前半說識實有，後半段說識空。他若要說有，就把前半段搬便是不了義。因為他是第二時的教，又須得下解釋。但是佛最後說，順清淨，違不清淨，是名清淨，這句話是否須解釋呢？若必須解釋，是不是不了義教呢？如果是不了義教，是不是第三時教呢？

總之「中觀」和「唯識」的諍論太多，「中觀」內部的諍論也不少。佛護論師解釋諸法不自生句，未立比量，未加簡別。清辨論師舉出他的三個大過，又自己發揮了一大篇意思。到月稱出來，又把清辨推翻，說清辨所舉佛護的三過，並不成過，清辨自己才有過失，中國因為只譯一家的典籍，所以少些諍論，其實「中觀」內部，也很不一致的。

又清辨派和月稱派不同之點，謂就勝義，清辨亦不許有自性和自體，但在世俗中則說有自性。這一點執著，和唯識宗所說的有自性相似；但是唯識宗的有自性是就正智所得而立，此則是以世俗量所得而立的。那麼在清辨論師等的意思，是覺著這宇宙萬有的諸法，若以勝義的正智觀察，雖沒有一絲兒自性可得，但是以根現量等諸世俗量觀察，則須得到一點自性才好安立。假若這一點自性也不承認，則宇宙萬有諸法，理應雜亂混淆，又何能夠這樣井井有條毫不紊亂呢？又諸根現量，既可名之為量，則應是沒有錯誤；其於境之錯不錯誤，也非是單就境的現相上說，是於觀察此心所見的彼境之相和他的體性，有無錯誤，倘境的體性是白色而自識見他為黃色，或境是固體而見為動體，或境非某事物而見為某事物，這都是所見的境的相不稱其體，這是錯誤！由境的體相錯誤的關係，其能緣的識當然也是錯誤識，那就不合乎是量的條件了。故安立諸根識為量，就須要他對於境的體性上沒有一點錯誤才可，能緣的識既無錯誤則所緣境的自性當然是有了。在月稱論師的意思大不為然，境上雖沒有一點自性，但由有情無始以來的無明和妄執的熏習，也可以見為有自性，也可以成立條然不亂的宇宙萬法，譬如夢境雖無自性，以虛妄熏習力也能見有井井條然的萬有，又如鏡中雖無一絲兒得對境自在，但由眾緣和合，也能現起條然不亂的種種形色。只要有眾緣湊和便能有各種的境界顯現，實不須妄執諸法各有自性，然後才能安立萬法也。今總而言之，在月稱派中勝義有、真實有、諦實有、自性有、自體有、自相有名異義同。無論乎就世俗和勝義，皆不許有，誰若執為如是有，便是法執，皆是錯誤。清辨論師則把勝義有、真實有、諦實有許為一義，無論乎就勝義和世俗皆不許有，但是他把自性有、自相有、自體有收為一類，謂於勝義不許為有，而於世俗則說是有。月稱則說即就世俗若執有自性，也是法執，亦無不錯誤之根現量，凡是凡夫之心識，一定皆被無明染汙，於境界之無性真理，皆起錯誤妄見為有自性，故立諸根識為量者，非就能不能緣境界自性而言，是就所見境相而言，若就境體則沒有不錯誤之凡夫心識也。此等差別廣見於《菩提道次第廣論》，即《入中論釋》，辨了不了義論等，此不繁述。

四宗的見解已說了大概，四宗的諍論很多，各人有各人的知見，要辯起來不是一時辯得通的。講一宗的見解，只好就一宗的見解來說，我現在講「唯識」，就把一切葛藤斬斷，承認阿賴耶是實有。有一等人，執著得太利害，以為只有我的知見才對，別人的知見都不對，這是錯誤。如果要固執己見，世親菩薩入小乘，就不應聽無著菩薩的勸，迴向大乘。提婆菩薩是外道，就不應隨龍樹菩薩學菩薩。就我本人來說，我學「中觀」，也學「唯識」，學大乘也學小乘。在西藏的時候，黃教、紅教、白教等等，我都學一學。紅教的第五灌頂，我也得到過。但是絕不敢說自己知道一點，就拿來頂在頭上，看得自己比三十三天還高。這不過就我自己說，不是說各位菩薩是這樣的憍慢。大乘的鄙棄小乘，最利害了。說起《俱舍論》，都說那是小乘，不足學的。其實「俱舍」比「唯識」、「中觀」尤為細微嚴密，比大乘論藏，更不容易讀。西藏裡面，考格西的都是先學《現觀莊嚴論》等書，大約要在十年以上，才講「俱舍」。所以不應執大棄小，但是不執著之中，還有一個根本丟不掉的，如果一切都要丟掉，龍樹無著等菩薩都算放不下，佛也可以說是放不下了。佛證了道，為甚還要嘮叨，說這許多法，不去入他的涅槃呢？

清辨論師，可以說最執著了。在奘法師的《西域記》裡，有一段故事，說清辨論師對於《瑜伽師地論》懷疑，到中印度那蘭陀寺來找護法菩薩，和他辯論。護法菩薩聽見他來，就避到別處去了，清辨論師看其他的「唯識」論師，都不值得和他個辯論，他就發願要住在世間，一直等到彌勒佛下生的時候再問。他修觀音菩薩法，求菩薩加被，使他住世。法修成了，觀音菩薩說，我也不能幫助你，我只能教你修一個法，修一個金剛藥叉，請他保護你。清辨修得金剛藥叉出現，教他一個咒，加持芥子，用這芥子去擊開某處的山岩，裡面便是阿修羅窟住在裡面，可等到彌勒出世。清辨菩薩，如說去做，就住到山岩裡，一直要等到彌勒出世，還要問問他為什麼《瑜伽師地論》要那樣說。你看他執著到什麼地步。各人有各人的知見，本來是不能強同的。但是有些人必要說，只有自己說的才對，別人說的都不對。如果道理說不過別人的時候，便把師父找出來，「我們師父如何說」。再不，就說那一個祖師如何說。再不然，把佛的經典搬出來，總沒有人敢說不對了。但是佛說的經很多，你可以引這一句經來駁他，他不可以引那一句經來駁你，究竟誰是對的，還是不得解決。我們要駁人，還是據理來駁人好些。

就是我們信佛，也是信佛說的理，並不是因為是佛，是國王出家，就奉承他。如像陳那菩薩讚佛說：我相信佛，因為佛的教法，最為殊勝，其他的外道，都比不上，我並不是偏心的信佛。又如龍樹菩薩讚佛說：我相信佛，因為我越研究別人的道理，越覺得佛的道理真實。在阿底峽尊者，去聽馨底巴講書的時候，馨底巴知道他是月稱論師派的知見，便向他竭力發揮「唯識」，駁斥中觀。但是阿底峽尊者，一句沒有反對，過後尊者說，他越駁中觀，我越覺得中觀的道理真實。所以自已有自已的見解，別人的見解，也不去強他拋棄，這是往昔菩薩的態度。

四宗的知見，總要得到一宗，這是已經說了的。大乘人和小乘人分別又在那裡呢？依四宗分別法，前面已經說，大乘具證二空真如，小乘只證人空。但是大乘人小乘人，並不依此來分。中觀宗說：小乘也要證法空真如，才能斷除煩惱障，才能成阿羅漢的，且證人空法空，是就證道時而分，大乘人小乘人，並不要等到證說才分的。「唯識」說：「乃至未起識，求住唯識性。」說乃至二字，可見在未求住唯識性以前，已經是菩薩了。那麼從何時起，才是菩薩呢？從發深固大菩提心起。深固有清淨增上堅固勝進等義，如《攝大乘論》說。總之有大菩提心，才是大乘人，沒有利益眾生願成佛的心，就是小乘人。大小乘人，以有無菩提心來分別，不以所得的知見來分別，設有大菩提心，證了法空真如，還是小乘的羅漢。

學佛的人，大概都知道般若是佛母吧？經說般若是母，方便是父，發心就是最主要的方便。方便不同，成就的果也不同，這是不共的正因。大小乘都有般若，般若是大小乘的共因，發大乘心，就成佛菩薩；發小乘心，就成獨覺與聲聞。正如母親是姓趙的，兒子不一定就姓趙，要跟著父親姓。父親姓什麼，兒子就姓什麼。所以同是般若，與大乘方便和合生出來的兒子，就是佛菩薩，和小乘方便和合生的兒子，就是獨覺聲聞。

大乘人行布施，小乘人也行布施，世俗人也夠行布施。但是因為發心不同，發出世心布施，便成出世之因，發世間心行布施，便成世間的因，發大乘心行布施，變成大乘的因。發小乘心行布施，便成小乘的因。持戒忍辱等莫不如是，所以說六度皆要有菩提心為所依，沒有菩提心為所依止，便不得謂之波羅密多了。

學佛人只要有菩提心，不問他所得的知見如何，皆是大乘人。沒有菩提心，終是小乘，或是世間的常人。就拿我學密宗來說罷，密宗當然是大乘法了。若我學密宗的時候，作這樣發心說：我修密宗，為的當了阿闍黎，好給人灌頂，多得些供養。或者為的求長壽，或者為求少生病，這樣發心修密法，這密法成了世間密法了。又如往年在北平，有人勸我閉關念佛，我意我為什麼要閉關呢？為的要人家說那個法師是閉過關的，好多得些利養恭敬，那麼，我念不是阿彌陀佛阿彌陀佛，所念的都是利養恭敬利養恭敬了。這樣念就是念的世間佛。後來我也沒有去閉關，沒有去念利養恭敬的佛。有些人說：「佛說六度當中，隨便一度，皆可攝其他五度。有了般若，自然就具足布施持戒及菩提心等。」西藏有一種說法，謂在曼達羅裡頭倒一點牛糞水進去，就是布施。布施裡就有般若，也就有菩提心，那麼也不須發菩提心，也不須修般若，只天天倒點牛糞水好了。故當知六度一一之中，皆互有餘五度者，是指能如是修的人之行而說。故此論說，地前菩薩於一行中只能修一行，地上菩薩於一行中能修諸行，八地以上，於諸行中乃能具修諸行。不要執著經的一句話為根據，便不問自己的程度如何，妄謂我於一行之中而修諸行。作那種按著耳朵偷鈴子，自欺欺人的修持要緊！

《海潮音》一九三八年第十九卷第二、三號

駁歐陽漸〈法相辭典敘〉

余於此應先聲明者，所譯《辨法法性論》所依之原本，係拉薩版與甘孜版，昔在康藏學法時，曾依止扎迦大師及格陀諸古諸上師聽聞二次，又聽本頌釋論——扎迦造——一次，原書現存師承俱可矜式，並未增刪字句，乖反傳承。譯畢，復呈虛大師潤證文義，故此論為余最謹慎之譯本也。

傾閱歐陽漸〈法相辭典敘〉（內院雜刊）知其於余譯彌勒《辨法法性論》，不解文句，復昧真義，侮言「非彌勒學」，侮言「去奘留今則一切奘譯俱不必存」，以彼年高學身兼善儒術，似應「知謂知不知謂不知」，「不以氣勢凌人，不以聰明自驕」；今則以不知謂知不了謂了，懷疑嫉心憍慢所持，忿氣凌人妄肆抨擊，嗚呼！既失儒者之風，更無佛子之德，彼何人哉?!彼何人哉?!彼於藏文不識××（編者按：原文逸字），尚有可原，今於漢文不解字句而妄謂此論與辨中邊義理相乖，非彌勒學，其昏悍何極也，故將其不了者再為解釋，諦聽諦聽，善思念之！

兩種藏文本之再譯

此論西藏有散文頌文兩種譯本，余譯係頌文本，亦即彼所懷疑不解者，現將兩種藏本原文抄引如次，並再譯之。

頌文：

།དེ་ལ་ཆོས་ཀྱི་མཚན་ཉིད་ནི། །གཉིས་དང་ཇི་ལྟར་མངོན་བརྗོད་པར། །སྣང་བ་ཡང་དག་མ་ཡིན་པའི།

།ཀུན་ཏུ་རྟོག་པ་མེད་སྣང་ཕྱིར། །དེས་ན་ཡང་དག་མ་ཡིན་པའོ། །དེ་ཡང་ཐམས་ཅད་དོན་མེད་ཅིང་།

།རྟོག་ཙམ་ཡིན་པས་ཀུན་རྟོག་པའོ།

譯曰：「此中法相者，謂虛妄分別，現二及名言，實無而現故，以是為虛妄，彼一切無義，唯計故分別。」

散文：

གཉིས་དང་བརྗོད་པ་ཇི་ལྟར་སྣང་བ་ཡང་དག་པ་མ་ཡིན་པའི་ཀུན་ཏུ་རྟོག་པ་ནི་ཆོས་ཀྱི་མཚན་ཉིད་དེ།

མེད་པ་སྣང་བ་ནི་ཡང་དག་པ་མ་ཡིན་པའོ། །ཀུན་ཏུ་རྟོག་པ་ནི་ཐམས་ཅད་དུ་དོན་མེད་པར་རྟོག་པ་ཙམ་སོ།།

譯曰：「如所顯現二及言說虛妄分別是為法相，無而現者，是為虛妄，分別者，謂於一切無義，唯計度耳。」

兩種藏本，散文雖較為明顯，恐彼仍不了知所詮義理，再故解說。

釋本頌義

扎迦大師釋此頌云：「法者總以任持自性為相。唯此法言，指生死法；又依二取所顯法名法，離二取性所顯涅槃名為法性。唯識不許離心外境，故生死法仍就有漏心法而言。此法之相是為虛妄分別，此言虛妄分別，通指三界一切心心所法。此諸心心所法，總可分為兩類：一是無計度的，二是有計度的。其唯現二取相而自無計度執著者謂前五識；其於所現二取相，復就名義總相而起言說計度執著者謂意識。但現二取相之前五識名虛妄者，以實無二取—略云實無外境或實無——妄現為有故，兼起言說計度之意識名虛妄者，以於無義——二取義亦即外境——妄執為有故。又彼無計度之前五識與隨名執著之意識俱名為分別者，以是實無境義，唯自計分別為境故，故曰彼一切無義，唯計故分別。」……總而言之，法相者，虛妄分別也，虛妄分別者，現二及名言之心心所也。前五識實無外境而妄見為有，第六意識更立名言而起執著，故三界有漏心心所皆名虛妄分別也。如《辨中邊論》頌云：「三界心心所，是虛妄分別。」論云：「虛妄分別相者，即是欲界色界無色界諸心心所。」換言之，虛妄分別，即是三界心心所法，即是二取名言之妄現實無唯計。此明明是唯識正義，此明明不違諸論，尤順中邊。「二取名言之妄現，實無唯計」盡概乎「虛妄分別」之義，明明是嗣尊說，歐陽漸安得誣非彌勒學乎?!

會中邊虛妄分別義

又「虛妄分別」一語，「唯識」二字尚可盡概其義，況「實無唯計」況「二取名言之現實無唯計」不能盡概其義乎?勿慣聞「朝三暮四」，忽聞「朝四暮三」，輒少見多怪，喜怒易情，而責人「侮聖言，凌先哲」也!

復次，彼曰:「彌勒《辨中邊論》明明說虛妄分別有，明明說非實有全無，其言無者無二也，其言有者妄中有空空中有妄也，而彼但以二取名言之現實無唯計，以盡概乎虛妄分別之義。」云云。揣其意:謂《辨中邊論》之虛妄分別較彼《辨法法性論》之虛妄分別義廣，何以故?彼但以二取名言之現實無唯計說為虛妄分別，其義不足盡概虛妄別義也。再明晰言之，《辨中邊論》所說虛妄分別能盡概乎虛妄分別之義，何以故?說非實有全無故。新譯《辨法法性論》之虛妄分別不能盡概乎虛妄分別之義，何以故?但以二取名言之現實無唯計為虛妄分別故。歐陽漸忍其義如此否?然「中邊」之「非實有全無」非即《辨法法性論》之「二取名言之現實無唯計」耶?「中邊」之「非實有」非《辨法法性論》之「實有」耶?「中邊」之「非全無」非《辨法法性論》之「現二取」或「二取名言之妄現」耶?又「中邊」之「非實有」非指

「二取名言之實無」而言耶？「中邊」之「非全無」非指「二取名言之，實無而妄現」耶？由此義故，當知《辨中邊論》之虛妄分別有，非實有全無，即《辨法法性論》之虛妄分別實無（非實有）而現，（非全無）毫無異義。由如是義，當知二論所說虛妄分別之義，極為符順，初無乖違。若只知虛妄分別是「非實有全無」，不知虛妄分別是「實無而現」！更不知虛妄分別即是「二取名言之妄現（非全無）——虛妄，實無（非實有）唯計」——分別，則猶只知歐陽漸是自己，而妄斥「歐陽竟無」唯異物，如是之見，寧不令人捧腹。

復次，「中邊」論說虛妄分別妄中有空空中有虛妄分別者，乃依三自性說依他與圓成之不相離義也。此於《辨法法性論》數見非一，如云：「謂虛妄分別，現二及名言」，「實無而現故」，「無而現故亂，非有而現故」，即說空有妄也。又「彼（妄）一切無義（空）」，即說妄中有空也。又「無而現故亂，即是雜染因，即現幻象等，非有而現故。若無及現中，任隨一非有，則亂與不亂，染淨皆非理」。又「故彼因及果，雖現而實無，彼現法性隱，彼沒法性現」。此即總成立虛妄分別有，成立無二取，成立妄中有空空中有妄，與「中邊」：「虛妄分別有，於此二都無，此中唯有空，於彼唯有此。」「非實有全無，許滅解脫故。」（辨相品）「似二性顯現，如現實非有，知離有非有，是於義無倒。」「於不動無倒，謂知義非有，非無如幻等，有無不動故。」（辨無上乘品）皆不相違。

由上解說，《辨法法性論》所說虛妄分別，豈有不符《辨中邊論》之義而彌勒學之處乎？彼目不解此論法相句義，不虛懷以求勝解，徒恃老氣橫秋，大膽無恥而言曰：「此可謂彌勒學乎？」法遵敢正告天下曰：此彌勒學也，亦奘譯義也。智者應善思擇，勿為彼「稗賈於名場，猖狂於法苑，侮聖言，凌先哲，淹眾明」之徒所惑，永留長夜，幸也。

復次，歐陽漸意謂：吾歐陽漸也，何人不知？創支那內學院，精法相唯識之學，承玄奘窺基之業，乃大言不慚曰：「兩譯並存，是為以一嗣尊，二三其德。」曰：「去奘留今，則一切奘譯俱不必存。」則可毀嗣尊之論，可摧法尊之譯，噫！孰知審觀前義，嗣尊法相唯識義於二論中並未二三其德，天愛，幸勿凌先哲，淹眾明，造無間業！

二論有不同義

《辨法法性論》與《辨中邊論》所說究竟同乎別乎？曰應言有同有別。同者，以同顯示唯識義故，所說法相（生死法）——虛妄分別——同故，有多義趣與「中邊」論（相品無上乘品）相應無別，如先已說。別者，兩論即別故，全同何須別造，如餘三論。此論依四諦漏無漏門特辨生死（法）涅槃（法性），彼依三性法相唯識特顯中道義故。說法之方便不同，立論之量式有異，則能詮所詮自別，此論有此論之勝義，彼論有彼論之妙理，何必強同？又慈尊於餘經論所說勝義，其不同「中邊」論者多矣，若皆曰非彌勒學，寧不笑煞人耶？如是嗣尊五論不同，豈能侮嗣尊曰「二三其德」?!又若爾者，釋尊所說大小空有顯密一切經量，各別不同，亦應曰「是為以一大覺釋尊，千百其德」！即就唯識所宗六經而言，以解深密為唯識根本教典，釋尊說此更說餘五，亦應曰二三其德，非釋迦學也，何以故？與《解深密經》不盡同故，故依彼意許，立一量云：

《辨法法性論》非彌勒學，

以與《辨中邊論》不同故，

同喻如四吠陀論。

此比量因犯不成過，設全依彼義，仍犯俱品一分轉不定過，何以故？同品一分不轉者，如佛說楞伽深密非彌勒說，但與「中邊」論非不同，其異品一分轉者，如《現觀莊嚴論》寶性論，雖是彌勒學而與辨「中邊」非全一致，如此臆度妄想不符正理之似比量，豈能任彼淹眾明乎？故彼所說理由，是否正當，是否合乎因明之真能破，自命為因明學者，應先審思再立言說，立此似能破作〈法相辭典敘〉，破新譯《辨法法性論》，謗大乘法僧，所獲罪報，寧不懼乎？今為立正比量曰：

《辨法法性論》是彌勒學，

許是慈氏五論攝故，

如《辨中邊論》。

噫！愚哉歐陽漸！尚能「稗賈於名場，猖狂於法苑」乎？

與一切奘譯無涉義

吾亦深知彼不敢謗慈尊說，彼但不忍余之新譯也！故曰「兩譯並存」……曰「去奘留今，則一切奘譯俱不必存」！咄！咄！此怪語！夫奘公為中國第一先哲，宜乎尊之；然與余譯《辨法法性論》有何干涉？余之翻譯依藏文原文，果知譯錯，應指明某字某句譯錯，容可修正，今歐陽漸何故懷嫌嫉心，慢慢所持，欲淹眾明，猖狂其言，一則曰「新貴少年」，再則曰「去奘留今，則一切奘譯俱不必存」，是何居心？又奘師未譯此論；即使已譯，余今復譯，同本異譯，大藏中亦多前例，況為另一之論，文義各譯，何以不能「兩譯並存」？何以必須「去奘」乃可「留今」？何不痛快而言曰「彌勒不應造此論耶」?!蓋彼偏執，妄想如來一切言教，皆必符彼臆度，否則或謗為偽造——若「起信」、「楞嚴」等或毀為邪說——若「梵網」、「圓覺」、「時輪」等，今更狂妄斥此論非彌勒學。借學佛以盜利譽，謗三寶而無皈依，「是可忍也，彼何人哉？」余憶民二十四年春，住縉雲山，彼等曾摘譯本論條文，寄學生某某，讚美備至，但迄今數載，未敢譯佈，余今譯出，彼乃興誣謗，此所謂「障他正法，嫉人功德」為彼之貫伎倆，司馬昭之心，路人皆知。「嗚呼！向為稗賈於名場，今則猖狂於法苑。侮聖言——謗『起信』、『楞嚴』、『梵網』、『時輪』等——凌先哲——呵智者賢首藕益等——淹眾明——不知謂知誑罔後學等——是可忍也，彼何人哉?!」

附錄：瑜伽法相辭典敘

歐陽漸

計施設性，相無其實而施設其相，名無其實而施設其名。染淨所推剎剎塵塵，於一毫端施設賅盡。自非如來黠慧殊智，孰能為此。阿含三科而已，般若加以道相，瑜伽則一切智智法界括囊。初地百法明門，遞次而千而萬，瑜伽則略錄而百，廣演無邊。又況名相未安，翻經多誤，攝論地論，斷港截流。奘師以九死餘生，探五分祕要，環師授蓋亦有年，是以一語之安堅如磐石，一義之出燦若星辰。生石點頭，什舌不爛，但憑祕證孰若顯文。漸以為彌勒未來而瑜伽先至，直不啻網先佛因陀羅而生後佛芬陀利也。奘師悲力甘露披來，乃使迻譯將事用大匠規，研辨登遵大王路，又不啻史置篋戾車，而雜華馥淡泊路也。高層基厚既勤室家，念我雲礽應施丹。曩編瑜伽法數，棄置未成，夙夜殊恧，二十五年秋朱君黻煌述其編《瑜伽法相辭典》倩予作，彼事未竟我固未應，二十六年秋歐陽德三揭朱君所編體例而至促余成，然已戰起，亂離瘼矣。歲暮至蜀遂至江陽，朱君江陽人也，緣何不期而湊，雖陷北平猶函促，仍不得不。瑜伽辭典，一用論釋不參己意，悉出卷葉極便推尋，俾精熟瑜伽者一覽而數遍家珍，未諳瑜伽者入目即驚知美富，瓊林玉樹大會無遮，功德較量有數率哉。風雨雞鳴伊可懷也，趨蹌正軌殊可敬也。昔者大德，唯建陀羅，迦隰彌羅，乃堪論辨，苟非其人去矣世親。大道式微波旬盈衢。尚念之哉。吾因之有感矣。新貴少年（編者按：指法尊）譯彌勒《辨法法性論》，以實無而現為虛妄，以無義唯計為分別，此可謂彌勒學乎？彌勒《辨中邊論》，明明說虛妄分別有，明明說非實有全無。其言無者，無二也，其言有者，妄中有空空中有妄也。而彼但以二取名言之現實無唯計，以盡概乎虛妄分別之義。兩譯並存，是為以一嗣尊二三其德。玄奘留今，則一切奘譯俱不必存，而何《瑜伽法相辭典》之作。嗚呼！向為稗賈於名場，今則猖狂於法苑。侮聖言，淩先哲，淹眾明，是可忍也，彼何人哉？

民國二十七年四月歐陽漸於江津支那內學院蜀院

《海潮音》一九三八年第十九卷第七號——漢藏教理院出版一九三八年鉛字本

自述

法尊法師自述

法尊俗姓溫，河北深縣人，一九〇二年生。在俗時僅讀小學三年，文化很低。一九一九年，因家境困難，到保定府學做皮鞋。因長時患病，學業無成，於一九二〇年春末，厭世逃往五台山出家，投玉皇廟瑞普（法名覺祥）師座前落髮，法名妙貴，字法尊，即在廟隨眾勞動，早晚學習念誦功課。

是年秋，大勇法師、玄義法師等路過本寺，遂請勇師講開示，勇師即日略講《八大人覺經》，次又講《佛遺教經》，遂對聽經發生興趣。

一九二一年春節，廣濟茅蓬打念佛七，我去參加，七後即住在茅蓬參學。是夏聽大勇法師講《彌陀經》等，又聽遠參法師講《梵網經》，對經論中的名相有了點粗淺的理解。

是年秋，太虛法師應北京佛教界邀請，在廣濟寺講《法華經》，大勇法師要到北京聽經。是年冬，法源寺道階法師將傳戒，我要到京受戒，遂跟隨勇法師到北京，禮謁了太虛法師，聽說準備辦武昌佛學院，欲請入佛學院學習，蒙虛法師面許。是冬在法源寺受戒後，即隨傳戒諸師到南京寶華山隆昌律寺學習傳戒法。

一九二二年夏，在寶華聽講「天台四教儀」兼閱《教觀綱宗》等，對天台教義，略有所知。冬初，聽說武昌佛學院開學，遂下寶華山前往武昌。在佛學院先學「俱舍頌」、「因明」、「佛教史」等一般論述。次年則聽講《三論》、《解深密經》、《文殊般若》及《成唯識論》等大乘空有兩宗的要典，又聽了《密宗綱要》等。對於大小顯密得到了一個輪廓認識。

一九二三年冬，大勇法師由日本回到本國，在佛學院傳授十八道，余亦預其法會，學了文殊修法。

一九二四年，勇師在北京籌辦藏文學院，準備學習西藏所傳的教法。是夏武昌佛學院畢業後，我即回北京參加藏文學院，進學藏文。

一九二五年，太虛法師在北京中山公園講《仁王護國般若經》，又在藏文學院講《攝大乘論》，余均預法會。是年初夏，藏文學院全體出發進藏，路經武漢、宜昌、重慶，後到嘉定，登峨嵋山避暑、打七。初秋下山，因為無走山路經驗，下山急跑，將到山腳時，兩腿已寸步難行。抵達萬行莊的時候，已日沒很久，次早起床，足不能履地，在莊上休息數日，始返嘉定烏尤寺。

在萬行莊休息時，見室堆有《大藏經》，遂翻閱律藏數卷，到烏尤寺後，遂借閱《根本說一切有部律藏》。同時為加緊學習藏文，手抄《四體合璧》一書中之藏漢名詞（世俗語）四冊，又抄日本出版的《四體合璧翻譯名義集》中漢藏文名詞（佛教語）四冊，作為隨時參考的資料。

是年冬，經雅安，越大相嶺到康定，住安寺，特請一位邱先生教藏文，前在北京藏文學院教藏文的充寶琳先生，即康定充家鍋莊人，是康定跑馬山慈願大師的弟子。舊曆年底，充先生亦回康定。

一九二六年春，大勇法師、朗禪法師和我同上跑馬山，親近慈願大師，先學藏文文法《三十頌》、《轉相論》、《異名論》、《一名多義論》、《字書》等關於藏文的初級書籍。次學宗喀巴大師講的《苾芻學處》、《菩薩戒品釋》、《菩提道次第略論》等佛教正式典籍，為學習藏文佛學打下了一個較好的基礎。

一九二七年春，大勇法師率領一部分同學支官差進藏，我和朗禪法師則搭商人拉噶倉騾幫進藏，抵達甘孜時，西藏政府來信阻止漢僧進藏（當時康藏有隔礙，疑心我們是政府派遣的，所以阻止）。我們因此就住在甘孜札噶寺學經了。

我在札噶寺依扎噶諸古數年，初學《因明入門》等書，次學《現觀莊嚴論》（參閱各家注疏）、《辨了不了義論》，聽受了札噶大師的著述和許多傳記文類。我在這期間內，試譯了宗喀巴大師的〈緣起贊〉並略加解釋。摘譯了《宗喀巴大師傳》和《阿底峽尊者傳》，俱在《海潮音》上發表。還譯了幾種小品教授，今已遺失。

一九三〇年（記不準了）春，到昌都親近安東格什，適值傳金剛鬘論法會，受該論中四十多種法。夏季學了一點聲明知識（可惜未學全），秋後隨安東格什進藏，冬季抵達拉薩。

一九三一年以後，依止安東格什，學了《菩提道次第廣論》、《密宗道次第廣論》、《密宗道建立》、《五次第論》、《入中論》等。又在此時，開始譯《菩提道次第廣論》，是時漢藏教理院已成立，太虛法師多次來信催促我回來教學，遂結束學業。

一九三三年冬初，離開拉薩，搭商幫，往印度，準備由海道回國。在印度期間朝禮菩提場、波羅奈斯、拘尸那等聖後，又往尼泊爾朝禮許多聖。

一九三四年春，到緬甸仰光，朝禮大金塔，住到初夏，乃乘輪經檳榔嶼、新加坡、香港，六月間抵上海，到寧波育王、雪竇，謁見太虛法師，匯報數年來學法的經過。次回上海，到南京小住，安欽大師為南京諸信士傳《吉祥天女法》，邀余代譯語。次到北京，回俗家一望。是夏安欽大師為北京佛教界在密藏院傳法，余為譯語。仲秋乃經武漢，入川到重慶漢藏教理院，擔任了教學工作兼管理院務。是時繼續翻譯《菩提道次第廣論》，為同學講授。又譯《苾芻學處》、《菩薩戒品釋》等。

我原想迎請安東格什來內地宏法，以便學習一切所未學到的教理。但迎請大德必須有足夠的經費，而籌此費用，亦非易事。是年年底會見了阿旺堪布，彼邀我到成都講經，以便籌款。時有胡有章居士到漢藏教理院，亦極力勸我去成都講經，為迎師籌款為宜也。

一九三五年夏，應阿旺堪布之邀，遂赴成都，先為阿旺堪布譯語，講頗章喀大師所造之〈發願文〉。次講宗喀巴大師的〈緣起贊論〉。籌集了迎請安東格什的路費。秋季，即再度進藏。冬季到拉薩，但是因緣不具，不久，安東格什圓寂，我數年計畫全成泡影。世法如是，無可奈何。

一九三六年，依止絳則法王學法，聽講《苾芻戒》（德光論師的律經）、〈俱舍論·隨眠品〉等，是年在拉薩翻譯了《辨了不了義論》及「釋」，《菩提道次第廣論》及《密宗道略論》，在武昌出版。秋後，仍然繞印度由海路回國，請回《藏文大藏經》和宗喀巴師徒的著作等等。

這年在西藏聽了許多，我對共產黨懷有仇視心理。這在《我去過的西藏》一書中很明顯。回漢藏教理院後，繼續做翻譯與教學工作。翻譯了《現觀莊嚴論》並加以略釋。

一九三七年夏，到武漢，準備到北京參加安欽大師傳法的法會。因「七七事變」未果。秋後請太虛法師一同入川，在漢藏教理院講學。是時承太虛法師囑，遂翻《密宗道次第廣論》，後由北京菩提學會印行。

在抗日戰爭期間，除在漢院講學外，還編寫了《藏文文法》、《藏文讀本》，翻譯了《入中論善顯密意疏》等。又受東本格什囑托，將《大毗婆沙論》二百卷譯成藏文。又為講授西藏的佛教歷史，編寫了一部《西藏民族政教史》。也曾代國民政府教育部編寫《藏文課本》八冊，《常識課本》六冊，並未出版。一九四八年暑假後，余將漢藏教理院事付托正果法師和開一法師等負責辦理，遂到成都講經，並加緊翻譯《大毗婆沙論》。一九四九年夏譯完，將譯稿運往康定交格桑悅協保管，完成這件大事，不負東本格什之所托也。

一九四九年冬，四川解放後，我非常想家，因為多年來戰火連綿，尤其我的家鄉是日寇掃蕩區，不知家中尚有人否，所以歸心很切，急想回去看看。在舊曆臘月初離開成都，經重慶、漢口、石家莊，一路很順利，臘月底到家，幸老母尚健在，全家也粗安，不勝喜慰。在家住了月餘，並探望了各處親友。

一九五〇年春，我來北京菩提學會參加了翻譯組，替民委翻譯文件。是冬，正果法師來京和我商議把漢藏教理院奉交西南文教處事，我完全贊同。遂將漢院交給政府，漢院的師生也由政府安排工作。漢藏教理院也就結束了。直到一九五四年間，將扎編的《藏文辭典》譯成漢文。又譯出《五次第論》和寧瑪派的《七寶論》。

一九五五年，為《佛教百科全書》撰稿十餘篇。辭去了民族出版社的工作。

一九五六年秋，中國佛教院成立後，任佛學院副院長，兼講授佛教課程，譯了《四百論頌》、《入中論略解》、《俱舍頌略解》等。一九六六年，文化大革命中，佛學院解散後，我被打成黑幫，參加體力勞動。一九七二年，解除黑幫名義，恢復自由。一九七三年後，患心臟病，養病至今。

法尊作于一九七九年八月六日

後記

法尊法師「自述」記事至一九七三年止。按法師在「文章」後曾譯撰佛學著作多種。一九七八年八月由藏文譯出《菩提道燈論》（阿底峽尊者造）。同年八月二十三日開始翻譯法稱論師造的《釋量論》（四卷），編譯《釋量論略解》（九卷），至一九八〇年二月十九日完成。其間，一九八〇年三月九日至七月二十四日還編譯了陳那菩薩造《集量論略解》六卷。

一九八〇年秋，中國佛學院決定復課，法師出任院長。這一年中，他每天伏案寫作，至十二月中旬，中國佛教協會召開第四屆代表會議前夕，他在抱病後譯撰的「因明學」方面的著作已全部脫稿，擬在佛代會結束後，即到佛學院履職。十二月十四日，外地來京下席會議的代表陸續到齊，代表中有不少人是法師的同學、學生，都到廣濟寺來看望他。雲開日現，師友重逢，交談甚歡。是日午前往赴應酬約兩小時，精神極好。中午正常進餐，飯後午休。下午一時左右，法師起床，危坐窗前，伏案讀經。此時，筆者適在窗外作務，聞正果法師呼喚聲，急奔室內，見法師從椅上滑落下來，呼吸已微，即與正果法師抬至床上。約過十餘分鐘，沒等到醫生前來急救，法師即安祥而去，時為一九八〇年十二月十四日下午一時四十五分。

法師乃著名佛學大師，數十年游心法海，口不絕吟於三藏之言，手不停披於五乘之編。直到一期報命將盡之時，仍兢兢業業，不棄分陰，翻譯藏文佛學要典，嘉惠後學。法師生平譯著的佛學典籍，已出版的有二十多種，積數百萬言，為促進漢藏佛教文化之交流，作出了巨大的貢獻。

法師圓寂之日，各方師友相聚，互以桑榆晚景，早作歸計相勉勵。時座中有淨嚴法師者，詢及法師身後歸宿，是彌陀淨土，抑彌勒內院？法師殷勤答曰：「我哪裡都不去，生生世世來人間，廣度眾生，齊成佛道！」法師末後一段光景，了無欣厭之心，可謂悲心懇切，誓願弘深者也。

學生淨慧敬記

《法音》一九八五年第六期

致胡子笏書

子笏居士惠鑒：

魚雁相隔，兩載有奇矣。每念佛法之存亡，當致終宵不寐，更思勇公之遺志，往往淚沾衣襟。尊此二年之經過，今略而言之。客歲春初，送勇公靈骨返鑪，往跑馬山月餘。依恩師前，受獅頭佛母結緣灌頂，并受有關修菩提心之論，兩函之傳承，一方面兼為諸同學講菩提道，次之行加六法，及講住甘孜，所修菩提心之法等，事畢。回甘依師受札迦大師著述圓滿之傳承，約十八函，至冬季始畢。

爾時，朗禪法師，由鑪結商人進藏，因不堪其寒苦，行至甘孜暫住。尊所參閱《入中論釋》等諸部要論，其時尊譯有〈宗喀巴大師之緣起讚〉，並作一漸顯解釋，又譯有札迦大師「修菩提道次第之略著」四種，請朗師定其謬誤，反承褒許，更勸尊摘譯《瑜伽戒品廣釋之要義》。並云最急須要有益於國人之種種理由，尊三推而未免，乃勉力譯之，成文六卷。總將此數種散譯，郵寄於成都雙柵子街四十二號，李杖之居士。并請其代抄一分寄來居士處，但是時川藏之戰事，川軍有敗，失去甘瞻化二縣之地，住甘之郵員逃回鑪城，深慮此數論有遺失也；

倘至今尚未收到者，可一面去信成都問李居士，一面來函示知，尊當《戒品摘要》，抄而奉上，其餘之〈緣起讚〉等原稿遺於甘孜，尊亦抄寄鑪城，今剛法師有之，唯無緣起讚釋耳。又譯有《宗喀巴大師略傳》，及《阿底峽尊者略傳》等，剛法師處亦有也。

今春三月九日。尊與朗法師等買馬起程，二十三日抵昌都，因春草未發，馬乏中途，其中之苦，急筆難形矣。昌都寺中有一格什，學德兼優，映奪全藏，原籍青海。民國初時由青海來甘孜，依札迦大師遍學顯密。次承師命赴果羅地界，建興正法，凡六七載，養成宏法將才多人。次受昌都寺之請，亦於寺中重建遺教。其於未赴昌都之前，先至甘孜謁見札公，問其可否？爾時，勇阿闍黎、剛法師及尊等皆依格什受白度母金剛手，四面四臂摩訶歌羅等結緣灌頂法。次勇公圓寂之後，尊即萌志赴昌都求學，至今年三月二十三日始得重謁慈顏也。三月二十九日朗法師及常光師（四川之新同學）由昌都步行赴藏，四月二十四日抵拉薩（三十餘驛站在常人行四五十日）途中之苦情，更令人欽歎矣。尊住昌都依恩師前受金剛鬘論中所說四十五種大曼陀羅之阿闍黎灌頂，更受勝樂金剛之身曼陀羅及大悲觀音四面，摩訶哥羅等灌頂，兼學梵文聲明少許及五蘊論等，此諸灌頂實為餘處所最難得者也。尊初來昌都之願，實欲將此格什迎回中國，漸學漸譯，漸次宏傳，以免多年羈留藏地之苦，中華亦有早日宏法之望，敝院之果亦可速熟，勇公之志亦得早滿，諸位居士施助之苦衷，亦必不至空無果利矣！更加虛公老師欲辦世界佛學院，其中藏文佛教一科，亦得洽人以維持耳。（此志前已函啟虛老法師，深蒙讚許。）

尊至昌都時，即將此意詳白格什座前，格什亦深讚勵，遂集其管家諸師商議來華之策。遂決定辭退都寺之責任，時藏王家止言，赴甘孜朝禮公之肉身金塔方便甘康而來華地。籌議既定，呈啟住昌都之藏官，此官於格什獲深切之信心，回去以病辭寺內之責任者可，赴甘者則不可也。何以故？因格什素於漢人青目垂照。今川藏戰於甘孜，如格什一往，反招藏人之疑忌耳！云云。因此赴華之舉，則暫止也。噫！為漢地無早日宏法之緣耶？抑尊一人無此福耶？其最可恨者，川藏之戰耳。

次格什上函請假赴拉薩，朝達賴喇嘛，達賴回示可之，遂於一月八日由昌都進藏，沿途官馬替換，至十月十七日始達拉薩，徒中過達蒲寺，其寺之主人，是多生修綠度母得成就者，格什及眾人皆依之受綠度母等大灌頂法。再者，格什前於果羅宏法時，他教之人頗生嫉妒。曾經兩次受其毒害，以藥力療治，未致圓寂，然體質亦大受其損，足不堪行，唯以車轎代步者數年矣。今於途中加以風霜之寒逼，障氣之侵迫，并及朝夕無停之勞困，行至止公地界，距拉薩約七日之程，頓然示病，行坐不安，即日延本地醫生診治。次日稍癒，勉力起程，醫生隨行一日方回。次至德慶，離拉薩僅半日之遠近時，忽爾又病，甚於前者。其夜派人往拉薩延醫用藥，至次日巳時，又勉強發乘，乃至拉薩，十八日晨時，臥床不能轉側，尊等悉皆垂淚，誠恐不住於世也，急延良醫診視。醫云體質太弱，用藥極難，加之八九日中，未進飲食，藥性稍緩，於病無益，若性稍強，則有不堪之危，若能少飲酒者，或可安癒云云。格什律行精嚴，豈肯用酒，便云，死之可也，凡有生者，皆歸於死，豈可臨終而犯戒乎？是夜吐血數次，悶絕數次，眾人皆驚，束手無術，唯有念經及勸請住世而已矣。次日醫生視之云：血無大妨，或有益也。又用少藥，是夜血仍吐之，但未悶絕，急延數位德行之高僧，修閻摩羅王，除災難法四五日。爾時格什告云，我此病者，並無所苦，樂如諸天，為彼諸欲害我者，無依無怙庶可愍耳。今諸大德現作何事，應為彼可憐愍者，作皈依處，豈可行殺害之法耶？尊等聞此，始知格什之病，仍係他人咒咀之力耳！次達賴喇嘛又令念藥師經等，依而念之，格什之病漸見癒相。

至冬月十二日告尊曰，汝縱從我學經，然亦必須住三大寺，有法會時，住寺講辦；無法會時，可來此學。但汝等求學之心，莫希噶登池巴之高貴，亦莫希望別蚌寺住持勢力，當念宏法中國，廣益不知佛法之有情也。爾時，朗法師，亦來問病，數次所囑者亦同之。冬月十五日，尊辭師入別蚌寺住。其寺規則有數種階級，謂普通僧眾及於全寺放茶或一部分放茶者。普通僧眾有法會時，須隨眾上殿等，從朝至暮，無學經自習之暇；無法會時，多住鄉間尋求生活，故連住多年難得入佛法之門者多矣！若於寺內一部分放茶等者，則有隨時學經自習之暇，亦可隨師學習，唯其費用較通常僧眾稍大耳！又普通眾未至其一年者，不許越位學習其餘論，如第一年學因明略式，第二年學因明廣式及心心所等義，第三年始許學《現觀莊嚴論》首等。於寺一分以上放茶者，則隨自智力，學通一部，即許學餘論，不限制其年數多寡也。尊至寺時與朗法師詳籌放不放茶之利害，我等是以學經為正宗，欲速能學業圓滿起見，故勉強借債（約大洋二百元有餘）。於寺一部分放茶而住，朗法師亦是於一分放茶者，僅未借債耳。

再者寺一年之事業者，謂於正月初三、四日赴拉薩大報寺念經等二十一日，乃圓滿歸寺。

每日之課程，謂晨起入大報寺念經飲茶，食品自帶，次稍息即重集講經，次又念經飲茶及粥，次則辯議法義，下午又念經飲茶，次還住處念經等。總其一日之中，無四五時之暇也。次自二月初二日起十五日之法會於寺中，謂早起大殿念經飲茶，次赴辯法義場，議擇法義，次於寺內（四分之一）一部分之大殿念經用茶，又往辯場辯議，次回住處大殿用茶念經，次仍辯場念經，又回住處背誦熟書，至二更時，方散回息養。有法會時，日日如之，此法會散後，又赴拉薩為達賴喇嘛及西藏全國念平安經十日，規式與正月法會大同，自三月三日起一月法會，至四月二日散。次於十七起二十日法會，五月初六散。次自十七起夏季大法會至六月十五日解會，受安居法。次晨安居、七月末散夏。次八月三日起秋季法會一月，九月十七日起二十日法會，十月六日散。十七起半月法會，次於冬月十七日起冬季大會一月，臘月十六散。後續念經七日，次備年節之事也。

再者，尊昔閱法顯法師、玄奘法師等求法之傳記，則深知西域求法之艱辛，故發心者夥而得實者鮮也。更觀現前來藏求法之同學，或有因生活困難而退屈，亦有因學解而生怯弱，更有畏懈而僅滯中途，亦有大志未遂而身先歿者。噫！無常之相跡，實令人痛心淚目，嗚咽於喉矣！尊至寺時，見一班新同學（如能海、永光、永楞、永嚴、常光、登約、太空等）雖有勤學之心，而無領解之智，其原因則一方面未學漢文之經論，他方面又未融其語言，尊不忍捨其苦衷，故結諸同學方便緣，以漢言代為解釋藏文經議，庶有入門之望也，朗法師亦助辦隨喜。

再者，尊於此住凡有所學，欲隨學隨譯隨時寄回本土，唯缺潤文之助伴，并恐我等無人回國宏傳，於他亦難生極大之關係及利益耳！又近日國內研究佛學，關於那種經論註釋最急需要，示知尊等，以便先學。

又尊等來藏後，對於接濟一事，全無著落，蓋因東望鑪城數千里，函箋往返動以年記，於彼或有少數餘存，然亦成遠水不解近渴之例矣。近聞國內水災兵役，兼之輕蔑佛徒，庶民驚慌，自顧不暇，城外學法之人，想是難所慮及也。居士前年所云之援濟，不知尚續行否？如仍有者，尊及朗法師之分，祈交崇文門外，廣興園西大院德盛永號。一方面來函示知款數多少，尊等即於號之住藏分號德茂永處取用藏銀，較由鑪轉來便且速也，餘不繁陳，敬候

安吉及

現住京（即北平）中諸居士安好。

法尊謹上辛未臘月初五夜書

《海潮音》一九三二年第十三卷第七號

我入藏的經過

入藏目地

在民國九年的夏天，初次聽到大勇法師講《八大人覺經》的時候，我便覺著出了一趟家，應當做點出家人的事情，若是一天兩堂殿的混下去，實在是對不住我出家的本心！但是做什麼事才是出家所應做的呢？那時後便聽見老修行們說，出離生死苦海，是出家的事。什麼叫做生死苦海？怎樣著才能出離呢？那時候我的心理太老實了，不但不知道那兩件事，就那兩個很簡單的問題也不曾懷疑過。又聽見一般老修行們說念佛經生極樂，是出家人的事，這些話我也直當的承認，但是在閒暇的時候，常聽到勇法師講些過去高僧的故事，我便知道出家人，不但是念佛往生和出離生死，就在生死之中，也還有翻譯經論，住持正法等，應當做的事情很多。在民國十年的春夏秋三季，又受了勇法師的指導不少。冬季便在北平法源寺道階老法師前受具，勇法師亦在冬天便往日本學密宗，就在臘月中旬，承我的戒和尚和寶華山的八位師父的慈悲，成就我們三個北方戒子，到寶華山去學戒。在次年的夏天，聽開堂師父和五師父講「天台四教義」，這便引發了我聽講經的宿習，我便覺著聽經比學喊一齊向上排班和水陸燄口的味道來的濃厚。那時偏趕上太虛大師在武昌創辦佛學院，有一位戒兄，寫信告訴我，說那裡一天有六點講經，還有兩三點鐘的自習，我見了那封信，就像小孩子要到新年的樣子，歡喜的不知道怎樣才好。當時就抱定了一個必去的宗旨，可是沒有人介紹，又沒有人作保證，怎樣才能夠去呢？就在這個當兒裡，偏有無巧不巧的事件發生，正是寶華山去年的新戒弟掛引禮號的時候，我們三人是北平的戒子，按寶華山的老規則，是難以入板堂當引禮師的，可是我們的門坎來得硬些，寶華山的大和尚便是我們的教授，寶華山的教授便是我們的開堂，東西兩板堂的前幾位，就是我們的引禮師，我入板堂要比本山戒子早半年，他們就落了我們的後。本山的戒子當然很不滿意，滿想在掛引禮號的時候爭個上風，誰知道事情偏不順他們的心，引禮號仍以我在第一，這便看見他們那萬丈的嫉火，燒上了天空。我在明處和闇中不住的冷笑，我名號雖在你們的前頭，但我是不久住的，你們又何必這樣丟醜呢？過了不到十天之後，便接到勇法師由日本的回信，他很慈悲的允許給我做介紹和保證人，我便與寶華山的師父們作了個暫別禮，順風向西的到了武昌，拜見了太虛大師，加入佛學院的團體了。在那裡第二年冬天大勇法師回到武昌傳十八道，各處的佛教徒無論在家出家，都有唯密是尚的風氣，我也給勇法師當過幾天侍者，我也學過十八道和一尊供養，雖未受過日本帶回的兩部大灌頂，但覺著密宗的味道，也只有那麼濃厚。在已經學過教理的人去研究他，才能了解他那裡頭的真實道理。若是那一般全無教理根底的人去學他，只能夠學到一些假像觀。上焉者，得到一點三摩地影像，和本尊的加被，那就要認為是即身成佛的上上成就，誰也不敢否認他。下焉者，得到一點惛沈和掉舉，夾雜著一點魔業或鬼狐神通，那也要算是即身成佛了。我的根基很弱，既沒有得到三摩地影像和本尊加持，也沒得到裝魔弄鬼的大神通，所以我對於密法是很淡薄的。學是要學到究竟，行是行的穩當，我既不想討巧偷乖，又不想超次躐等。更不想說大妄語自欺欺他和自害害他，我是學歸學，行歸行，講說歸講說，宏揚歸宏揚，樣樣皆以老實心自居，老實話告人，我既不想騙人，我又不想他人的利養恭敬，所以我對一般朋友們，總是毫不客氣的老實話老實說，犯不著護惜他，也不怕得罪他，愛聽就聽，不愛聽就散，有幾個朋友說我對於密宗害了冷血病，我也就報他冷笑一聲罷了。民國十三年的春天，勇法師在北平與白普仁尊者，一同閉關於善緣庵，修護摩法，法師便覺著西藏的密法，比東密來的完善，他便發了進藏求法的決心。在勇法師的初衷本想一人獨往，或帶一兩個同志，次經白尊者及諸位大護法的勸請，才發起佛教藏文學院的組織。那個初夏也就是武昌佛學院的畢業期，勇法師在北平傳十八道，函我到北平相見，面商進藏的事。蓋自從入五台親近勇法師之後，勇法師視我，就如像他的剃度弟子一般，時時事事沒有不照顧我的。他由日本歸來，本想在廬山閉關修成就法，他挑中的侍者，我便是第一個。他在北平把方針一變，其對我私人的計畫，當然也要變更，所以就來函召我到北平面商。我在武昌聽講「三論」、「唯識」的時候，便深慕什、顯、奘、淨，諸先覺的清塵，繼聞勇法師入藏的函召，當然是雀躍三丈唯恐不得其門而入了。那時候，我離父母已經六個年頭了，父母勸促一返的信函，也不記得有幾十封了。我那今年推明年，明年推後年的覆書，當然也不會欠文字債的。這年回平，原定的是便道回家一望，略慰父母慈懷。可是因為勇法師急於赴杭傳法，便把我回家的妄念打消。到了北平，見了勇法師，商定了進藏學法的計畫。勇法師南下，大剛法師、密嚴法師、善哲居士及我，便做了箇留平籌備員，八月間勇法師到平開學時，便帶了朗禪法師、恆演法師及幾位居士同來。藏文學院開學了，充先生正式上課了，我們的迦喀也漸次地上了軌道，在這開學之後，又來了超一法師、觀空法師、法舫法師等。到了第二年的春末，組織了出發的團體，一路上又是傳法灌頂，又是說皈受戒，熱鬧極了。火車便是專車，輪船也是包艙。在漢口的時候，又加入了嚴定法師、會中法師等。也有幾位老同學，來攔住我們，說些什麼母院無人，西藏難去等理由，我只笑他的愚昧固執，他並不知我早有為法犧牲的決心。西藏再難也難不過奘公所行的高昌，和顯師所經的關隘。母院再無人，也有虛大師在主持，諸同學在研究。西藏既有很完善的佛法可學可譯可宏傳，他們理應贊助我們，鼓勵我們才對，為什麼反來阻止我們呢？因為都是好同學，只有各行各的志願，我並沒有發言反對他。那年的夏天，在峨眉避暑，順便做了個五七息災法會，秋天在嘉定烏尤寺閱律藏及《南海寄歸傳》，我對於義淨三藏，起了一點真實信敬心，我覺著我們中國的這些佛典經論，皆是我先覺犧牲了無量生命財產和心血身汗，更受過無量的痛苦憂急悲哀熱淚，才換來的這些代價品。換句話說：我覺著這些經書上一字一畫，便是一滴血和一滴淚的混合品，那是我們先覺輩發大悲心和大無畏心立大誓願和不顧一切的犧牲，所請來和譯出來的，我們作後學的拿起來的時候，至少也該想一想先覺的大心願大事業和大犧牲大恩德，不應該自作聰明，忘恩負義的批評和誹謗。我們縱不能對於先覺的辛苦事業上培福增慧，然也決不應該對於先覺的功勞恩義上折福損慧纔好。淨法師的〈高僧求法詩〉云：「去人成百歸無十，後者安知前者難。」我讀那兩句詩的時候，眼睛一定是紅紅的，因為淚珠的大小與葡萄差不多。他又說：「後賢如未諳斯旨，往往將經容易看。」他算給我們授了個預記。我受了他老人家說話的刺激，同時也受了他老人家的感化，我對於前賢實在不敢起半點輕視心，我對於先覺的事業實在也不敢起半點容易心。但是先覺的這種大慈大悲和大無畏精神，我羨慕極了，我也想犧牲一切的去學學先覺，我對於西藏的佛教典籍，凡是內地所沒有的，我都發願學習翻譯出來補充所缺，尤其對於義淨法師所翻譯的律藏，我很想給他補充圓滿。西藏的密法，當然也不是例外的事，就是世間上的地理、歷史，和工巧、醫方、政治、文藝等，我也很有學習的志願。可是一個人的精力和壽量，是很有限的，能不能夠達到我的目的，那就很難得預言的了。

九年康藏留學

民國十四年的秋末，留學團由嘉定出發雅安了，可是這條路上是要經過好幾處土匪的區域。我們全體分成了水陸兩道進行，自洪雅以西，就沒有官兵敢作保障的。這時候勇法師等，很有暫返嘉定待匪勢稍息後，再繼續進行的意思；但在一般初出門的同學們，是恨不能一步走到西藏的，對於土匪的危險，是毫無一點經驗的，所以都很齊心的主張要走。勇法師也只好俯允我們，一方面請當地政府保護，一方電請雅安孫總司令設法。時機很湊巧，中段的土匪也有受招安的企望，假借護送我們立一點功，所以用土匪作保鏢，把我們三十幾個人安安穩穩的護送到了雅安。謝天謝地，纔脫了龍潭虎穴的土匪窩巢。當時在雅安休息了六七天，就繼續著前進，由雅安到打箭鑪，土匪的區域也不少，我記得由滎經出發的那一早上，遇著剿匪的軍隊回來，挑著幾個人頭是很可怕的。後來纔曉得，是特為我們去除障的。第二日過大相嶺的早上，又遇見土匪，可是放過了我們去，搶了後面隨行的幾家布商。後來纔知道，也是說通了的，所以才能不搶我們。像這樣的走了十幾天，才到了化城市的打箭鑪，住在安寺，就在這個冬季尾上，請了一位半蠻不漢的土著藏文教師，老實說一句，他的藏語雖比我們好，他的藏文實在還不如我們知道的多，過年了，開春了，同學們覺著無味了，我與朗禪法師發生了欲動的念頭，不顧一切的，不問同學們願意不願意，我便毅然決然的要上跑馬山去學經，那怕與團體脫離關係都可以。在正式開會討論的時候，勇法師、剛法師諸同學都沒有什麼不願意，就有一兩位不願意的，見勇法師不但不阻攔而且幫助，他也就沒法反對，只有隨我的自由罷了。我在跑馬山依止慈顧大師住了一年，學了幾種藏文文法和宗喀巴大師的《苾芻戒釋》、《菩薩戒釋》、《菩提道次第略論》。這一年所求的學非常滿意，對於藏文方面也大有進境，對於西藏的佛法，生了一種特別不共的信仰。因為見到《苾芻戒釋》、《菩薩戒釋》的組織和論理，是在內地所見不到的事。尤其那部《菩提道次第略論》的組織和建立，更是我從未夢見過的一個奇寶。我覺著發心求法的志願，總算得到了一點小結果，那怕我就是死在西康，我也是不會生悔恨心和遺憾的了。在這一年之中，藏人的生活過慣了，專門吃糌粑不吃米麵，也試驗的有幾分成功了。民國十六年的開春，便是我們正式出發期，我和朗禪法師是搭的甘孜拉瓦家的騾幫，裝作普通僧人進藏，那個生活是很苦的。到了甘孜，就住在商人家裡。勇法師是支官差用官兵護送著進藏，一路上轟轟烈烈大有不可一世之概，尤其那沿途的縣長官員等，皆是爭先恐後的受皈戒，學校機關列隊郊送。川邊的蠻子們，那裡見過這樣尊重優禮的盛舉呢？也就因為勇法師由官兵護送，所以藏人誤為國家特派的大員。西藏政府來了一紙公函擋駕，並有兩張通知甘孜的命令，不准帶漢人進藏。障發生，只得暫時住下了。在五四月間，朗禪法師回到木孃關，我祇有隨勇法師，移往甘孜對河的札迦寺，親近札迦大師學經去了，爾時札公年德高邁，示現殘疾，名義上雖是親近札公，實際上學經的師父，都是他老座下的上首弟子，我依止俄讓巴師父，聽了《菩提道次第廣論》的〈毗缽舍那〉。後又依止格陀諸古，學了《因明初機入門》，及《現觀莊嚴論》、《辨了不了義論》等各種。這位師父的年齡只比我大一歲，但是他的學問、修行、道德、慈悲，那都是仰之彌高，鑽之彌堅，不可測度的。我依止他老人家共住了四個年頭，所得的利益最多。那修菩提心的教授。純是他老人家慈悲恩予的，對於密宗深義，也由他老人家的慈悲，摸著了一點門路。我對於他的信敬心，是不可用言語來形容的事。他那種慈藹面容和悅的音聲，令我生生世世也難得忘掉的。民國十七年的秋天，我久仰盛名的安東恩師，由廓羅來甘孜，朝禮札公，問往昌都建立道場的事宜。這是天予我的良好機會，由格陀諸古介紹，拜見了安東恩師，罄問了我積久欲問的許多難題。他老人家那種淵博學海，鋒利劍芒，任你何等的困難死結，莫不迎刃而解。我受了教訓之後，就五體投地底信仰，這是我初次所見的安東恩師，自此以後，就想長時依止安東恩師了。到民國十八年的八月初四日，札公大師示寂，正如人天眼滅。至初十日的早上，勇法師也逝世了，這時候剛法師在成都未回，身前只有我和恆照、密嚴、密慧諸兄，這種不幸的喪事臨頭，我們是沒有辦過的。怎麼辦呢？慌了慌了，束手坐待是不可以的呀！於是我便東一頭西一頭的請格陀諸古來指導，札公的善後也是他老人家主持辦的，勇法師喪事又找到他，這才見得到他老人家的真實修養，不慌不忙的，指示出一條通衢。我們幾個人便依著所指示的一步一步的做下去，輕輕鬆鬆的把勇法師的茶毗事做好了。密慧兄回東古，密嚴兄回康定，恆照師也走了，就留我一個人在甘住守，春天剛法師和密嚴兄，由打箭鑪來迎接勇法師的靈骨回康定修塔，我也親身送下去，重新的親近慈顧大師一個月，就在這個當兒裡，智三學兄也歸了西。等到他的茶毗事辦了，我才回到甘孜，依止格陀諸古，聽受札公大師全部著述的傳授。民二十年的春天，我同朗禪法師、堂光師、慧深師等四人，又進一步的到昌都去。朗禪、堂光二師稍住數日即進拉薩。我與慧深師以親近安東恩師為目的，便在昌都求學，是年的春夏秋三季，受了四十餘部的大灌頂，對於顯教諸論亦略聞綱要。八月間又隨恩師進藏，路過拏墟達樸大師處，依止達樸大師受「綠度母身曼陀羅」之不共修法等。十月底到拉薩，奉恩師之命，冬月間入哲蚌寺放札倉郡則，名義填在寺中，實際仍住拉薩依止恩師求學。民國二十一年，學習《因明總義論》及《菩提道次第廣論》。民國二十二年，學習《現觀莊嚴論金鬘論》，及《密宗道次第廣論》、《五次第廣論》，三百餘尊「結緣灌頂」，大威德「二種次第」及「護摩大疏」，並「空行佛母」修法教授等。此外尚依止格登墀巴聽「俱舍」，絳則法王聽「戒律」，頗章喀大師受勝樂金剛之大灌頂等。總之在康藏留學的這幾年中間，要算我這一生中，最饒興趣，最為滿意的一幅畫圖了。

這幾年的生活狀況如何呢？我再為簡略的敘述一下：當我在甘孜的第一年，是隨勇法師搭伙食，吃的當然不錯。第二年分開之後，我便用一個大瓦壺，滿注上一壺冷水，在夜晚臨睡的時候，把它安坐在一個牛糞充滿的瓦缸子上，再給它蒙上一些禦寒的破爛布之類，由那瓦缸內的牛糞子，把它漸漸熏熱，乃至沸騰。到了第二天早上，起來先倒出一點洗洗臉，餘者之中，放上一把粗茶半把蠻鹽，這就叫做蠻茶，我在床上將早課誦畢，把他搬到床前，拿出一個木碗，半小口袋糌粑，一塊酥油，幾片生蘿蔔來用早餐，飯後便往師處候課聽講。中午回來，再喝幾盃剩茶，揉上一碗糌粑吃，下午又上課去了。晚上隨隨便便地吃些東西，就算去了一天的時光。第二天還是原方抓藥，一年三百六十五天也是這一著棋。生活雖然窘迫，精神非常快樂，甚至有時候看書寫書，快樂的忘了睡覺，這都是莫名其妙的事呀！在拉薩住的那幾年，生活方面，差不多與前相同。學書誦經都忙的起早睡晚，連吃東西都要特別抽閒來吃。我在這八九年的光陰中間，對於西藏的顯密教理，皆能略略的得到一些頭緒，大概就是對於衣食住三項淡薄的緣故吧！

初次歸來

在民國二十二年，連接的接到虛大師的幾封信，催促速歸辦理「漢藏教理院」的事情，在我個人的觀念上，實在覺著所學的不夠用，而且想學的還很多。吃盡千辛萬苦，好容易才到了西藏，放著寶所不住，那肯輕易就回來呢？但是這裡面有三種原因，我雖不願意回來，也得回來：一，虛大師是我內地唯一無二的恩師，我對於漢文佛學，能得一知半解，皆是依止他老人家的教授得來的，他老人家是真實菩薩，終日為著整理僧伽，培植人才，復興佛教，住持正法而忙，他在二十餘年中，為扶持正法，創辦學院等，不知道吃了多少苦，耐了多少勞。現在辦個漢藏教理院，命我去教一點藏文，我若是違命不去，豈不是給他老人家一個絕大的打擊嗎？我於報恩的心理上能忍耐得過去嗎？二，我初到昌都時，原是想請安東恩師來主持世界佛學苑藏文系的，因為他奉達賴喇嘛之命進藏，一時難得出來，我將虛大師之函件呈白，他老人家也主張叫我先出來籌備一下，他再出來，師命如是，我又那裡敢違呢？三，我請安東恩師來內地的意思，寫了一道呈文，啟白於達賴座前，達賴喇嘛的答文上，說安東恩師出來的時機尚未到，頂好是我先出來，這個答覆，更造成了我先歸的鐵案。就在那年十月二十七日作了我初次歸來的行期。在行期的前六天，便是我好友朗禪法師圓寂忌日，他是害熱病死的，在九月間他害了兩次，幸喜達賴太醫的手段高明，皆給救住。第三次病返在寺中，離拉薩太遠，沒法延醫救治，所以他就嗚呼哀哉了！我對於他的企望心很重，我回內地籌備之時，還望他能時時代我勸駕恩師的。誰知他這一死，便弄得我後方接應無人，所以我對於朗法師之死，傷心極了，就在傷心之中，也勉強代他辦理了喪事才動身，我那時覺得人生太無常了，太萎脆了，稍微遇著一點違緣，便要分出此事與後世的界限。西藏這塊淨土，今天一別，實不知還能不能重來！所經過的印度，即是我釋迦牟尼如來誕生成佛說法示寂之國土，這些聖地若不飽飽地朝禮個夠，下次能不能再來聖地，那更是不可預料的事了。因為這個無常觀念，時時逼在我眼前，我便會狂了似的，由噶倫堡，直往金剛場，住了七天，修了點供養。又往鹿野苑朝禮轉法輪塔，住了一天一夜。又往拘尸那雙林佛涅槃處朝禮一遍。次往尼泊爾，朝禮佛往昔身餵虎等聖跡。這樣轉了一個多月，直到民國二十三年正月裡才到加爾各答，又往國際大學看望一位故友，住了三天，回來便買舟東渡，往仰光朝禮大金塔去了。那裡有慈航法師手創的仰光中國佛學會，會上同人，對於做宏法利生的事業很有精神。我在福山寺裡掛單閉關，住到三月底出關之後，在佛學會隨喜了幾次普通演講。到四月初四的那天，我便買輪歸國，五月初到上海，特往奉化朝謁虛太師。在雪竇寺住了七天，便回上海往南京，會晤了謝次長、周局長、鄧夢先、陳濟博等一班老友，承密師父的函召，重遊寶華山。開堂師父已做了和尚，密澄師也接了法卷。後往北平避暑，給安欽大師任了一夏天義務翻譯，回家省親一次，這是我離家以來第二次回家了。先是十四年四月裡臨赴藏的時候，回去過一次，那時我的雙親俱在，唯慈母大人，因我出家永別的關係，晝夜恆哭，哭的右目失了明，我覺著父母對於兒女的心太切了，恩太重了。但若教我守在牢獄式的家裡事親，那是絕對做不到的事，假若出了家不務如來的正業浪費時光，非但對不住佛及師長，就連我的慈母也沒法見面，這也是我學法志堅的一段小因緣。二次回家的時候，我的慈父已經去世了五年，後起的姪輩大多數沒有會過，連探親里一共住了十天，七月底到的武昌，八月間趕到漢藏教理院開學，代理虛大師的那柄千鈞重擔，輕輕地就負在我的肩上，每天講三點鐘的課，還要翻譯校改《菩提道次第廣論》、《密宗道次第略論》、《菩薩戒品釋論》等的文字。這樣埋頭苦幹了兩學期，二次進藏的機會就成熟了。

再度入藏

我這次歸來的計畫，是想籌備一下迎安東恩師的，如上段已略略地說過。我想迎師的原因，便是我覺著一個人用盡一生的精神去求學，也難得學好和學完善。尤其想翻譯經論的同志們，對於漢文和佛學必須先有相當的根底，學好藏文佛學之後，才能夠正式翻譯。不然，就是將藏文佛學，學到第一等第一名格什的程度，仍然是個藏文佛學的格什，遇見真正翻譯的時候，仍不免默然向隅。那與翻譯經論和世間書籍，何益之有也？我若用盡一生精神，去專學藏文佛學，也不愁做不到第一等的格什，可是時間上許可我嗎？虛大師允許我嗎？恩師上人准許我嗎？不，不，他們都不許我那樣做，尤其是退位的老格登墀巴大師，曾經教導我說：「你在三大寺，就熬到第一名格什，漸次升到格登墀巴，像我這樣的頭上打著一把黃傘，這也是乾枯假名，對於佛法並無多大的益處，你如今先回去把宗喀巴大師的《菩提道次第論》翻譯出來，在你們漢地建立起座正法幢來，那纔對於佛法和眾生做了真實的饒益。你若能設法將絳熱仁波卿——安東恩師之名——迎接出去，把宗喀巴大師的顯密教法，建立起來，那比考格什升『格登墀巴』的功德，大的多哩。」他老人家的這幾句話，固然是安慰我學業未成中途而返痛苦心的方便談，但是也給了我虛榮心的一個大頂門針，由此便造成了我第二次的進藏。我是志在翻譯的，我的學業是未造成功的，若無一位顯密圓通學德兼優的大善知識隨時指導，我想翻譯的事業是不會圓滿的。我第二次進藏的目的，就是想迎我那位名滿康藏位居王師的安東恩師出來宏法的了。

民國二十四年夏天，承阿旺勘布及蓉方學佛同人的函召，到成都去講了一次經。蒙諸大施主的捐助，湊夠了迎師來內地的路費。八月底回院，將院務全權拜託教務主任葦舫法師代理，於古曆九月初一日，便下山東渡，繞道山西朝禮五台及大同、雲崗。道經平、津，晤諸舊友，請其捐助印行《菩提道次第廣論》。此論印行成功，全賴平、津諸友樂施的功德。十月初六往南京取護照，十三日到上海，依虛大師住。十四日觀光菩提學會成立典禮，留下了永不可忘的一點印象。十九日買輪南下，二十四日抵香港，住佛學會。二十八日又買輪南行，古曆冬月初三日抵新加坡。船再北行，初十到仰光，住曾文銀老居士之花園中，休息半月，應酬了些世法。二十六日買輪赴印度，二十九日便到加爾各答，住唐人街天益樓平商德茂永寶號。這晚阿旺堪布等亦到印度，因為攜帶的絲織品太多，海關上給扣留要稅，這些見到行李太多的麻煩了，我也幫著到處託人設法。後由西藏政府來了個電報證明，英國人立即放行免稅。英人對西藏之懷柔，真是令人不寒而慄。古曆臘月十一日赴噶倫堡，預備進藏所需的一切行裝。十八日與葉增隆先生一同僱騾幫進藏，為避英人的阻起見，凡至關隘，必須隱居祕室，半夜步行逃過。一因年餘來少於步行，二因新作的皮靴太緊，在十九日的下午便將兩足後跟磨破了兩塊，擠落三個指甲，痛的我萬分難忍，一步一咬牙，晚上住在桑零曲喀，一步也走不動了。在這一生之中，我算第一次受這種罪，我知道為法犧牲的諸先覺，也是吃過這種痛苦的。我在往昔生中，被貪瞋癡等所使，為追求五欲所吃的痛苦，必大於這種痛苦的百倍。我今生出了家，為迎師宏法起見，吃這一點小苦，實在是應當值得吃。在這三界之中，吃這種痛苦和更大痛苦的眾生多得很，他們實在是可憐，我應在此痛苦之上，代替一切有情受盡一切痛苦，唯願沒有一個有情再受痛苦。我這樣地推想了一陣，於是把腳上和身上的痛苦忘掉，瞌睡來了，我就矇矓睡到天亮，次日又勉強能走幾步了，這樣一天一天的連痛帶病的熬到二十四日才到了帕克里，住在恆盛公大寶號，承馬義才先生的優待，休養了幾天。二十八日僱了白宇倉兩匹騾子，我與增隆一同赴藏，古曆正月初一日，在途中最高寒的卡鑪過年，除夕增隆煮了一些稀飯給我吃——我病已久，一路上全仗增隆照顧，同鄉之情，深覺可感——還說了兩句笑話，便是說：「以後過快樂年的時候，別忘了我們的今天呀！」這樣地熬了十天，民國二十五年古曆正月初九上午到了拉薩。在藏的同鄉們皆出郊來接，同鄉人在異城相遇，比親兄弟還覺著親熱。初十見到安東恩師的管家，交來恩師手諭兩件，是說他老人家繞道動錫，不來拉薩，叫我在拉薩請所需的書籍數馱，直回帕克里會齊東來。拜讀之後，歡喜的嘴都合不起來，精神為之一振，身上的病痛也就消失了一半。在十四日的早上，忽見管家匆匆而來面帶驚慌之色，我急問何事，他便說拏墟來了專差，恩師上人於初二圓寂了。哎喲！天呀！嗚呼！苦哉！好像有一口熱血，直往上湧，幸喜裁止的快，未曾惛倒。稍微嘆息了一會，便急匆匆地往各處佛殿供燈，並發一長電告知內地諸檀越，十六日隨管家等往拏墟。在止公地界遇天降大雪尺餘，以後沿途盡是冰天雪地，更加是露地食宿，遂犯了腿部轉筋的舊症，並新添了痢疾。三十日始到絨波寺，這是恩師圓寂的處所。在寺休養了幾天，纔加入代恩師修法的團體。古二月十三日，為恩師荼毗日期，眾人一致的推我主法，乃以大威德護摩法焚化。十九日收檢骨灰，於中撿得舍利子數粒。四十九日法會圓滿後，又修護法神供養法數日，於古三月初三日，結伴三人，先返拉薩。途中復遇大雪，露地生活，較前次更多。因來時支有官馬，沿途牧場尚可借宿，歸程全係自馬，唯可放牧野原覓柴自炊耳。直至十八日晚上，纔到拉薩，住在同鄉處，人困馬乏至此為極。此後在拉薩養病，凡閱五月，即在此期中，亦依止絳則法王，聽講《菩提道次第略論》、《苾芻戒廣釋》和《俱舍論》等。自於每日略譯《辨了不了義論》一頁半頁不定，總以不空過為限耳。第二次進藏的情形大概如此。

重歸和志願

迎師是撲了空，在夏季之中，雖亦另訪了幾位，有的是不願來內地，有的是為事所阻，結果沒有一位能同來。在八月連奉虛大師及漢藏院電信，促我速歸，遂將所請之經書，包紮成馱。唯因時期尚早，河水未退，無有商人往返印帕間，我因回國心急，解友三先生，特派騾幫送印，祇因經書太多，延時過久，古曆十月初五，始到噶倫堡，住惠文皮工廠，將經書交轉運公司轉運。初十日即赴加爾各答，住興記寶號。十一日簽回國護照，十八日買輪東歸。唯在我動身之前，經書尚未運到，實屬憾事！只好拜託友人，到時再轉運了。

冬月初五日抵香港，是晚即乘船赴廣州，轉粵漢車，初八晚兩點半至武昌，住佛學院。在武昌住了半個月，講了一部《二十唯識論》和《菩提道次第修法》並《菩提道次第廣論》中奢摩他的前半段。二十五日偕法舫法師、雪松法師、契惺法師乘武林船西行。二十九日到宜昌，三十日買民安輪票，古十二月初一日開駛，初三在興隆灘觸礁，幾乎葬身魚腹，枯水行船，實在令人膽裂，水手們七忙八亂的塗了些洋灰，勉強走到盤沱住宿。初四開到萬縣，趕忙換「民蘇」。初七晚上才到重慶，初十始平安的回到縉雲山。

回院後，很想休息調養幾日，不過我是為佛法而發願犧牲的，院務忙的很，並且離院一年多，全權是請葦舫法師代理的，把他辛苦了。專修班的課程，多蒙嚴定兄擔任教授，我更是感謝到了萬分。其餘的各位教職員，都各負其責的熱心做事，沒有一位不令我感激的。我自己空跑了一趟，耽誤了一年多的光陰，實在慚愧無地。

迎師既未成功，事情仍當自做，肩頭要硬些，腰板要直些，每日除在普通專修兩科中教課外，須尚為法師們講點戒律和密法。再有空閒，便是做我私人所願做的翻譯工作了；只要能夠與佛法有真實利益，譯書、教課、栽培後學，這當然都是我分內的事了。

《現代西藏》附錄，漢藏教理院出版一九三七年

我去過的西藏

沉陰的天氣，悶悶的住在一隻小輪船上，欲走船不能開，不走事情又不許可。一般趕船的人都在焦急的歎息，在船板上踱來踱去的皺著眉頭不說話。我是屢次急慣了的，久而久之也就自安了，我想天掉下來有地接著，焦急也是無益的。所以我的事再急，我的心也急不起來了。這天是一月十七，即農曆臘月初五日，船名「民蘇」，停在萬縣的對面江心中，法舫法師說：「你閒著無事何不把西藏所見的大略寫一點出來給我看呢？」我說：「我平常是散漫慣了的，見聞雖多，但無日記，一時從何說起。若是有書籍在身邊，還可參考一下，現在又沒有，叫我怎樣寫呢？」但是良友之言不可違，那就只有就我心中所想到的說幾句吧。

覺著它的地大

我第一次進藏，是由川邊的打箭鑪進去的。川邊進藏原有三條路：一是走裡塘、巴塘、昌都，而入前藏拉薩。一是由道孚、鑪霍、甘孜、道格、昌都，而往拉薩。一是由甘孜，往結谷、拏墟喀，而往拉薩。這就是由康入藏的三條大路。第一條叫南路，是官道，山嶺最多。第二條叫北路，山嶺較少，即趙爾豐往昌都所走的。第三條路最平坦，多為荒原，茫無人煙，是商人所走的。更有一條路由西寧，經廓羅地界，往拏墟喀入藏的，最為高寒亦最為平坦，是蒙甘等處商人所走的，亦即是班禪大師計畫漢藏交通的路線。

由昌都到拉薩也有二條路：一是官道，頗饒山河；一是北路，由昌都、日俄伽、臻呑滾、止公而到拉薩。在這許多的路途之中，我是入藏學法的出家人，總擇其平坦捷近眾緣易足的道路走，是由打箭鑪、道孚、鑪霍、甘孜、德格、昌都、日俄伽、臻呑滾、止公到前藏最繁盛的拉薩。其餘的道路，不過聽他人傳說，或書上看來，我並不曾走過。至於我親身走過的高山峻嶺，深流絕壑，以及那些冰天雪地，荒涼原野等等，雖也曾一幕一幕的深深的印過我的腦海，潮過我的心血，但在那種狂風暴雨之中，過那臨時覓柴尋水自炊自食一飯必須三噓手的生活，衣食住尚且忙之不暇，那裡還能寫日記呢？因此，我雖曾經過當時風吹日晒雨淋雪覆的最苦環境，與那狡詐欺侮的蠻商共住，以及猙獰暴惡的土匪掠，至今思之猶覺心戰膽寒，非常害怕，我的生命是九死一生中活過來的！可是已經十年了，這些有的也忘記了，詳詳細細的想不起，縱然想得起也無甚意味，徒添我的驚恐回憶而已。

漢藏究以何處為界限，曾聞說黃專使慕松到拉薩時，在未解決漢藏問題前，西藏當局即先提出此案意見，專使也未便直答，專任其事者尚爾，我乃出家人，更不便越俎代庖的為漢藏劃界了。我覺得漢藏既是一個國家，只要西藏歸順中央，劃界卻是小問題。由打箭鑪彎彎曲曲時上時下的走到拉薩，我在途中走了八九個月（有時走，有時住下親近善知識學經），走路雖不須如此長時，但專門走也大約要走三個多月，才能到達。我非測量地理學家，不知究有若干里數，即前人之站數也是就山路而臆度假定，並未見有確實的里數，不過覺得它是一段很長遠的路程罷了。所以現在一般去西藏的人，總以「地大」二字，將它包括了。

由拉薩以南，直到印度交界喜瑪拉亞山頂，有半月的路程。可說是西藏的地土，哲孟雄、不丹等處的居民，皆自認是西藏人，現在藏官駐守。雖有一二處為英人所佔，但整體仍屬西藏。拉薩往北，一直達到新疆交界，也可說是西藏的地土，我往北雖僅走過十六七日的路程，但知其北尚有一月許的路程纔達鹽海。拏壚喀一帶的牧戶，夏季多往採鹽，秋季運至拉薩等處換成大麥以作年糧，其海之北部雖係荒原，聞人傳說亦屬西藏土地。我雖未至其地實地考查，然略想新疆之南，必無其他國家之領土。由拉薩往西，經過後藏、薩伽、俄日，以至廓爾喀交界，聞說有三四月路程。我未去過，但知它亦是西藏的土地。因為在西藏的歷史上，見得到唐末宋初之藏王後胤，遷居在俄日之傳記，尤其在拉薩的達賴宮前的兩個丈餘高的大石碑上，也見到乾隆皇帝派兵打尼泊爾的往事。前年我由印度往尼泊爾朝禮聖跡的時候，遇著我在拉薩的兩位同學（西康人），他們是由後藏往尼泊爾朝佛的，聽他們說，俄日等處仍是西藏所管轄。他們自五六月間拉薩動身，沿路半乞半買的遊行，至臘月底相遇在尼泊爾首都陽布城大塔之下。他們走得雖很慢不可作為標準，大約普通商人走，亦須兩三個月乃能走到，要是這樣的將西藏的東南西北一考查，實不知西藏地界究有多寬大多，較普通人漫言西藏地大，豈不更超出許多嗎？

西藏的版圖，我漢族一定主張是要的，西藏的人民，對我中央也想要合為一家的。西藏的中心拉薩，我政府也一定想派人駐守的，西藏的行政，我國家更要管理的，他人若欲施行其軟硬侵略的各種手段，我中央政府，想必一定也要設法救援抵禦的，這是無疑的事實。可是究竟西藏有多麼大，我國人沒有切實的調查和測量，我想除了依據東西洋的幾張圖畫，和前清欽差等似是而非的記述外，我從不曾見過民國以來我漢族人民的新作品。不知是我遠居偏野的少見寡聞呢？抑真實未有呢？我自己也不能判斷了。現在國家在抗戰在復興，我希望中央政府注意這塊廣闊的土地，純善的人民，注意保持這為西南國防的屏障。

覺著它的人稀

西藏究竟有多少人？我實在不知道。即拉薩有多少人？我也不知道。因為我在西藏專門的學經去了。一來我不是官，沒有充分的經費，不便去調查；二來我學經事忙，雖想去調查，也沒有工夫，故我絕對的不知道西藏究竟有多少人口。但是受了國家的薪水，特往西藏調查的一般人，也不過只能用「人稀」二字作答覆罷了。

現在就我耳聞目睹，來說一點它人稀的現象吧。由打箭鑪，直到折多山腳下折多塘村，沿途盡是荒山野草，成材的大樹也不多，人戶先也看見幾家，但是比晨星還要稀些，折多塘有百十戶窮民。次日翻山，直到宿站，也就只有一個官站、碉樓，和幾個候差的牧戶雜役，一路上並不見有一個人戶。聞說各大山的向陽處，有些終身以牧為生的小族部落，但是可聞而不可見，此等民族只能代來往的官人候差和支差，在出差中常受鞭打和呵罵，這是歷年沿下來的情形了。但是這些蠻子，也有個怪脾氣，你若是用好言曉喻，僱馬或請人的話，他不但不租馬不派人，就是想買他的一把柴，一筐牛糞，那也是辦不到的。他若見你的衣物豐盈，恐怕還要生意外的危險咧。你若是用官派去壓制他，那麼他非但不敢害你，並且馬吃的草料，人吃的油茶，下至燒火取水等等，他都甘心樂意的做了。如此看來，他們實在是久遠來熏習成的一種軟欺硬怕，吃硬不吃軟的劣根性了。話再說回來，由昌巴仲到太寧，兩天的路程中，見了一座寺，幾家人戶，但也是很薄弱的，太寧的寺原是乾隆為第七代達賴所修的臨時住址，聽說在前清很興旺，現在衰敗的不忍驟觀了。太寧地方也僅有幾十家人戶，如是再進就須一直到道孚縣，才能看見人戶。由道孚直到甘孜除幾座山嶺野原外，卻多有居民可觀，亦即西康最繁盛之區域，糧米最富裕之所在了。各處的遊牧居民，一到秋後即來此間，用酥油等牧場所產的物品，來換麥食，但這種大名鼎鼎之繁盛縣區，較之內地稍大一點的集鎮尚且不如。況諸縣市省垣呢？甘孜以西，更有二日路程的大山荒原，再由佐勤到德格，更是一片荒山了。由德格往昌都，雖亦有三四個換馬處，但皆是專為聽差而特設，並非人民居處，總之這一路上連日無人煙的荒涼景象，在內地任你走到那裡，皆是見不到和聽不到的，尤其是食糧一事，要從甘孜備好，一直吃到昌都，倘在途中斷絕乾糧，那是無處可乞可買的，也就只好餓斃罷了。

我在途中鹽用完了，想買一點也不可得，只好淡食走到昌都，由此也可見人煙稀少而且窮困的一斑了。但西康地方並非全無人戶，不過地面太大，人民多係散在各處山陽，做他那種游牧生活而已。聽說若是由甘孜走北路經過結谷垛而進藏者，有一月多的途程全無人煙，那衣食住完全要自備，更不待說了。又由昌都往拉薩，我記得是八月間動身的，沿途雖也略有些擱，但是到了拉薩的時候，卻是冬月初頭。此一路上有幾處見到過稀落的居民，可是比較起來尚佔不住荒原的百千分之一呢。又聞說官路上，原有些居民聽差，後來因為過往太多，小民吃不過應差的煩苦，便皆逃亡他鄉去了。現在官路的居民，比小路有少無多了。所以我國的專差官員們，調查不到他們確實戶口。由拉薩以北，凡有兩條路往拏墟喀地方，這兩條路我都親身走過的：一條是由拉薩向東北走，一直到止公提，有五六日的程途，沿路皆有人戶數家或一二十家的小村落，間或有些偉大的寺廟和官第，這在西藏的東北二路上，要算最饒趣味的一段平原了。由止公提以北，那就須連翻四五座大山，經過許多的荒野險路，除三四處特為過路官員設立的站口外，間或見著二三家游牧民族，散居在近水肥草的山陽之下，可是三四日間也難遇著一回，一般弱小的平民走這條路，由止公提一直到拏墟喀，約有十數日的途程，衣食住三項，就要完全自備了。我走這條路的時候，沾了西藏當局的一點優待，發給了一張馬票，在有站口的地方，過了三四次來往官員的生活，至於在其他無站口的地方，那就仍與其他平民一樣的過那種冰天雪地，臨時取水找牛糞的生活了（牛糞找來作燃料，若是遇雨，或雪溶化，沒有乾牛糞的時候，那就只好用涼水拌炒麵，或捱餓罷了）。我記得在途中曾被大雪蒙過三次，因為那正是農曆正月間，即藏地最好降雪的期中，傍晚覓一略避風雪的山環或崖下過夜，到早晨醒來覺著好像有什麼東西在上面壓著，這便一定是雪了。輕輕地將被蓋掀起，把雪推到一旁，讓出立身之處，四面一望，混混漠漠變成了一個純粹銀色的世界，就是所帶的牛馬，也都臥在地下被雪蓋住成了一個銀堆子。初次遇著這種景象的時候，卻覺著另有一種特別的興趣和風味，胸懷裡也覺著非常的歡躍和舒服，可是這種趣味、舒服，卻不能長久，忽被冷風一吹，通身又起了一種變化，尤其是手臉部分，好像被刀割針刺一般的寒痛，以前那種興趣、風味和歡躍、舒服，卻又不知向何處遁去了。若是到起身的時候，那狂風猛雪猶未肯稍微停止一下，那就連那種剎那間的歡樂也無暇去覓尋，只有通身戰抖，手腳僵硬的感覺罷了。又一條路。是由拉薩向北，越果拉山，到盆薄界，再往北到惹真地方，這也有五六日的行程，人煙也時有時無，其山也大大小小的要走好幾處。再由惹真以北，一直到拏壚喀，那就仍是除了各處山陽裡稀稀落落的幾家游牧民族外，更無房屋和田園可接觸我們的眼簾了。我走這條路，是由拏壚喀還拉薩，西藏當局的馬票上，只保去不保回，所以在我的歸程中，就失去了官員生活的效力，我同路的共三人，騾馬四匹，每人騎一匹，餘一匹馬馱了我們三個人的食糧和四匹馬的料豆，就每日尋有水草的處所露宿，風雪的侵害，聽其自然，更不尋求那牧場的毛帳，或人戶的房屋，以作避免風雪之所在（即覓也不可得，又何必去覓）。故這一路所遇見的風雪，較之其他地方，更有過之而無不及。但是凡事經過多次，也就過慣了，更沒有什麼驚懼駭怪的感覺，唯盼速達所欲往的目的地而已。總之，在這兩條路上往返一月多的路途，除去了拉薩附近五六日之外，就能感覺到在上有的是青天和陰雲，在下有的是亂石和荒草，橫著看一下，不是一條小山巷夾著一條淺溪，便是亂石和冰雪所堆成的高下不等的奇形怪狀的山壁。除此天雲石草山溪之外，就連一個飛鳥和一個走獸也難得看到，更談不到人了。故此北路的人實在稀少，我是很嘗夠了的，至於犁墟喀以北的荒原，我雖未走過，可是聽見走過的朋友們談過（今年夏天尚有友人自彼路來），推測那種人煙稀少的景象，想必更甚於犁墟喀以南了。

由拉薩往後藏凡有三條路，我一條也沒走過，只聽去過的朋友們說，沿路尚可找到宿處，也能化到一點吃的，這一定不是很荒涼的了。是由拉薩到後藏的江孜附近去印度的那條路，我卻走過三次，其間的荒原也多過熟田不知幾千百倍，人戶也僅沿著大路的站口上有些罷了。至於由後藏往薩迦、俄日等處，聽說那路上人煙更少，有的也是些游牧而已。

由拉薩以南，地方稍微溫熱，出產也稍微豐富，據往山南各處的商人談起，說那裡的人煙也不如拉薩稠密繁盛，不過較之拉薩北路，當然是多得多了。現再說說我親身走過三次赴印度的那條路吧。由拉薩沿著前藏大河流的北岸，走上三四天（騾幫無準站），才到了前後藏兩條大河合流之處，名曰曲許，此便是西藏最豐饒的區域，前藏人民一年的食糧，大部分皆歸此一般地方的出產供給，他處雖亦出糧，但較此區則差多了。再由此往西渡過後藏大河，住宿一夜，次早翻一座有名的崗巴拉山，便到了後藏的地界了（管轄者仍屬前藏），此山之南，就是讓卓錯，藏人名之為海，我們看起來，就是一個大死湖，此湖周圍數百里，其中環抱數座大山，湖面的冷風吹來，雖在夏季也非棉或皮，不能夠抵禦。若是秋季過此湖邊，那就比內地的冬季還要冷幾倍，我僅在秋冬季走過它的北西兩岸，那種不可親近的風味，我是不敢領教的。至於東南兩岸那是很難得走到的地方，湖的北岸和西岸，皆須住宿一夜，再一日便走進兩座大雪山的中間（終年積雪），藏人名曰雜惹（義為亂石堆）在我看來，就算是人間的寒冰地獄，此山間除了兩三處郵差的矮小土屋外，僅有兩戶居民。這兩戶人，就專望來往的商客留宿，賣草為生，食糧尚且沒的賣，況其他的物品。再一日出了此山，走到一個眾山環抱的小平原上，有兩三戶居民，也是專為來往過客而設立。再走起來，一直到帕克里，沿路雖有住宿處，和絕無僅有的那些村莊和廟宇，可是高寒（比拉薩地方還高）窮窘，比拉薩要有天淵之懸隔了。要到帕克里的前三日，須走四個大野原：第一名叫格拉巴塘，南風逆吹，大有寸步難挨之概，若遇上風雪，那就必須置生死於度外。第二個叫古兒古塘，也是半日的途程。第三叫朗薄奴塘，傳說現在拉薩的兩匹大象，昔由印度牽來時，行到這裡，因畏西藏之寒冷，哭不前進故名（朗薄是象，奴是哭）。第四叫塘勤奔松，此平原分三段，傳說昔時有一婦人，攜三幼兒，由帕克里往敦拏，路過三段荒原，三兒次第凍斃，故名其荒原叫塘勤奔松（塘勤即大原，奔松即三兒弟）。帕克里這地方，就是印度到前後藏的中心樞紐，一般商人也多在那裡換騾幫。此處的居民，有百餘戶，多以招待商人，轉賣草料為生活。其地高寒，麥不及熟，春末播種，秋季將穗而刈，專供馬料為用。帕克里以南，便是哲孟雄地方，前清時代，在慶喜設兵把守，是為西藏南部的最要關隘，現在則荒林頹壁而已。再下一日（由帕克里以南是向下走，日日漸低），至霞斯瑪，此是哲孟雄境內最繁盛的鎮市，清末英兵進藏後，便侵佔了這地方未交還西藏，作了他們小模型的租界（可是並無租價和期限），他們就在這裡建立教堂，收買人心，實行他那懷柔侵略的政策了。此村鎮上下一帶的民族，約兩三百戶，雖是西藏人，然而不受西藏管，歸為英人所有。

由霞斯瑪下行一日，便至喜瑪拉亞山腳下，次日翻山，便到印度的邊境了。哲孟雄地界，人煙稠密，幾與拉薩附近相似，唯地方較小，而溫度甚高，兩山的古松大柏，滿山野，實為西藏他處所沒有。

總括以上我所見聞到的西藏地面上的人口，實覺太稀少，所以趙爾豐等好像說是西藏的人都出了家，所以人口有減無增，欲令西藏強盛，非禁其人民出家不可。這種論調，在一般無宗教或是其他宗教的人，雖覺深合口味，然而在西藏的民族思想上，卻是晴天霹靂一般，沒有一個不反對的，因為西藏純然是一個佛教區，它的民族，都知道點人生宇宙的究竟滋味是苦的，並且他們知道大富大貴是帶不了去的。大限到來，親族朋友金銀財貨，皆是幫不了一點忙的，其所帶著走的，唯有自己在生前所造的善惡業死後是要隨著他的力量流轉；非但自己不能為力，就使有全知全能創造世界的上帝也沒有辦法的，所以上焉者，必在生前預設辦法，進趣佛道，出家修行。下焉者，維持家業，養活眷屬，止惡行善。再下者，雖流浪山林，掠謀生，但仍深信惡有惡報，終有懼心，不過若不劫奪，無法生活，或無法富強（西康、廓羅一帶人民，亦皆如此），自己也認為是萬不得已的事。西藏民族既有這樣強而有力的佛教觀念在懷抱裡，故一般知識份子，那能受那撥無因果的斷見外道之所欺惑愚弄，而專趣眼前的五欲呢？趙爾豐所言不行的原因，大概就是如此吧。

已往的是怎樣

我再傳說幾段小故事吧：就是前年我在印度，朝禮聖跡的時候，有一位同伴的四川老者，在火車上談起，才知道他原是一個退伍的老軍人，現今在噶倫堡開飯館。他說起初在川省跟欽差大人出發時，欽差大人那種招兵買馬的氣概，實在不可一世，但是一到川邊，便漸次的剪裁起來，及到了拉薩，恐怕連三分之一都沒有了。安住之後，便要改編，除那些稍有門坎的士兵外（門坎，多以袍哥論），其餘的大多數是派往各處把守那種無須把守的關口，換句話說，就是怕人多生事，遣散罷了。他本人也被編在把守慶喜之列（即哲孟雄的關隘），據說慶喜那地方很重要，給大皇帝稟報的好像是五百馬隊把守，其實連五匹馬也沒有，這筆款大半就是當上司的吃了。他說他們同住的有十幾個人，他本人不在袍哥之內，其餘的多是袍哥兄弟，慶喜與帕克里，相隔不過一天多路，帕克里也住了一二十個濫兵（究竟應住多少，給皇帝報了多少，我也未去詳細考查它），大半也都是袍哥兄弟，他們兄弟們，今天不是你來，明天便是我去，無論有事無事，高興便就近處居民家裡或山林田裡，牽了馬就騎著用（並無須上司發給馬牌），騎到了目的地或拴在樁上餓著等用，或放棄不問，回路另找新馬，若是有客來了，談到無聊的時候，便將附近的民家婦女號召來跳鍋莊，再高興一點，便撿幾個略有姿色的拿來蹂躪。他說連他都看不過眼去，所以令弱小的民族，恨入骨髓，可是敢怒而不敢言；假若言之，決定給你個眼前報應瞧瞧，這種欽差大人的軍隊，可算闊的淫威沸天了。

我再述一段軍變，聽說在民初的時候，住藏的是連欽差和鍾統領，連是有高貴的大名而沒有什麼大權，鍾是有實權的偉人，聽說他是川省人，他的老太爺好像也是做過大官，他臨入藏的時候，老太爺曾訓誨過：你在西藏做官，每年我給你幾萬元的零用（除俸外），若是不夠的話，我再給你多添，卻不可扣軍餉以招人怨。

這位鍾大人也很好，每年所用的都是由家鄉匯來的，並不私沾軍人的一文，聽說他的錢，是多的無有數量，他在拉薩也曾賞識過一個土娼，這土娼有一次說沒錢用，他便叫人送去了一個木箱，盡是一箱子藏銀元。西藏的土娼，幾生見過這樣多的錢呢？第二天便成了個滿頭珠翠的闊太太了。他的軍人遇見這樣寬宏大量財神爺爺的上司，當然錢用不完，吃穿是不成問題的。可要知道人是閒不住的東西，吃喝穿住外，恐怕還要更想出許多別的花樣來耍耍，在當大人的，始終是抱著宰相的肚子，裝聾做啞，不聞不問。於是這般軍人們，便又組織了他們獨有的哥老會，這會的規矩，是要自認為是好漢，兄弟們有二人以上的告發，不問自己是不是有過錯，就得忍受死刑，不許辯論反駁，由是他們軍人，便一天一天的自相殘殺起來。他們這裡面，大約是分些什麼大哥二哥等，聽說他們越鬧勢越大，便將統領的印綬奪來，自行執掌，處決一切。到了這時，統領和欽差，皆是他們手上的雞卵一樣，愛耍就耍，不愛耍就殺了，以後更公然叛了。叛了之後，第一是想消滅色拉寺的喇嘛，孰知戰而不利，反被追回拉薩，避入營中，當時西藏的當局（達賴早已去了印度）便大肆糾合各處鄉民，幫助色拉寺打漢軍，同在小小的一個拉薩街市，分割為南北兩界，是時一般袍哥兄弟，便才自知不足用了，又把那統領的印綬，交還了鍾大人，但這時候的環境，卻是一天危險一天，相持半年之後，終於還是繳械投降西藏，被西藏遣發由印度回國。西藏的當局要人，重又歡迎達賴回藏主持一切，漢藏的關係就是由此打斷，前後藏當局的芥蒂，也就是在這個時候插下根了。

又有色拉寺的一個大喇嘛，他也對我說過一點漢藏衝突的原因，據說漢兵初到藏的時候，達賴逃往印度，那時的漢兵，獨霸了西藏威震一時。在這一二年間，漢兵橫行霸道，非但西藏當局的人不敢說他半個不好，就是正月間傳大招時，獨擅全權的哲蚌寺鐵棒喇嘛，也被漢兵誣加罪名，令當著三大寺的大眾僧前，朝著太陽罰跪，極盡侮辱的能事，當時誰也不敢出面反對抗言。色拉寺的當事的人員，看見最與漢人親近的哲蚌寺當權的鐵棒喇嘛，尚受此大辱而沒法挽救，則對於其他的人，更可例知了。因是對於漢人軍隊，採取了敬鬼神而遠之的態度，因此較他寺的人與漢官來往，當然疏遠了許多。爾時漢官便說色拉寺的僧眾，心懷反對，故時或派幾個兵役，特到寺中來尋釁，若遇大眾上殿過堂的時候，他們便跑到中間，奪過鐵棒喇嘛的帽子和棍子，捉弄著玩，或效仿著做，若遇見大眾在辯論或誦經的時候，便跑到第一排呼圖克圖前，奪其帽，佔其座，效其誦經的聲音或狀態，如是種種的欺凌侮辱，全寺僧眾從無一人敢發一言而作反抗。但彼等已做到此步田地，尚不知足，忽然一日，聽說漢人已派兵來正式的燒色拉寺了，眾僧聞之，聳然心驚，明知西藏當局都不敢惹的橫行霸道的漢兵，絕非全無訓練的一寺文僧所能禦敵，但是事已至此，無法挽回，縱抵禦不勝，亦比束手就縛要強的多，所以大家就團結起來了，臨時商量了些禦敵的方法，就正式防備，直到臨晚的時候，便聽見遠處起了一陣槍聲，越響越近，將臨寺下，寺內的防備人員，也就放了火槍，在房上或窗內迎敵，戰至夜分，漢兵並未得手，所以就慢慢的退去，寺內的防備者，反成了追軍，是夜就分據了拉薩，次日西藏當局響應色拉寺的舉動，便構成漢藏戰爭的起因，結果是漢兵失敗投降了。

又傳說漢兵敗退拉薩的時候，便先行搶劫漢商，能拿的拿去，不能拿的也要打碎才走，所以在藏營業的一般商人，沒有一個不被劫掠一空，至此對漢軍更格外的含恨。

總觀上來傳說的種種事實，我們便可以推想到，從前漢兵在藏的那種橫行惡霸的怪現象。殺盜姦淫的事情，當然是很平常的舉動，他們並把西藏當局池們噶倫的太太，搶去蹂躪。試想想這種行為的漢兵駐藏，能不令藏人恨入骨髓嗎？所以現在一談到派兵進藏的問題，西藏政府和人民（民眾大會），無有一個不是極力的反對，這種現象，當然不能單怪對方，願我們的當局要人，鑑往知來，實地考查一下，再求挽救方法！

英人怎樣對付西藏

英人不敢正式的侵佔西藏，他覺著漢藏的關係太深，若驟然侵佔，必受其他國家的干涉或分奪，決難輕易的了事，並非懼我國的軍備和外交，即就他在喜瑪拉亞山，阻止漢人進藏的一事而看，也就見到他們並非怕我國的外交了，英人在後藏的江孜，也強佔了一大塊地方做營盤，並且也用了許多牧師的宣傳，但是收的效果，卻比霞斯瑪差得多，因為江孜的人民佛教思想較強盛的原故。英人對於西藏當局，尤其特施他那寬宏的手段，即由印度關稅一事，便可其一斑，若是漢族的商人或政客，帶有絲織品類，決不能逃免關稅的毫厘，若是西藏人攜帶，那怕帶有千箱綢緞，只要有西藏當局的一個電報，不但說不要稅，連拆驗都免掉，並且送到你住居棧房交清，不取收一文錢的手續費。前年安欽大師兩次進藏，所帶的綢緞，何止千匹，英人一概免稅免驗，邦達倉及扎色康等，亦販運過多次，英人亦皆給他們免稅。尤其我去年同阿旺上人進藏，船抵印度海關時，阿旺上人所帶的十餘箱絲織品，全數被扣，也曾托人再三交涉，終不能得一系兒頭腦，後來急的沒法，只得給西藏正統噶倫打了個電報，請他設法幫忙，正統便用當局的名義，復了一個回電，英人非但不要稅並且連存了數日的倉租等等，一概都免了，所以我覺著英國人很可怕。

又聽恩師仁波卿說，英人於達賴在世時，曾施用過好幾次奸詐手段，想要侵佔西藏的地方，達賴始終未給。大意謂英國駐印的總督，有一年供給了許多許多的槍械和用品，要求達賴喇嘛允許他一件事，達賴知道他內懷惡意，外現親善，便也善巧方便的答道：「凡我有主權的東西，隨你所欲，我當施與。」英人將禮送完之後，便向達賴索一塊地方，來設立醫院，救濟人民，並做一點小商業。像這種先送禮後有求，又有理又中聽的說詞，當然難以謝絕，何況自己允許隨欲而施，豈容更有反覆之理嗎？但在善於應對的達賴喇嘛，便堅決的謝絕云：「你今所求，非我能與。這西藏地方，全是中國皇帝所有，我不過暫代管理而已，故此事不能滿君所願。我的金銀財物，在你皆非所罕，我所能自主者，唯有西藏政府官銜，我今送你一個四品官位，你如不嫌卑小，我當送之。」英人見地不可得，也不惱怒，聞達賴送他一個四品官銜，便立刻俯首應允，對達賴稱臣，以作將來徐圖之計。又向達賴要求允許彼來藏久住，達賴不許，若有必不得已時來藏，至多不許在拉薩住過一月，英人亦唯唯應命而去，一直到達賴去世之前，英人從未曾爽其前約，達賴死後，則大非昔比了。故我對於英人能屈能伸的這種軟硬兼施的手段，聞之心驚。去年所見更覺駭目。現在駐藏的要人，卻正在春夜酣夢呢！

又聽說朱毛到川邊時，尤其在甘孜戰勝，降了德格四縣的時候，西藏當局及上下一切人，皆抱著一種很緊張的心理。我中央所派的駐藏要人雖貼了告示，安慰人民，但是一般人心仍不能安定。因為他們也沒有武力，又能怎樣呢？若是朱毛一到昌都，他們也同樣束手無策，就是連西藏的那兩、三萬兵士，也是毫無用處的。有的人說，管他的，反正我們是個平民，走到那裡也是一樣，他們跑的時候，我們也跑就是了。英人也在這個當兒來大湊熱鬧，他們對於西藏當局，極力的鼓吹朱毛可怕，並說：「朱毛與俄國一系，勢力甚強，絕非西藏的幾萬士兵所能禦敵，倘令朱毛攻入了昌都，那時拉薩的一切一切，就要同歸於盡了。頂好由我們開一支軍來，替西藏守邊，抵敵朱毛，自備軍需，不勞西藏若公若私的半文之費，你們願意嗎？」他又說：「中央軍之剿匪，頂多不過守住朱毛東南北三面，令朱毛不能反攻而已，至於西面，他們是力量完全達不到的，中央不是來電教你們迎敵西面，並要你們幫助他們南面的糧嗎？你們若許我來接應的話，現在我一個電報，不出十日就可來救，你們老實想一想，不要到了那不可挽救的時候，再後悔就晚了。」英國人的這種說詞，又有理又中聽，那有不想找便宜的人呢？我想西藏當局，定受其所騙，孰知大為不然，當時西藏連日裡鬧著國民會議，討論的結果，為降毛降英，皆是亡國。可是降英，或者還能保持其宗教，比較被毛侵入，聖教淪沒，強的多，但是中央來電教極力剿毛，或者朱毛可除也未可知，我們仍當服從中央，自力痛剿，一方面撥助中央的軍糧，假若到了萬不得已的時候，再請英兵幫助也不為晚（國民會議，是各機關的要人，與三大寺的諸位大喇嘛等會議，中央所派的某要人等，皆不給參加之權）。當時便辭謝了英人的幫助，正式的擬糧幫助中央軍了。其能自持服從中央，不肯降英者，恐仍以佛教觀念為主體吧。又對於班禪進藏的事件，英人也從中插腿，卻也被西藏當局所辭脫，英人對於我駐藏的要人，好像未看見一樣，有時還借事弄之，實使我莫名其妙了。英人的這種伎倆，總不出懷柔、寬縱、挑撥、侵略四項而已。

達賴和民眾對蔣委員長及中央

聞說在幾年前，蔣委員長北伐之後，達賴及三大寺的大喇嘛們，頻頻讚歎蔣委員長，表示著一種很想合一的態度。西藏民眾從來是崇拜活佛的，既見不輕易讚美他人一詞的達賴活佛，現在也喋喋的讚歎委座，那有不令人吃驚的呢！所以在那個時候，就聽到種種的謠說：有的說委座即達賴的化身，即是觀音菩薩；有說中國皇帝原是文殊菩薩化身，宣統或是個假的所以把江山玩掉了，現在達賴也稱讚委座，恐怕委座即文殊的化身吧。像這種五花八門的傳說，幾乎傳遍了西藏，那時我在西康。不久的時候，便是貢覺仲尼回藏的那個大節目到來，有的人說他是中央和委座的心腹使人，有的說他是來說西藏的，有的說他是帶禮物回來的，有的說他是帶皇帝金印送與達賴的，有的說他是來傳委座的旨意的，但是究竟他帶的何物，做的何事，我卻是一概不知道（因為我在西康）。傳說他乘輪由海路返藏，到了印度交界的地方，先上了一道呈文，達賴便立刻去書，教他擺盡那十二分的官派來藏，那麼他當然不敢不從，就拿出他那大堪布的架子來，沿途支差的入藏了。到了拉薩的那天，達賴便傳了全藏僧俗官員全套披掛，排開隊伍，開了正門，迎接他一直進去，他朝見達賴，遞上所攜的物品和書信的時候，達賴也從座上站起，一件一件恭恭敬敬的接了，然後慰勞了他幾句，就遣退了。據說這種接見，在西藏是最隆重的儀式，只有皇帝的聖旨到了，才用這種儀式迎接，對於別的事皆不用的。自從皇帝推翻了以後，這個儀式便成了廢棄品，英國的總督送過那麼多東西和書信，非但不用此儀式，並且沒有當天接見的傳述。就是民國以來的一切大總統和偉人的信電到了，也未用過這個儀式，唯獨對委座的信件，就如此的恭敬，實在令人懷疑莫釋。因此民間的傳說，較以前更盛的多了，可是事又湊巧，就在此事發生了不久的時候，西藏便得到委座下野的報告，當時人心忽然起了一種變化，說委座既為達賴如此稱許，何故忽爾又有此一跌呢？實在令人猜不透，便又漸漸地沉入了疑惑的深坑。又在不久，委座復了職，消息傳來，人心也漸漸安定，後來聽說中央派人進藏，解決漢藏二十年來的問題，民眾皆抱著一個從今以後又成一家的企望，孰知專差尚無確實的消息，而達賴去世的噩耗卻先降臨！就在這種當兒裡，川邊的戰事，也告了個暫時的結束，金沙江以東，就歸二十四軍的防區了。此後聽說關於漢藏的種種問題，皆未解決，西藏當局和民眾，頗覺著我方的手段，有點捉摸不定，一個問題也不解決，只留下些陳跡渺茫的影像，便也再不提起。這一下子反而引起了西藏當局異樣的心理，下段再說。

西藏當局對於中央的態度

在我們的腦海裡，總覺著西藏的人是蠻子，是呆子，我們略略地施用一點機變和手術，他們一定辨別不清楚我們的心理，很容易受我們的欺騙和調伏。什麼漢藏問題，那都是手到擒來就能解決的事。假若他們不聽受軟言勸告，那就擺擺我們手槍的威風，恐嚇他們一下，他們還敢說個不字嗎？假若用這種恐嚇的手段，他們仍不歸伏的話，那麼我們再以利誘之，人誰不貪利，反正不要我們掏私包，我們怕什麼，橫豎錢是賺了來的。對於覆命的一層，就說西藏地大人稀，兵無訓練，英人暫時也忙不及遠東政策，所苦的就是交通太不便利，假若能將川藏或青藏交通修好，只要開去幾師軍隊，便可將他完全收回，難道怕他還跑到天上去不成？這豈不是一個名利兩全很容易做到的事嗎？西藏民族的腦筋，原來的確是很簡單，很蠻，很蠢，尤其是西康，可是近來漸漸地，被漢人和英人，給教滑頭了。漢人要能夠不上他們的當，就算不錯；要能騙了他們，那更是了不得的事了，我在西藏住了八九年，西藏各界的人交接得也不少，最初見面，覺著他們非常純厚，好像他全不懂世事，很可結交，到了結果的時候，總是我自己宣告失敗，不敢再和他們糾纏，終久還是覺著我們漢人忠厚的多，好交得多著咧！

西藏當局的人，腦筋更是靈活到了極點，外露著一種很和平很忠誠的現象，無論對於那一方面的應酬，都不著慌，慢慢地考慮，不輕易地允許你一件事，也不輕易地反對你一件事。那怕是他絕對不允你的要求，但是未到那萬不得已的時候，他總不揭表他的成見和反對。我們以前去西藏交涉的人，對他們所提出的事情，他們最初也是哼著哈著，裝著似懂不懂的樣子，到了最後的那一天，他們不是完全反對，就是反有要求了。他們對於英人也是採了這個手段，既不太親近，也不太疏遠。大概總是用很冷靜的腦筋，觀察我們漢人與英人的實力，到了最後，他們究竟是投英歸漢，那就絕非我們局外人之所能預知了。

有一天遇見他們當局的通事，在閒談中，我順便問了幾句關於西藏當局的話，他說西藏當局，凡事都非常祕密，不許旁人知道，他雖充任通事，不過是代翻翻漢人的電信，和翻翻話，沒有這兩種事的時候，也是不許他進去的。他說：曾有一回，駐藏的某要人，到噶霞去商議一件事，帶了一個士，執手槍而入。當時那一般人，就很不高興地現了一種忿怒之相，也沒有說什麼。要人說話的時候，他們就裝作不曾聽見似的，等到說完了，他們只說了一句我們代你奉呈某某佛爺就是了。待要人出去之後，便把他痛加批駁了一大頓，甚至說你們漢人，毫無一點禮節。我們會議的地方，那裡是應當帶丘八和手槍來的地方呢？你們漢人，就應該這樣的欺侮我們嗎？這樣還叫做什麼和平和愛護呢？如此的數罵了一大頓，才放了出來。他又說：有一次中央來電，說誠專使護送班禪進藏，當局並未答可否。後來又說專使先來，又說專使換了。當局便對他遊戲說：到底以誰作主，怎麼連一件事也沒有個決定呢？他又說：朱毛擾亂川邊的時候，中央連續的來電，駐藏要人急得像什麼似的，往噶霞跑。噶霞總是用一句回奉某某佛爺為答覆，全不睬他，也不得罪他，他實在沒有法子的時候，便親自跑去見某佛爺。佛爺說：我叫他們快辦，或說我送去國民大會討論，也就答覆了他和電報。該辦的自然進行，不該辦的自然停止，人家並不得罪他。又有一天，關於班禪進藏的事，電報上，好像說派兵護送班禪進藏，你們都來電歡迎，這是很好的（電文他忘了，我更沒有看見），西藏當局的人，便冷笑一聲說：誰曾打電報出去歡迎派兵護送呢？這又不知是那一個在作怪吧！這是西藏當局對於駐藏要人所持的態度。

西藏當局對於班禪進藏

班禪離開西藏已經是十幾年了，班禪與達賴，究竟為了件什麼事而出來的，當然是外人難明真相的事。我在西藏，雖聽見過許多，但現在也無長篇敘述它的必要。人是已經出來，究竟能不能回去？西藏當局持了何種的態度？這是我們急須知道的事情。僅就我片面所見，來記述他幾句，供給眾人參考吧！大約是在民國二十二年，安欽大師將要進藏的時候，我便聽見西藏人說：班禪大師手下，只有兩個人可以來商議這件事，因為這兩個人，平常作事很正直，無私心，深得前藏當局所讚許，那就是安欽大師，與某祕書了。後來不久，安欽大師便到了拉薩，其同來的，也確是某祕書。便將班禪大師的手書，和羅桑堪布的公函，分別呈上。班禪大師手書上說的什麼話，雖非外人可知。因為是呈達賴的，大約話是很和平，並沒有什麼要求，甚至還許有致謝的話。但是下人的公函上，就大大不然，說了許多恐嚇和不怕西藏的話，還有幾個很重大的條件，要西藏接受。國民大會上，當著眾人將公函打開一讀，直氣得一般大小官員們三尸暴跳怒髮衝冠地說：「這樣還有什麼商量的餘地？叫他們有什麼本事只管使出來就對了！」所以那個初次的大會，就是毫無結果的不歡而散了。噶霞和藏王，將毫無結果的結果，回報了達賴。達賴毫不在意，毫不在意地說：「管他們的什麼，看著班禪的面上，好好再去商議吧！」眾人見到達賴全不在意，實在摸不著頭腦，只好又重新的詳細商議。結果，是將班禪大師以前所有的仍然交還，以前所無的也不必重新要求，還是歡迎班禪大師速疾回藏。像這樣的批文也寫了，安欽大師也加了官級，返內地的馬牌也填了空格和數目，再往達賴前辭行一次，就可動身。可是在這個當兒，達賴就病了，並且一病而死了。

安欽大師，也只好作了個不辭而去的回到南京，呈上批文，班禪也就決定了回藏的宗旨。他在西湖傳了一座時輪金剛大法，就漸漸地收拾著起身赴北平，往綏遠和青海那條路上去了。安欽大師從前年秋天，便先回西藏，正式的代班禪大師接收一切，西藏當局，也派僧俗兩界的代表，前往青海歡迎。故班禪大師能否回藏的這個問題，已經是解決在二年以前了。但是班禪手下的那般堪布和隨員們，不知道究竟還有什麼事沒有做完，或是什麼目的還未達到，終是不願意怏怏的走，挨過了春天，又說夏天草不好，挨過秋天，又說冬天雪太寒，這其中的奧妙便不是我們所能知道的了。現在已是過了兩個年頭，其中也生了兩三件事：一便是班禪大師的行裝數百馱，在㲼墟喀關隘上檢察出軍器和炮彈之類；二便是帶不帶漢兵護送問題；三便是班禪大師的下人，尚在要求條件。我今年離藏的時候，還未聽到這幾件事情的解決辦法。（編者按：作者寫這篇文章的時候，前任班禪大師還沒有圓寂。）

到藏時的一些零碎事情

黃專使到藏的時候，好像在拉薩臨時的招待所裡，就作了個臨時的行署，其中所住的，想也決定有一般偉大的人才。因我回內地，所以未能觀光。待專使回國之後，我又二次進藏，到拉薩那天的次日下午，我往無線電報局去發電報，會晤了張威白台長，他是湖南人，談了一些閒話，覺著他非常的清直和悅，令人喜歡親近。聽他說有一位黎委員，也在西藏專門研究佛學，是一位好佛學的老居士，住在不遠。我就順便去拜會。到了柏零，先見了他的管家，通過姓名，是久仰大名的楊質夫先生。略略談了幾句話，便由楊君引著上了三樓，會晤了黎老居士。他在政學各界做事多年，後來專心學佛，便以個人資格進藏，其進藏的目的，也是專為學西藏的佛法，並無政治和其他的作用。後來又談到漢藏雖然想統一，然而文字語言都不一致，我國經營西藏數百年，從無一部完全「漢藏文法」，和「字典」。而英國和日本，一而再，再而三的出版，真是令人雖不愧死，也當羞煞。黎老居士發願想編一部《藏漢字典》，以漢文解釋藏文之字音和字義，說正在採集材料中。以後還想做一部《藏漢字典》，以藏文解釋漢文的字音和字義，我對於黎老居士這種勇猛精進利益國家的工作，非常的欽敬和感激。愧我另有他事相纏，不能隨意而附驥尾。又談了一些佛法正義，更覺黎老居士的知見都很正確。他當時正依止著一位大格什聽講《菩提道次第廣論》。此論我雖然以前已經譯出印行，但是覺著他的文理太深奧，我的學識慧力太淺薄，恐不免有許多舛錯處，難得有這樣的大心居士也學此論，我便送了一部去，請他有空的時候，給我改正一下，次日的晚上，有一位朋友邀我往無線電台聽首都南京的廣播，這次便會晤了許多要人，略略說了幾句門面話之後，我便聽他說從前駐藏有一位要人他不善調伏攝引西藏，而儘管詈罵西藏，我感覺著，這不是駐藏人所應有的態度，我願以後駐藏的達官貴人，須以革除此種輕視他族的習氣，為當務之急。

有一次要人們在公館裡，舉行國慶紀念大會，在讀遺囑及報告開會的宗旨後，就請來賓們演說，內中有一位專門學佛的老人家，他在演說的當中，因為要發揮全國統一是一件很堪慶幸的事情，所以他在那反面，就說了許多國家不統一的損失，尤其談到西藏對於我國要人的答話中，有幾句很可令我記著不忘，就是說：你們問我們服不服從中央？我們服從中央，須要中央靠得住才可以，假若中央自己的本身尚且靠不住，我們就是服從中央，歸命中央，又有什麼好處呢？你們中央若自己不能統一，自己不能管領全中國，自己不能保護全中國，你們還能夠統一我們，管領我們，保護我們嗎？我們就是像你們說的全是一家，服從中央依賴中央，可是中央究竟能不能遠遠地顧及我們呢？假若中央要派兵來藏的話，究竟是來保護我們呢？還是來侵擾我們呢？還是來消滅我們呢？當時我們辦交涉的人，對於上面的幾個問題，當然是不好答覆，尤其是對於質問全中國能不能統一的問題，那時候尚未統一，更是不好答覆。他們服從和歸命了我們之後，我們是不是靠得住？能拿什麼來保護他們？安慰他們？那更是一件很茫然的事實。我們就是派幾個人去替他們辦理政治、教育、交通、軍事等等，但能不能派著真心無二的純粹想利益他們的人？其所作的事情，又是不是能夠完全令人家欽佩、羨慕和感謝呢？這些疑問，就是我們自己，也實在沒法來解釋的。所以現在全中國能夠統一的團結起來，這真是我們最高無上的慶幸！這真是我們永久不可忘的紀念！其次大家便公推著我去演說，我到了沒法迴避的時候，也就走到了正當中的地位，先對於大家說了幾句應酬門面的話，便附和著那位老先生的話，說了一點我個人的感想，最後我便說著統一二字的反面，說了些我親眼看見的不統一的事實，來證明統一是一件很難能實現的事。我又盡量的宣布國家統一的勝利，和不能統一的原因，就是我們各人所懷著的那顆自私自利的私心，因為有這顆私心在肚子裡作怪，所以在外表上，無論是為農、為工、為商、為學生、為師長、為軍人、為政客等等；皆不能實行按著義務享受權力的平等生活。更不能犧牲自己個人的快樂和安逸，去做那利益他人或眾人的事情。我又把當時在座的一般同鄉商人們，不能團結一致的現象，借題發揮了一陣。我又說些統一的條件，就是要個人能夠自愛和愛他。其次便是無線電台上張台長演說，這位先生說話，非常的直截了當，他以世間很平常的兩句話，要吃鹹的就放鹽，要吃甜的就放糖，來發揮想想得一分權利，須要盡一分義務，能夠盡到十分義務，才可以去享受十分權利。若能這樣，自然就各自相安了，因為不能如是，所以就鬧得大家爭吵不安。譬如雇木工，人家若是二兩銀子一天的規定，你就每天給他二兩，自然是相安無事。假若你去硬給他一兩五錢，那就當然要相爭相吵，不會有相安的希望了。我覺著他先生這些話，都含著很重大的暗示，因為他有地位的關係，而且說的是真情實話盡情盡理，這自然是誰也不能反對，實在是令我十二分的佩服。演說過後，便是禮成、散會、吃中餐。他這裡請的客當然是漢藏各界的人物都有，西藏的人，以出名的親英派某某為最出色，他非常要好，我實在有些莫名其妙的在那裡動氣。我自己想想自己，已經是拋棄世間名利的一個出家學僧，對於他人的卑鄙行為，和那些有傷國體的行為，不知道為什麼還有那麼不高興的心情呢？人家都說出家人，是沒有國家觀念的，我也很想不問世事，消滅了我的國家觀念，可是我的習氣太重，終是消滅不了，甚至比那些身負國家重責的要人，國家觀念還要來得重些。我在西藏見到或聽到他們那些貪鄙丟人的事，直臊急得我的臉皮發紅，見了人也不敢抬頭，更怕這時有人對我談說。我自己也暗笑自己，對於世間官場內容，太無見識，太無經驗，人家自己都覺著不算一回事，你又何必去替人家害臊呢？這餐飯弄的山珍海味，樣子很多，可是太弄少了一點，碗盤方一放穩，便成了空的。大家又各就著附近的人去談心去了。我挨著的上首，是安欽大師，下首是黎委員，我們所說的大半都是佛學的話，別人說什麼話，因為我的耳朵不空，當時沒有聽見。

隔了一天，就是安欽大師請客，仍是假座在那個要人公館裡，其請客的目的，大概是為酬謝而設，其所請的客人，除了幾家藏人官員而外，便是駐藏的漢人官員。普通僧人，只有我一個漢僧，商人也只有解友三先生一個，這是因為我們與安欽大師有私人的感情，所以加入了這次宴會當中。這次的山珍海味，當然也是應有盡有，而且素食也備得很多。這個時候的在座諸位，不但是藏官，就連漢官們，也都在不絕口的稱讚。又過了幾天，便是張台長請大家吃便飯，這次也把我邀了去，還有一位新在藏出家的漢僧，和幫達倉的公子。大家吃了午飯之後，各自散去，我是將要回國的人，便也往別處去辭行。到了下午五、六點鐘的時候，大家又聚在一塊兒吃飯談天，那時候有一個人，毫無顧忌的和幫達倉開玩笑，還是張台長讓大家入座，吃吃鬧鬧，就把剛才的那一幕忘記了。我很希望今後駐藏的人們：第一要把個人的私欲看淡薄些；第二凡事要能顧全中央的面子；第三對於西藏當局的手段要認清楚；第四對於西藏當局諸人的個性要明瞭；第五對於接洽各項事宜的時候，軟硬要能合宜，既不可有威而無恩，又不可有恩而無威（現在恩威俱談不上）；第六於住藏漢人的種類和性質，也要明白那些是安分守己的，那些專好生事的，那些是已受西藏當局管轄的，那些是有權管轄的，那些人被人家輕鄙，那些人受人家尊重，都須分析得清清楚楚，方能免除了片面見解的過處；第七在藏中與英人之各種談話及交涉，當特別留意其中的手段，既難以示強，尤其不可示弱；第八對於西藏當局，則總以寬裕為上策，全國若能統一，中央的能力若能養得充分，西藏人絕不是個凱子，這是我所極信的事實。

結論

上面我把兩次進藏的所見和所聞的種種現象，都略略的敘述了一點，我自已知道我是個出家人，對於那些政治等等的學問，是很少學習和研究。我說的話，當然有許多是很外行的；可是我確實知道，如我所見所聞的那些事情，是我們駐在內地的中央當局，所不會知道的，更非是我們內地的同胞，所能了解的。所以我由西藏一回來，無論走到那一處，無論遇到那些人，除非他們不認識我，和不知道我的來歷而外，其餘的朋友們，一定是要問問我西藏的現狀。甚至不管我願意不願意，一定要叫我演講演講西藏的實情。即由此一點，也就可以見到內地人對於西藏的觀念，與從前是很不同的了。現在都覺著西藏是中國要緊的邊防線，西藏的內情，也都想知道一點，我倒是很慚愧，平素就不愛管閒事，更不愛去記閒事。我若是沒有負著那種專責，我就抱著個油瓶子倒了也不去扶他的思想，所以我對於同胞和朋友們，是沒有什麼貢獻的。就是我寫出來的這幾萬字，也只不過是閒談一陣而已。

我上一次回國的時期，正趕上達賴才去世的時期，那時候有一般熱心國事的同胞們，就有些不符事實的主張，他斷定那是千載一時的機會（好像是在《東方雜誌》上看見過的）。他那種知見的錯誤點：第一就是不明了西藏內政的組織和手段，危是不好乘的；第二就是不知道漢藏路途之險阻，和印藏交通之便利的相差太遠；第三就是不明了英國人的企圖。所以這種奇事奇想、想入非非的怪論，我知道他是出於愛國的好心，不過在認識上太錯誤，在斷案上不免過分，把事情看的太容易了。只因為我的事情太忙，沒有空陪著他們談西藏，我覺得很辜負他們的好心，最近又聽見有人說：西藏是地大人稀，沒有實力，英國人外面雖很強盛，其實他的遠東政策，並達不到西藏。他對於阿比西尼亞，尚且不敢多事，那裡還敢來侵占我們中國邊隘的西藏呢？印度已經是難於消化，要作腹痛，何況西藏這個禍胎，他那裡還敢受孕呢？所苦的就是交通不便，只要交通一便，解決西藏，那是一種不成問題的事。哎！他這種論調，當然是很中聽的，尤其是說給一般沒有去過西藏的同胞們聽，那是很少有人反對，或加以否認的。可是在我的近視眼鏡上照他一照，我便知道他這是一種空空洞洞應付當局人們的一種手段或政策，只要把那一剎那時間混過去了，他這幾句話的責任，有就化為烏有了，若是這幾句話說的投了機會，也許還能夠升官發財。所以我認為這種手段，是害全中國的手段，中央當局，萬不可被這種蒭言所動，以至於弄到不可收拾。

至於西藏當局拿著一種不即不離的手段來應付中央，這實在是一件難辦的事情。不過好在他的民眾，到底還抱著一個漢藏同信佛教究竟是一家的觀念，當局的人們，也遠遠地企望著中國的統一。若是中國內地確實地能夠統一了，西藏確是可以不成問題的投到中央的懷抱裡。但是將來駐藏的人選，應當切實地考究，這是以前漢藏鬧壞情感的因素，不可不注意，再進一步的去考查西藏現代實際情形，然後去進行施設，至於前藏後藏的糾葛，尤其有一種公正的眼光，不偏聽信那一方的談話，和偏附那一方面的舉動。總以達賴臨終前判決的為標準，去辦理他們兩家的內務官司。那就可以大事化為小事，小事可以化為無事，雙方都不會有不滿意或抱怨的觀念。若能夠這樣的做下去，以後的漢藏，或者能放出團結一致的光芒，這是我寫這篇文章唯一的動機，希望政府要人們一致的努力吧！

漢藏教理院出版一九三七年

又一九四三年東方書社出版《現代西藏》一書，亦將之納為附錄

附錄

法尊法師譯作小集

一九二七年：譯出宗喀巴大師造〈緣起讚〉。

一九二七年：摘譯《宗喀巴大師傳》。

一九二八年：譯述《阿底峽尊者傳》。

一九三〇年：譯出札迦大師說《菩提道次恆修教授》。

一九三四年：譯出宗喀巴大師造《苾芻學處》及《菩薩戒品釋》。

一九三六年：譯出宗喀巴大師造《菩提道次第廣論》（一九三一～一九三六）、《辨了不了義（善說藏）論》、《辨了不了義論釋》，三寶無畏王造《地道建立》，彌勒菩薩造《辨法法性論》，及克主傑大師造《密宗道次第（略）論》。作《我去過的西藏》。

一九三七年：譯出彌勒菩薩造《現觀莊嚴論》，並加略釋（即《現觀莊嚴論釋》），又述《現觀莊嚴論中八品七十義略解》。譯出宗喀巴大師造《密宗道次第廣論》。

一九三九年：譯出善慧持教增廣大師造《菩提道次第修法》。

一九四〇年：編《藏文課本》、《常識課本》、《藏文文法》等書，並編撰《西藏民族政教史》。

一九四一年：譯出《菩提道次第廣論》止觀部分。

一九四二年：譯出《入中論》，以及宗喀巴大師造「入中論善顯密意疏」。作「入中論講記」。

一九四九年：將漢文《大毗婆沙論》二百卷譯成藏文。

一九五四年：譯出卻札編《藏文辭典》、《王次第論》及《大宅論》。

一九五六年：譯出《四自論頌》、《入中論略解》、《俱舍頌略解》。

一九七八年：譯出阿底峽尊者造《菩提道燈論》。

一九八〇年：譯出法稱論師造《釋量論》；編譯《釋量論略解》及《集量論略解》。

另外，法師又譯有《隨念三寶經》並作講解，及著有〈現在西藏〉、〈西藏各教派略史〉、〈四宗要義〉等，唯年月尚不詳。

FOR2 57
現代佛法十人── 九
漢藏文化一肩挑　法尊

系列主編　洪啟嵩、黃啟霖
責任編輯　Y.T.CHEN、Y.A. HUANG
校對　呂佳真、翁淑靜、吳瑞淑、郭盈秀
美術設計　林育鋒
內文排版　何萍萍、薛美惠、許慈力

出版　英屬蓋曼群島商網路與書股份有限公司台灣分公司
發行　大塊文化出版股份有限公司
台北市 105022 南京東路四段 25 號 11 樓
www.locuspublishing.com
TEL: (02)8712-3898　FAX: (02)8712-3897
讀者服務專線：0800-006689
郵撥帳號：18955675　戶名：大塊文化出版股份有限公司
法律顧問　董安丹律師、顧慕堯律師
版權所有　翻印必究

總經銷　大和書報圖書股份有限公司
地址：新北市 24890 新莊區五工五路 2 號
TEL: (02)8990-2588　FAX: (02)2290-1658
製版　瑞豐實業股份有限公司

ISBN：978-626-95044-6-6
初版一刷：2021 年 11 月
定價：新台幣 380 元

All rights reserved. Printed in Taiwan.

漢藏文化一肩挑 法尊 / 洪啟嵩, 黃啟霖主編 . -- 初版 . -- 臺北市 : 英屬蓋曼群島商網路與書股份有限公司臺灣分公司出版 : 大塊文化出版股份有限公司發行, 2021.11
面； 公分 . -- (For2 ; 57)(現代佛法十人)
ISBN 978-626-95044-6-6(平裝)
1. 釋法尊 2. 學術思想 3. 佛教
220.9207　110014045